语文人生

陈谋韬 著

光明日报出版社

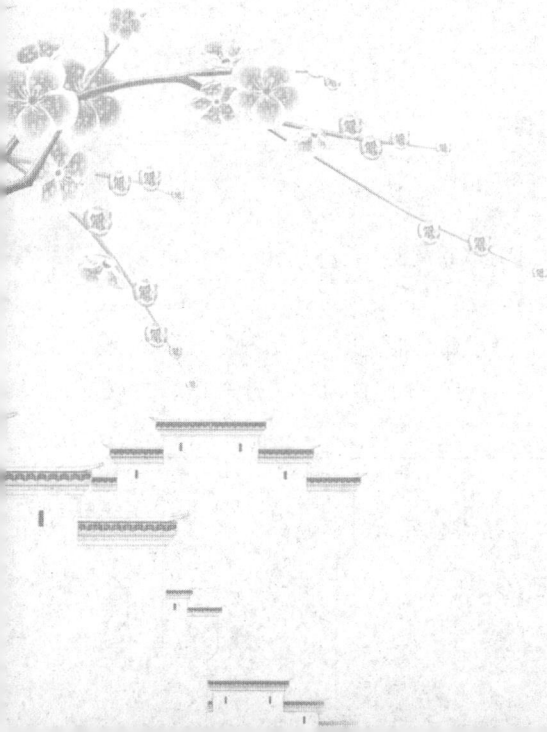

图书在版编目（CIP）数据

语文人生 / 陈谋韬著 . -- 北京：光明日报出版社，
2018.7

ISBN 978 - 7 - 5194 - 4465 - 5

Ⅰ. ①语… Ⅱ. ①陈… Ⅲ. ①中学语文课—教学研究
Ⅳ. ①G633. 302

中国版本图书馆 CIP 数据核字（2018）第 181859 号

语文人生
YUWEN RENSHENG

著　　者：陈谋韬	
责任编辑：李月娥	责任校对：赵鸣鸣
封面设计：中联学林	责任印制：曹　净

出版发行：光明日报出版社

地　　址：北京市西城区永安路 106 号，100050

电　　话：010 - 67078251（咨询），63131930（邮购）

传　　真：010 - 67078227，67078255

网　　址：http：//book. gmw. cn

E - mail：liyuee@ gmw. cn

法律顾问：北京德恒律师事务所龚柳方律师

印　　刷：三河市华东印刷有限公司

装　　订：三河市华东印刷有限公司

本书如有破损、缺页、装订错误，请与本社联系调换

开　　本：170mm×240mm			
字　　数：359 千字		印　张：20	
版　　次：2018 年 8 月第 1 版		印　次：2018 年 8 月第 1 次印刷	
书　　号：ISBN 978 - 7 - 5194 - 4465 -5			

定　　价：68. 00 元

享受语文

（代序）

　　光阴荏苒，白驹过隙，不觉已过天命之年。三十余载教坛之旅备尝艰辛，不曾歇息。蓦然回首，感慨良多。想当初从教之日便怀揣心愿，在三尺讲台耕耘人生。其间本有改行跳槽的机会，也不乏亲朋好友游说。但一是怕有违从教的初心，离开自己深爱的课堂，留下些许遗憾；二是有自知之明，自己生性木讷，似乎只与粉笔有缘。索性吃下定心丸，安心于讲台。便有了些故事，留下些足迹，获得些鲜花，当然也有过些许掌声。

　　在千军万马抢过独木桥的岁月，语文，本非我的最爱。"黑色七月"战果也就61分，很是羞人。稀里糊涂进了贵州民族学院中文系，学起来有些迷茫。看到同学的佳作被老师作为范文在班上宣读评讲，心生羡慕，也生自卑。就这样在班上混个中等成绩毕业。

　　生于农村，心系桑梓。大学毕业填写分配志愿时，唯一志愿是到沿河县官舟中学从事教育工作，如愿以偿。这在同学中当属另类。当年就读的母校对我们的培养目标是少数民族干部，在教学计划中也就少了教学实习环节。初登讲台不知教书为何物，记得第一节课只讲了5分钟便语塞难耐，只好走下讲台让学生自习。好在有教学参考书，权当拐杖，不知如何上课就照教参念吧，应该错不到哪里去。于是讲台上同时摆好课本和教参。记得那时语文教学遵循的是字、词、句、篇、语、修、逻、文"八字宪法"。教学讲究程式化，千篇一律，缺少创意。意想不到的是按教参照本宣科两个星期之后忽然有了些感觉，偶或有所顿悟，并时有激情澎湃之语。居然有了几个粉丝。他们私下常常评论我的课堂小有魅力，说我三年之后定会名声大震。我把学生的盲目崇拜当成是一种激励，一股动力，一份自信，砥砺前行，就这样走过了三年。

90年代元年秋季学期我接任新一届学生。新学年，新班级，总该有些起色吧。于是尽量不带教参上课。认真研读课文，融入生活体验，进行个性化解读。对课堂结构、教学方式、读写时间也作了调整。尽量引导学生参与教学，突出学生主体地位。学生的学习热情被激发起来，课堂变得越来越活跃，他们有了更多的读书乐趣，我也有了更大的教学收获。对教书育人也越来越自信，不觉又过了三年。

六年的历练，总算找到了做语文教师的感觉。而立之年不再安于现状，有了更高的目标，有了更多的思考，有了更深的体验，也就有了提笔涂鸦的念头。羞羞答答将心血凝成的豆腐块寄出去，多是泥牛入海，不过也有几次带给我意外的惊喜，也就增加了些自信。经历了几多春花秋月，度过了无数严寒酷暑，看到自己心血凝成的文字，闻着淡淡的油墨清香，常常兴奋不已，不觉过了三十余载。不经意间发现两鬓多了几丝银发，猛然觉得已是垂暮之年。有人说，青年人胸怀理想，老年人只剩回忆。虽然人生半百尚不能言老，但总逃不出这个宿命。感觉三十余载教坛耕耘匆匆而过。纵有几多艰辛，也有几分乐趣；虽说有过失败，侥幸也有收获。何不盘点一下收成，总结一下长长的过去，憧憬一下短短的未来。想起那些敝帚自珍干枯发黄的豆腐块，何不收集起来清点一下，稍作整理，结集出版，权作纪念。既能说明此生没有完全虚度，也算是对当初坚守讲台的那份痴心有个简单交代。

集子雏形已成，总得有个名字。孔圣人说过："名不正则言不顺，言不顺则事不成。"名字当然要切合豆腐块的特征。这些小块文章多是语文课内课外的思考碎片和心血凝结。内容粗略分为诗文赏析、教学艺术、教育思考、专题讲座四部分。外形虽散，形似珠子，但用语文这根线贯穿起来，勉强自成一体。每每念及，语文来源于生活，且与生活同在，每一篇文章都是作者对生活的体验或人生的思考。故将语文教学生活化，营造情境化的语文课堂，实施大语文教育。正好与美国教育家华特"语文学习的外延与生活的外延相等"这句话相吻合，也符合《语文课程标准》提倡的"注重语文与生活的结合"，在阅读中"体味大自然和人生的多姿多彩"等理念。作为一个语文人,教了大半辈子语文,或者说教语文成了我人生的重要组成部分,已将自己的青春、热血和汗水倾洒在生活化的语文课堂,一直乐在其中,如同享受。享受语文,享受人生,成了我生活的常态。与语文有缘已是命中注定。这样一想,"语文人生"便呼之欲出,跃然纸上。

这本集子里的文字经过了上万节课激情的孕育,离不开课堂不断的历练,离不开莘莘学子的捧场。没有莘莘学子的热心捧场,便没有课堂的激情迸发,也就没有这些文字的及时孕育。仅此一点,我要感谢我的学生。同时还要感谢多年来关心、支持、鼓励我的领导和同事。没有领导给我搭建释放激情的平台,也就没有思考的动力;没有同事的交流、讨论和分享,也激不起我太多的思想火花。同时还要感谢默默支持我的家人,没有家人的理解和支持,也难圆我的语文梦想。在此还要特别感谢贵州省高中语文名师工作室主持人代泽斌老师长期以来在我的专业成长方面给予我的指导和鼓励,在结集出版中给予我的大力帮助。

是为序。

2018 年 2 月 24 日

目　录
CONTENTS

01

诗文赏析篇

"今日嬴之为公子亦足矣"注释商榷

人教社高中语文第六册《信陵君窃符救赵》一文的注释将"今日嬴之为公子亦足矣"这句话翻译为："今天我侯嬴为公子尽力已够了"。"尽力"是补出的话，应加括号。这种译法使人感到别扭，这句话出于侯生之口有自夸之嫌，不符合侯生的隐士性格。信陵君在大会宾客之际，亲自登门邀请侯生，侯生想考验信陵君，上车后故意不谦让，又要求去肉市看望朋友朱亥，"故久立与其客语"，来观察公子对他的态度（是真心还是假意）。看到信陵君态度愈恭、颜色愈和之后才谢客就车赴宴。在宴会上信陵君又遍赞宾客，引其上座，对其格外尊敬，侯生深为感动，情不自禁向信陵君表示歉意。在这种情况下，他不至于说出"为公子尽力也够了"这种语意不甚明白的自夸之辞。根据文章的前后语言环境，这句话宜译为："今天我侯嬴为公子（着想、考虑、打算）也够了"。这样会更准确明白。从下文看，侯生表明他是为了报公子的知遇之恩，想成就公子"礼贤下士"的名声才特意那样做的，可谓用心良苦。

"舍身求法的人"指谁

　　人教社高中语文第六册教参在分析《中国人失掉自信力了吗》一文时指出："'舍身求法的人'指历尽艰险,探求佛法教理的人,如法显、玄奘等。"笔者认为此说有悖于作者原意。

　　从本文的写作背景看,文章写于"九一八"事变后的1934年,当时东北沦陷,国民党的官僚政客和社会"名人"却在北京等地多次举行"法会",祈祷"解救国难"。1934年4月,国民党的头号反动政客戴季陶和下野的北洋军阀头子段祺瑞等,又发起请第九世班禅喇嘛于杭州灵隐寺举行"时轮金刚法会","求佛菩萨来保佑",说什么"今则人心浸浸以衰矣!非仗佛力之加被,未由消此浩劫"。之后,资产阶级报纸和走狗文人散布"中国人失掉自信力了"的失败主义论调。鲁迅先生写了本文进行了有力的驳斥。从行文看,作者认为国难当头,只知求神拜佛实乃玄虚之至,自欺欺人之举。他显然反对用求神拜佛的方式来解救国难。而文中作者将"舍身求法的人"与"埋头苦干的人""拼命硬干的人""为民请命的人"并列,称赞他们是"中国的脊梁",显然是持歌颂的态度。如果将"舍身求法的人"理解为"探求佛法教理的人",那岂不是与鲁迅先生反对求神拜佛有相矛盾的地方? 由此可见,"舍身求法的人"不能理解为"探求佛法教理的人"。

　　那么,"舍身求法的人"应指什么人呢? 笔者认为,"舍身求法的人"应指历史上那些为了社会的进步和发展而不顾自身安危,投身社会变革的有识之士,如战国时期曾两次变法,奠定秦国富国强兵的基础的商鞅;唐朝时"永贞革新"的代表人物王叔文。他们或被贵族诬陷,遭车裂而死;或被贬后惨遭杀害。而尤其可歌可泣的要算在"戊戌变法"中流血牺牲的谭嗣同,在变法失败后他放弃了逃生的机会,用死来唤醒国人对变法的认识。他大声疾呼:"各国变法,无不从流血而成,今中国未闻有因变法而流血者,此国之所以不昌也。有之,请自嗣同始。"这样的人才是作者歌颂的对象,他们才是"中国的脊梁","虽是等于为帝王将相作家谱的所谓'正史',也往往掩不住他们的光耀。"

　　"这一类的人们,就是现在也何尝少呢? 他们有确信,不自欺;他们在前仆后继的战斗,不过一面总在被摧残,被抹杀。消灭于黑暗中,不能为大家所知道罢了。"所谓"这一类的人们"当然包括"现在"的"舍身求法人",他们理应指投身革命而不惜牺牲生命的革命先烈才符合这段话中所谈及的情况。如果指"探求佛法教理的人",则很难理解这段话的意思。

可见,对文意的理解不能脱离语境和写作背景而断章取义。

(载《语文教学周报》高中版 2001 年第 4 期)

《荆轲刺秦王》审美三题

　　《荆轲刺秦王》是《战国策》中的名篇,它体现了"长于叙事,精于描写"的特点,具有较高的审美价值。下面从语言辞令、环境描写、对比烘托三方面作些分析。

一、语言辞令

　　在秦国大军压境的情况下,太子丹为雪"见陵之耻"和解燕国之患,派荆轲行刺秦王。荆轲认为必取樊於期的头作为信物,才有刺杀秦王的机会。但这个要求遭到太子丹的反对。他便私见樊於期,先用"秦之遇将军,可谓深矣。父母宗族,皆为戮没。今闻购将军之首,金千斤,邑万家,将奈何?"几句话暗示秦王已将樊於期置于绝境,激起他对秦王的深仇大恨。然后针对樊於期急于报仇而又苦于无计可施的心理,从大局出发晓以大义,试探性地提出报私仇和雪燕耻的两全之计。最后描述自己"左手把其袖,而右手揕其胸"的刺杀秦王的动作,意在用不怕牺牲的精神激励樊於期。这番话果然收到效果,樊於期"偏袒扼腕""切齿拊心",毅然自刎。能说服樊於期献出首级,可见荆轲的语言功力。

二、环境描写

　　"易水送别"一段的环境描写极为成功。荆轲以解国家危难为己任,毅然单枪匹马,深入不测之强秦。易水河上慷慨悲歌预示了此行的结局。作者主要从环境气氛和人物神态方面渲染烘托。先写太子及宾客"皆白衣冠以送之",描绘了肃穆悲凉的场面,暗示了荆轲此行凶多吉少,生离成为死别,预致哀悼以激励壮志。接着写筑声哀切,荆轲和而歌,气氛陷入低潮。此时,"士皆垂泪啼泣",人们为国家的危难而忧虑,为与勇士的诀别而伤痛难抑,此情此景,全被悲凉凄怆的气氛浓浓的笼罩住了。触景生情,荆轲发出了"风萧萧兮易水寒,壮士一去兮不复还"的千古绝唱。最后是慷慨赴难的歌声,激起了人们对暴秦的义愤,"士皆瞋目,发尽上指冠",情绪由低沉变为高亢,由悲伤变为壮烈。精彩的环境描写渲染了苍凉、悲壮的场面,烘托了人物心境,预示了故事的结局。

三、对比烘托

本文主角是荆轲,重在表现荆轲的大智大勇。文章不是平铺直叙地去表现,而是把荆轲放到特定的情景中用勇士秦武阳与他作鲜明的对比,以秦武阳来衬托他的大智大勇。课文开头对荆轲的大智大勇只字不提,读者也不在意。只是交代以"年十二杀人,人不敢与忤视"的勇士秦武阳为助手,这在读者心里引起了悬念,到底秦武阳有多大本事。待到秦廷行刺一节,才终见分晓。面对秦廷的森严及秦王的威风杀气,"人不敢与忤视"的勇士秦武阳竟"色变振恐",引起群臣又惊又疑。眼看事情就要败露,荆轲急中生智,"顾笑武阳",上前谢罪:"北蛮夷之鄙人,未尝见天子,故振慑,愿大王少假借之,使毕使于前。"一方面稳住秦武阳,一方面搪塞秦王。此时的荆轲不但自己不乱方寸,而且还要替秦武阳遮掩。秦武阳的"振恐"与荆轲的"顾笑"形成鲜明对比,衬托出荆轲的大智大勇。这种对比烘托显然比正面描写更见出艺术效果。

此外,课文还通过荆轲与秦王搏斗时,"秦王惊""群臣惊愕"来衬托荆轲的勇猛无比;同时还通过荆轲被斩后,秦王"目眩良久"来反衬荆轲的英勇神威。这样写的好处是:不从荆轲的勇猛本身落笔而从给秦王和群臣的震慑效果上进行渲染,比单纯直接描写荆轲的勇猛更能给读者留下想象的空间,令读者拍案叫好。

《孔雀东南飞(并序)》的衬托手法

《孔雀东南飞》叙述的是焦仲卿和刘兰芝的爱情悲剧,歌颂了刘兰芝的勤劳、善良、贤惠、忠于爱情的美好品质,揭露了封建家长制摧残青年男女爱情婚姻的罪恶。诗歌在表现刘兰芝的美好品质时采用了衬托手法,将刘兰芝的性格和品质充分地表现出来。

一、以刘兰芝的精心打扮衬托其内心的刚强

诗中写到刘兰芝不堪忍受焦母的虐待而自遣回家时,这样写她的精心打扮:"鸡鸣外欲曙,新妇起严妆。著我绣夹裙,事事四五通。足下蹑丝履,头上玳瑁光。腰若流纨素,耳著明月珰。指如削葱根,口如含朱丹。纤纤作细步,精妙世无双。"这段话写刘兰芝忍受着被休的屈辱,怀着愤恨的心情,沉着镇静,精心修饰自己,从头到脚,一丝不苟。表现她决不向强势的婆婆低头屈服,显出一副可怜相求得婆婆的怜悯;而要体面地走出这个家门,借以维护自己的人格尊严,表现其坚强不屈的个性。这段描写闪现出刘兰芝人格的光辉,衬托其内心的刚强。

二、以县令和太守家的求婚衬托刘兰芝的贤惠

刘兰芝被遣回家后,县令和太守相继派人上门为他们的儿子求婚。读者不禁感到纳闷:她做小小府吏的妻子,婆婆尚且认为不合格,认为"此妇无礼节,举动自专由";而县令和太守又怎么看得起这个被休之妇呢? 这着实令人费解。其实这种事情未必真实可信,作者这样写意在用县令和太守对刘兰芝的欣赏与焦母对刘兰芝的嫌弃形成强烈反差,引起读者思考的兴趣,结合刘兰芝的自述和表现,体味刘兰芝这个形象的丰富内涵。最后看出真相:刘兰芝的贤惠已是远近闻名,焦母对刘兰芝的嫌弃是有意刁难。作者意在表达对焦母专横的谴责,揭露家长制的罪恶。

三、以太守家迎娶的排场衬托刘兰芝的身价

作者这样写太守家迎娶刘兰芝的排场:"交语速装束,络绎如浮云。青雀白鹄舫,四角龙子幡。婀娜随风转,金车玉作轮。踯躅青骢马,流苏金镂鞍。赍钱三百万,皆用青丝穿。杂彩三百匹,交广市鲑珍。从人四五百,郁郁登郡门。"这段话写迎娶刘兰芝的排场之大、聘礼之丰显然带有夸张成分。作者是以这样的手法衬托刘兰芝的身价之高,名声之好,讽刺焦母的有眼无珠。

四、以刘兰芝的自绝身亡衬托她对爱情的忠贞和对家长制的反抗

刘兰芝在兄长的压力下假装答应太守家的亲事,这只是缓兵之计。因为她要对焦仲卿有所交代和寻找机会自绝。她的内心得不到焦仲卿的理解,毅然说出豪言壮语:"黄泉下相见,勿违今日言!"表现她对爱情的忠贞和对家长制的最后的反抗和嘲弄。

五、以焦仲卿的幻想衬托刘兰芝的见识

焦母专横跋扈,对刘兰芝恩断义绝,焦仲卿竭力为刘兰芝辩护并想维护他们的婚姻。但他心有余而力不足,只能以泪洗面,心存幻想,要求刘兰芝暂时委屈回娘家避难,等待机会再迎她回来。但刘兰芝对此却有清醒的认识,她深知焦母的厉害,复婚只能是幻想,"勿复重纷纭……奉事循公姥,进止敢自专? 昼夜勤作息,伶俜萦苦辛。谓言无罪过,供养卒大恩;仍更被驱遣,何言复来还!"话说得很肯定,表现她的理智和清醒。这样通过焦仲卿和刘兰芝对同一件事的看法的对比,衬托出刘兰芝的见识高远。

总之,作者从多角度多侧面去描写烘托,把主人公刘兰芝的性格特征全面展现出来,突出了她的高大形象,给人留下深刻的印象,增强了诗歌的艺术感染力。

《伶官传序》的对比手法

《伶官传序》是北宋文学家、史学家欧阳修为其所著史书《新五代史》中《伶官传》这篇传记写的序言。文章是借后唐庄宗李存勖宠幸伶人（乐工）而身死国灭的事实，告诫北宋统治者吸取惨痛的历史教训，力戒骄奢，防微杜渐，励精图治。文章借古讽今，通篇使用对比手法叙事说理，表达"盛衰之理，虽曰天命，岂非人事哉"这个观点。有比较才有鉴别。通过对比，是非清楚，褒贬判然，使人警醒，增强了文章的感染力和说服力。

一、事实的对比

第二段写晋王李克用生前与梁王、燕王和契丹结下了仇怨，临终前赐给儿子庄宗李存勖三支箭，嘱咐他报仇雪耻。庄宗继承父亲遗志，身先士卒，一鼓作气，消灭了父亲的三个仇敌，获胜而归，还矢先王，告慰父亲亡灵。第三段写庄宗取得胜利之后，以为高枕无忧，不思进取，追求享乐，宠幸伶人而导致身死国灭的惨痛教训。通过前后两件事的对比揭示了"生于忧患，死于安乐"的道理。事实胜于雄辩，作者摆出铁的事实引人思考，增强了文章的说服力。

二、事理的对比

本文是夹叙夹议的说理文，摆事实只是为讲道理服务。文章除了用事实进行对比说理外，还多从事理上进行对比，反复强调"盛衰变化，事在人为"的观点，有振聋发聩的作用。如"盛衰之理，虽曰天命，岂非人事哉！"中"盛"与"衰"的对比；"原庄宗之所以得天下，与其所以失之者"中"得"与"失"的对比；"岂得之难而失之易欤"中"难"与"易"的对比；"抑本其成败之迹"中"成"与"败"的对比；"满招损，谦得益"中"满"与"谦"、"损"与"益"的对比；"忧劳可以兴国，逸豫可以亡身"中"忧劳"与"逸豫""兴国"与"亡身"的对比；"故方其盛也，举天下之豪杰，莫能与之争；及其衰也，数十伶人困之"中"盛"与"衰"的对比。以上道理都是从庄宗的得天下和失天下的对比中结合历史上的经验教训自然得出，令人信服。文章通过这些事理上的对比,引发读者对历史经验教训进行反复思考,得出人生的启示,增强了文章的说服力。

(载《语文报》高中版 2006 年第 50 期)

《茅屋为秋风所破歌》导读

　　杜甫在唐肃宗乾元二年(759年)因华州饥荒弃官入蜀,几经颠沛,年底到达成都。上元元年(760年)在朋友严武的帮助下,在成都郊区浣花溪边盖了几间草房,全家安顿下来。离乱之后,在这大后方终于有个落脚之处,确实令人欣慰。但就在第二年的秋天,辛辛苦苦盖起的茅屋竟为秋风所破,诗人感慨万千,写下了这首著名的诗篇。

　　全诗分四段,第一段写秋风破茅的情景。"八月秋高风怒号,卷我屋上三重茅。""怒号""卷"将秋风拟人化,极言其肆虐,把茅草吹得七零八落,四处飘散。第二段写群童抱茅的感叹。南村群童出于年幼无知,天真好玩,欺他年老力衰,公然抱茅入竹,任凭怎样呼唤,他们也不听,诗人一脸无奈。从这个画面上我们似乎看到一瘦削老头拄着拐杖,在呼啸的大风中,喊得口干舌燥,站立不稳的情景。第三段写长夜沾湿的苦痛。吹落的茅草被小孩抱走倒也罢了,偏又屋漏更遭连夜雨。正当诗人叹息不已之时,不料浓云密布,下起雨来,弄得个"床头屋漏无干处,雨脚如麻未断绝",今夜如何安身!三段话三个画面,写出秋风秋雨的肆虐无情,小孩的无知,诗人的痛不欲生。安史之乱,诗人颠沛流离,到处奔走呼号,日子何其艰难。流寓成都,总以为在这茅屋里可以暂时栖身,却没想到他盼到的竟是一场多么无情的灾难。此情此景,犹如揪心割肺!淋着雨脚如麻的夜雨,摸着冰冷似铁的破被,面对"恶卧踏里裂"的娇儿,诗人的泪水与雨水交融。他浮想联翩,心潮起伏,自战乱以来的种种艰辛历历如在眼前。"长夜沾湿何由彻!"他只望如何才能熬到天亮,好想法修好这破屋。这句话一语双关,又隐含对战乱的伤痛。

　　读到此处,我们完全感受到了诗人那种切肤之痛。情感是诗歌的生命,从表达感情的角度而言,似乎已经达到了顶点。我们会认为诗人的感情会抑制下来,或会因自己的悲惨遭遇而老泪纵横不可收拾。却没想到结尾他竟来个石破天惊:"安得广厦千万间,大庇天下寒士俱欢颜,风雨不动安如山?呜呼!何时眼前突兀见此屋,吾庐独破受冻死亦足!"诗人此时哀叹的不是自己的不幸,而是"天下寒士"的不幸。在身处逆境时推己及人,想到的竟是普天下和他一起受苦受难的人民,而把自己的苦难置之度外,他宁愿用"吾庐独破""受冻死"来换取"风雨不动安如山"的"广厦千万间","大庇天下寒士",这种舍己为人的精神是何等高尚和难能可贵! 闪耀着人道主义的光辉。联系他身处战乱仍不顾个人安危为国事奔忙的表现以及"穷年忧黎元,叹息肠内热"的胸怀,我们会感到他此时的这份情感是何等真切动人而催人泪下。行文至此,我们不禁会想起俄国文学批评家别林斯基说过的话:"任何一个诗人也不能由于他自己和靠描写他自己而显得伟大,不论是描写他本身的痛苦,或者描写他本身的幸福。任何伟大诗人之所以伟大,是因为他们的痛苦和幸福的根子深深地伸进了社会和历史的土壤里,因为他是社会、时代、人类的器官和代表。"这段话用于评价杜甫是恰到好处的。杜甫的伟大就在于他把自己的痛苦和幸福与社会、时代、人类密切联系起来,唱出了时代的最强音。他身处逆境时不顾自己,关心他人,发扬伟大的人道主义精神,表现出炽热的忧国忧民的思想感情。不愧为"诗圣"的称号。

(载《语文天地》初中版 2005 年第 11 期)

《五人墓碑记》的反衬手法

《五人墓碑记》是写明末天启年间苏州市民反抗阉党的斗争中涌现出来的五位义士的英勇事迹,歌颂了他们坚持正义,不畏强暴,视死如归,大义凛然的义勇精神。文章采用反衬手法,通过不同人物来衬托五位义士,表现他们的光辉形象,深刻揭示文章的主题。

一、用富贵之子、慷慨得志之徒病死不足道反衬五人之死光明显耀

第二段写五人从死到修墓埋葬的十一个月中,凡富贵人家的子弟及那些一时得志的人,他们因患疾病而死,死后埋没不值得称道的很多。他们生前的名声和地位都是五人所不及,但为什么他们死后没有人记起他们?人们能记起的唯有这五个人,他们的死光明显耀,这又是为什么?作者的本意是用富贵之子、慷慨得志之徒的死不足道来反衬五人激于义而死光照日月。通过这种对比衬托,引人思考,耐人寻味。

二、用缙绅的变志易节反衬五人的大义凛然

第五段"嗟夫!大阉之乱,缙绅而能不易其志者,四海之大,有几人欤?而五人生于编伍之间,素不闻诗书之训,激昂大义,蹈死不顾,亦曷故哉?"作者先是感叹,接着连用两个反问句,批判绝大多数官员在阉党作乱期间改变自己节操的卑劣行径,以此反衬五人视死如归,大义凛然的精神。他们虽然出身卑微,未曾接受诗书的训诫,但能在关键时刻被大义所激励,踏上死地不回头,实属难能可贵,其精神可歌可泣。

三、用身居高位者的可耻人格和卑贱行为反衬五人的光明磊落

第六段写阿附魏忠贤的一些大官犯罪之后怕受到惩治,不敢承担责任,有的逃跑,不能被远近的人所容;有的剪发毁容,闭门不出,装疯卖傻,逃避正义。这些人人格可耻,行为卑贱。作者用他们反衬五人高贵的人格和高尚的行为。两相比较,孰轻孰重,不言自明。另外,本段写阉党大官们的丑态还与第四段写五人受刑之时"意气扬扬,呼中丞之名而詈之,谈笑以死。断头置城上,颜色不少变"形成鲜明对比,衬托出五人视死如归的义勇精神和光明磊落的胸怀。

四、用毛一鹭狼狈逃窜的丑态反衬五人的英勇无畏

第三段写周顺昌被逮捕,苏州市民深感不平,以哭声相送,竟遭到缇骑的阻止,市民忍无可忍,把他们打倒在地。此时担任巡抚的毛一鹭出面高声呵斥,市民义愤填膺,起哄追打,他慌忙逃入厕所藏身才免于一死。作者通过这种富有戏剧性的场面描写,表现毛一鹭的丑态,以此反衬五人强烈的正义感和英勇无畏。

五、用魏忠贤的可耻下场反衬五人的丰功伟绩

第五段写魏忠贤为了打击异己,扫除夺权的障碍,假托皇帝命令,派特务到处抓人,最终由于苏州市民的暴动,才"不敢复有株治";魏忠贤亦犹疑不决,畏惧正义,篡夺帝位的阴谋未能得逞,竟落得上吊自杀的可耻下场。这段文字用不可一世的魏忠贤的可耻下场反衬五人的伟大功绩。

六、用假设五人的自然死亡反衬他们激于义而死的伟大崇高

第六段写假设五人贪生怕死,顾惜性命,不出来伸张正义,而是老死在家中,平时人们只是把他们当奴隶来使唤,死后就不会由公家出面为他们修建大坟,"列其姓名于大堤之上",供人瞻仰。既不可能有"凡四方之士无有不过而拜且泣者"这种"百世之遇",也不可能"屈豪杰之流,扼腕墓道,发其志士之悲"。同时也不可能有第一段中所述"郡之贤士大夫请于当道,即除魏阉废祠之址以葬之;且立石于其墓之门,以旌其所为"这种盛大隆重的事。文章通过假想五人自然而死没有名声来反衬他们激于义而死的伟大崇高,阐明了"死生之大,匹夫之有重于社稷"的道理,深化了文章的主题。

总之,作者通过众多人物的衬托,把五位义士的光辉形象,美好的品质,可贵的精神表现得淋漓尽致,阐述了人的生死价值问题,深化了文章的中心,增强了文章的说服力和感染力。

(载《语文报》高中版 2007 年第 3 期)

《药》的主题新解

　　《药》的主题历来争论不休，至今也难有统一的看法。过去人们在谈到《药》的主题及夏瑜形象时大都说到"资产阶级民主革命脱离群众的弱点"。其论据是：夏瑜的革命主张不为群众所理解，他的革命行动没有得到群众的支持，他的牺牲也没有赢得群众的同情，死得悲凉、寂寞。笔者认为上述观点不符合作者的创作意图。至少有两点无法自圆其说：一是夏瑜在狱中劝牢头阿义造反，说"这大清的天下是我们大家的"。这句话不明明就是在宣传、发动人们造反？试想，夏瑜在身陷囹圄，随时有可能被杀头的情况下，连牢头都不放过宣传，平时对一般群众又岂能放过？此其一。其二，鲁迅在文中用了"曲笔"，夏瑜坟上的花环暗示了夏瑜的革命事业后继有人，这显然与他的宣传鼓动分不开。从这两点不难看出，"资产阶级民主革命脱离群众"的说法站不住脚。这是用历史观对小说作了架空分析。殊不知，文学作品的形象要大于思想。

　　再从当时的社会背景及群众的思想状况来分析这个问题。当时的群众由于深受几千年封建思想的毒害，变得愚昧、麻木、落后，对革命一无所知，对革命者更是不理解。如《药》中的华老栓竟把蘸有革命者鲜血的馒头当灵丹妙药治痨病，而茶馆里的一群老少茶客竟把夏瑜当成"异端"来痛骂。夏瑜的革命思想能在这样的群众中广泛传播而收到良好的效果吗？说革命者脱离群众，毋宁说群众脱离革命者。因此群众不理解革命，夏瑜死得寂寞，这不能说是夏瑜的过错。马克思说过：至于人民本身，他们不是在政治上有时陷入迷信，有时又什么都不信，就是完全离开国家生活，变成一群只管私人生活的人。《药》中的群众就是马克思所说的那种人民，革命者的宣传他们不听，只管自己生活。鲁迅先生说得更明白："新主义宣传者是放火人么，也须别人有精神的燃料，才会着火；是弹琴人么，别人的心上也须有弦索，才会出声；是发声器么，别人也必须是发声器，才会共鸣。中国人都有些不很像，所以不会相干。"（《随感录五十九·圣武》）

　　从鲁迅创作《药》的本意看，他的着眼点不在于对资产阶级民主革命作出评价，而是另有意图。他在《〈呐喊〉自序》中说："凡是愚弱的国民，即使体格如何健全,如何苗壮,也只能做毫无意义的示众的材料和看客,病死多少是不必以为不幸的。"并认为:"我们的第一要著,是在改变他们的精神。"可见鲁迅对国民的劣根性痛心疾首。他写《药》主要是对愚昧、麻木、落后的群众的批判,以期"揭出病苦,引起疗救的注意",而并未关注革命者脱离群众的问题。据孙伏园先生回忆,鲁迅曾经就这样讲述过《药》的写作意图:"《药》描写群众的愚昧,和革命者的悲哀;或者说,因群众的愚昧而来的革命者的悲哀;更直捷地说,革命者为愚昧的群众奋斗而牺牲了,愚昧的群众并不知道这牺牲为的是谁,却还要因了愚昧的见解,以为这牺牲可以享用……"(孙伏园《鲁迅先生二三事·〈药〉》)。另外,从小说的结构安排也可看出,作者的创作本意是重在揭示群众的愚昧、麻木、落后,从而达到批判封建迷信和封建专制的目的。小说安排了一明一暗两条线索,明线是华老栓买药为儿子治病,暗线是夏瑜被害。明线是主线,突出群众的愚昧麻木;暗线是次线,揭示革命者的悲哀。两条线索从并行到融合,突出因群众的冷漠而带来的革命者的悲哀。这种颇具艺术匠心的线索安排已经暗示出作者的创作意图。

再进一步从时代背景及鲁迅前期的思想动态来看这个问题。作者在《〈呐喊〉自序》中说他写小说"呐喊"几声的目的是"聊以慰藉那在寂寞里奔驰的猛士,使他不惮于前驱"。"既然是呐喊,则当然须听将令的了。"前驱者当指陈独秀、李大钊等。五四时期他们创办《新青年》,提倡民主和科学。《药》发表于五四前夕,既然是听前驱者的"将令"而呐喊,自然含拥护民主和科学之意。民主和科学应是我们理解《药》的主题的落脚点。

从鲁迅早期经历及思想看,父亲亡故后到南京求学,明白科学救国的道理。于是怀着科学救国的理想到日本求学,先学医,后从文。在这期间写了不少有关科学方面的论文,充分肯定了科学的巨大作用。1918 年,鲁迅在《新青年》上发表了不少随感录,联系现实斗争,反对封建迷信,提倡科学思想。他指出,要医治"祖传老病",扫除社会上的"妖气",只有一味"对症的药":科学。鲁迅说这话时正是创作《药》的时候。不难看出,鲁迅在痛心于华老栓们愚昧、麻木而急需医治的同时已开了治病的药方,这味药就是科学。再从作品描写的内容看,华老栓们相信人血馒头可以治病,足见受迷信的毒害之深,而华小栓的夭折证明了迷信的荒唐。要想治病,只能另寻良方,那就是与"迷信"相反的"科学"。

至于民主,作者借夏瑜之口已明确表达出来。"这大清的天下是我们大家的!"就是要大家高举民主义旗,推翻清朝专制统治的天下,建立民主共和的国家。

联系标题分析,也可看出《药》宣扬的是民主和科学的思想。"药"的深层含义是:用封建专制和迷信配制的人血馒头不是治病的良药,而只能导致悲剧。华夏两家的悲剧形象地说明了中国社会的病态,疗救中国社会的良药只有民主和科学。也即用科学思想武装人们的头脑,开启人们的心智,使他们积极投身于社会革命的事业中,推翻专制统治,扫除封建迷信,华夏两家的悲剧才不会重演,中华民族才有解救的希望。

　　最后,可以这样概括《药》的主题:小说通过对华夏两家悲剧的描写,深刻地揭示了长期封建统治造成了国民的愚昧、麻木、落后的现实,揭露了封建专制和迷信残酷镇压革命和愚弄人民的发动本质,歌颂了革命者的英勇斗争精神。启示人们,封建专制和迷信配制的人血馒头不能治病,民主和科学才是疗救中国社会的良药。

（载《中学语文园地》2007 年第 3 期）

《岳阳楼记》三美

《岳阳楼记》是范仲淹的代表作,也是唐宋散文的经典名篇。它通过对岳阳楼胜景的描写,阐发古仁人的忧乐观,以及自己遭贬后的旷达胸怀和积极的人生态度。文章在描写上采用大手笔,景物鲜明,画面优美,意境开阔,思想积极,语言富于音乐美,极富艺术感染力。

一、绘画美

朱自清先生说:"作文便是以文字作画。"好的写景散文都能做到描写生动形象,画面优美传神。本文也不例外。文章共六段。首段交代写作缘由,二至四段写岳阳楼胜景及迁客骚人的览物之情,第五段写古仁人的忧乐观,末段点明写作时间。二至四段是全文重点。二段总写岳阳楼胜景,用白描手法粗线条勾勒,仅用"衔远山,吞长江,浩浩汤汤,横无际涯;朝晖夕阴,气象万千"和"北通巫峡,南极潇湘"寥寥数语就将洞庭湖美丽的景色勾画出来,给人以空间开阔感。三四段用工笔细描分写岳阳楼景象,情景交融,点出迁客骚人的悲喜之情。三段写阴雨绵绵的景色,用"霪雨霏霏,连月不开,阴风怒号,浊浪排空;日星隐耀,山岳潜形;商旅不行,樯倾楫摧;薄暮冥冥,虎啸猿啼"等句子浓墨重彩,表现其阴冷色调,满目萧然,烘托迁客骚人心中的"悲"。四段写春和景明的景象,用"波澜不惊,上下天光,一碧万顷;沙鸥翔集,锦鳞游泳;岸芷汀兰,郁郁青青。而或长烟一空,皓月千里,浮光跃金,静影沉璧,渔歌互答"等句子极写春光暖色,令人心旷神怡,烘托迁客骚人心中的"喜"。三段话三幅画面,描写景物生动形象,色彩鲜明,使人有身临其境之感,以景显情,为下文写古仁人的忧乐观张本。

二、情操美

本文之所以能成为传诵千古不衰的名篇,除了画面的优美外,还在于它表现出来的积极健康的思想。作者用迁客骚人与古仁人进行对比,衬托古仁人的旷达胸怀。一般迁客骚人的思想会随环境的变化而变化,或喜或悲。他们容易失去自我，缺乏坚定的意志，缺乏忧国忧民的意识。而古仁人不是这样，他们"不以物喜，不以己悲；居庙堂之高则忧其民；处江湖之远则忧其君"，他们"进亦忧，退亦忧"，不管身处何种环境都能处之泰然，以国事为重，毫不顾及个人得失，"先天下之忧而忧，后天下之乐而乐"。其高尚的情操，开阔的胸襟令人赞赏。他们的忧乐观和旷达胸怀千百年来一直激励着人们。难怪作者会感叹："噫！微斯人，吾谁与归？"

三、音乐美

文章积极健康的思想要靠优美的语言来表现。本文多用整齐匀称的排偶句，参差错落的长短句，富有音乐美的语言，描写优美的景物和表达积极健康的思想情趣，做到了内容和形式的完美统一。文章多用四字句，极力铺排，构成整齐匀称的排偶鱼贯而入，增强气势和感染力。如第三段写阴雨绵绵的景色，连用九个四字句；第四段写春和景明的景色，连用十二个四字句构成排偶，极写景象的阔大，意境的开阔，给读者以视觉的美感享受。其次，文章在排偶中间杂长短不齐的句子，显得参差错落，灵活多变，有节奏美。另外，文章还多用开口度大，发音响亮的音节词，如：山、江、汤、涯、千、观、湘、开、号、空、耀、乡、光，等等。表现出优美的音韵和旋律，朗朗上口，增强了语言的音乐美。

（载《语文周报》2015 年 5 月教研版）

《紫藤萝瀑布》探美

《紫藤萝瀑布》是宗璞的一篇美文。文章短小精炼,用以小见大的写法,通过对紫藤萝由衰而盛的描写,表现了时代的变迁,揭示了生命永恒的哲理。文章构思精巧,结构完美,意蕴深远,词句优美,令人百读不厌。

一、构思美

文章的主旨是表现生命永恒的哲理和对历史长河迂回曲折而终将前进的感慨。这些道理要说清楚不容易,作者避开正面抽象说理,采用以小见大的写法,通过对两株紫藤萝的描写将这些道理揭示出来。作者先写眼前的紫藤萝,从形状、颜色、香气、神情几方面浓墨重彩,表现了紫藤萝的生机勃勃和生命之美。作者情不自禁,竟然把一直压在她心上的关于生死谜、手足情的焦虑和悲痛忘却,只剩下"精神的宁静和生的喜悦"。作者神思飞扬,忽然忆起十多年前家门外的一大株紫藤萝的不幸遭遇,对比中得出生命的长河无止境的感慨。文章从眼前写到过去,从花写到人,从花的由衰而盛想到生命的长河,这些无不体现出作者联想丰富,构思新颖、精巧。

二、结构美

文章首尾呼应,发人深省。开篇"我不由得停住了脚步",结尾"我不觉加快了脚步"。从"停住"到"加快"表现了作者的一段情感历程。一般说来,行文的过程就是作者酝酿感情的过程。开篇结尾措辞的变化表现了作者情感的升华。从文章结构看,作者先写眼前一树开得茂盛的紫藤萝花,感到吃惊,"不由得停住了脚步",它引起自己精神的宁静和生的喜悦。接下来写十多年前家门外一株紫藤萝的不幸遭遇,用曾经的"遗憾"来反衬现在的"喜悦"。从对两树紫藤萝的观感的强烈反差中,领悟到生命的长河无止境的深刻内涵。纵观全文,作者经历了对紫藤萝的感性认识到对生命、历史、人生的理性认识这一过程。内容由浅入深、由表入里,作者思想得以深化,感情得以升华,"不觉加快了脚步"。文章思路清晰,结构完美,天衣无缝。

三、意蕴美

这篇文章不同于一般的写景散文,一般写景散文是通过景物描写抒发感情。而本文虽有对紫藤萝浓墨重彩的描写,字里行间流露出作者的喜爱之情,但写景并非作者本意,而是下文说理的依托。本文重点在后部分说理,即生命永恒的哲理。作者以前曾一度遭遇不幸,有过焦虑与悲痛,但一树紫藤萝花表现出生命的美竟能使她获得精神的宁静和生的喜悦。可见生命美的魅力。而一树紫藤萝的遭遇竟反映出十年浩劫这个特殊年代的影子,这就使小题材获得了深刻而广阔的社会意义。文末作者进一步把花和人的不幸联系起来,得出了生命的长河无止境的感慨。不难看出,本文虽然题材小,但作者挖掘得深,虽是一事一物却含义丰富,意蕴深远。

四、修辞美

本文语言优美,生动感人。对紫藤萝的描写从形状(瀑布、大条幅、小小的帆)、颜色(淡紫色、银光、上浅下深)、香气(芳香)、神情(挑逗、笑、嚷嚷)多方面浓墨重彩,描绘得生动传神,让人情不自禁,体味到生命的美。另外,作者多次运用比喻(如将开得茂盛的藤萝比喻为一条瀑布、紫色的大条幅,将每一朵盛开的花比喻为一个张满了的小小的帆)、拟人(如:深深浅浅的紫在"欢笑",每一朵紫花中的最浅淡的部分在和阳光"互相挑逗",花朵儿"彼此推着挤着")、对比(如将十多年前家门外那株长得稀落的紫藤萝与眼前开得茂盛的紫藤萝进行对比)、反复(如"我在开花""流着"的重复出现)等修辞手法,突出花的勃勃生机,赞美了生命的顽强和美好。

(载《学习周报》2016年7月学科版)

《醉翁亭记》探美

　　《醉翁亭记》是宋代文学家欧阳修的写景散文。它通过对醉翁亭的地理位置、来历、周围四时景色和游人活动的描写,表现了作者对自然山水的热爱以及遭贬后仍然保持乐观的旷达情怀。文章思路清晰,语言优美,修辞运用恰到好处,堪称佳作。

一、思路美

　　文章无论是整体布局还是段落内部结构都显得思路清晰,层次井然。全文共四段,依次写亭的位置及来历,早晚及四时景色,游人及宴会情况,天晚回家及感受。前两段主要写景,后两段主要写人,前后表现出因果联系。正因为有美好的景致才吸引游人来观赏,又由观赏而引发感慨。从段落内部看,时空顺序交错安排,描写事物清楚明白。第一段按时空顺序写,由环滁——西南诸峰——琅玡——酿泉——醉翁亭,这样由大到小,由面到点,由远及近,方位明确,层次清晰。第二段按时间顺序写,从朝暮写到四时,顺序是从早到晚,由先到后,由小到大,层次井然,头绪清楚。

二、语言美

　　文章语言精练,描写形象生动,仅用三言两语就将景物特征概括出来,给人留下深刻的印象。如第二段用"日出而林霏开,云归而岩穴暝"分别描绘早晨及傍晚的景象;用"野芳发而幽香,佳木秀而繁阴,风霜高洁,水落而石出"四句分别描写春、夏、秋、冬四季景象。无论是描写早晚,还是描写四季,作者都能抓住景物的不同特征,描绘得鲜明生动,画面优美,引起读者的联想,犹如身临其境,获得美的享受。此外,文章用了 21 个"也"字结尾,虽是语气词,没有实义,但语气舒缓,不仅表现出文章的语意层次,更主要的是表现了作者陶醉于自然的愉悦和游玩宴饮的轻松心情,以及虽遭贬谪仍能处之泰然,悠然自得的旷达情怀。可见简单的一个虚词有着很强的表现力,它使行文舒缓、流畅,有节奏感,显得回肠荡气,朗朗上口,有一唱三叹之妙。

三、修辞美

修辞是文章增色的主要因素。本文运用多种修辞手法使文章熠熠生辉。文章思想超然,感情旷达,节奏明快,语调悠闲。主要得益于作者用了对偶、设问等修辞手法。对偶句是用字数相等、结构相同、语意相对的句子两两排列,表现出整齐匀称之美。如"野芳发而幽香,佳木秀而繁阴""朝而往,暮而归""负者歌于途,行者休于树""前者呼,后者应""射者中,弈者胜"等,作者陶醉于自然美景和游乐的欢娱之情溢于言表。排偶句的运用如"临溪而渔,溪深而鱼肥,酿泉为酒,泉香而酒洌,山有野蔌,杂然而前陈者"等句子表现出太守设宴的欣喜之情。设问如"作亭者谁?""名之者谁?""太守谓谁?"等句子先引人思考,待下文说出之后给读者留下深刻印象,表现了作者轻松、豁达乐观的心情,耐人寻味。此外,文章还用比喻手法,增强文章的生动性和形象感。如写亭,用"有亭翼然临于泉上"一句。"翼然"就是"像鸟张开翅膀一样",把亭的姿态写活了,显得生动传神。

(载《语文学习报》初二版 2005 年第 44 期)

波澜起伏　险象环生

——《鸿门宴》导读

　　《鸿门宴》系司马迁《史记》中的经典名篇,情节曲折多变,描写生动形象,人物语言个性化。虽是记录史实,却有着浓厚的文学色彩,历来为人们所称道。下面仅就情节特点试作赏析。

　　"文似看山不喜平"。平铺直叙的文章,让人一览无余,没有回味的余地。司马迁深知这一为文之道,在情节安排上避免平铺直叙,而是设置得大起大落,波澜起伏,险象环生,竭力引导读者去感受那种惊心动魄的场面,满足读者的审美心理。从整个情节看,有三起三落。

　　文章开头交代,刘邦野心勃勃,想在关中称王。曹无伤不满刘邦阴险狡诈的为人方式,将此消息密报给项羽,引起项羽大怒:"旦日飨士卒,为击破沛公军!"一场大战一触即发。范增足智多谋,敏锐地觉察出刘邦是项羽的最大敌人,想趁此机会除掉刘邦,以绝后患。于是火上浇油,一针见血地指出刘邦的野心并编造刘邦有"天子气"的谎言,坚定项羽除掉刘邦的决心。眼看剑拔弩张,刘邦的性命危在旦夕。此为一起。项伯知道项羽要攻打刘邦的消息,怕好友张良受牵连遇难,便连夜跑到刘邦的军营将这个消息透露给张良,要求张良趁早脱身。张良与刘邦关系密切,于是又将此消息转告刘邦,刘邦大为吃惊,急得如热锅上的蚂蚁。当得知张良与项伯的特殊关系后,他如在茫茫的大海上抓住了一根救命草,立即拉拢讨好并欺骗项伯,请求项伯为其说情,项伯不知是计,反替刘邦说情,结果项羽怒气消减,刘邦死罪得以避免,气氛趋于缓和,读者也歇了一口气。此为一落。

　　鸿门宴上刘邦编造的一席谎话骗过项羽。范增见势不妙,多次举玉玦示意项羽杀刘邦。但因项羽未能识破刘邦的谎言,对范增的举动视而不见,范增只得出营门召项庄到宴会上舞剑助兴,见机行事。项庄征得项羽同意,拔剑起舞,为酒宴助兴,趁机击杀刘邦,刘邦性命系于项庄一念之间,气氛十分紧张,斗争呈白热化。此为二起。不料项庄企图击杀刘邦的意图被项伯识破,情急之中他亦拔剑起舞,用身子遮蔽刘邦,项庄未能得逞,气氛又趋缓和。此为二落。

项庄舞剑的用意也未能瞒过张良,他见情势危急,急出营门召樊哙入帐保护刘邦。樊哙闯帐来势凶猛,"披帏西向立,瞋目视项王,头发上指,目眦尽裂"。项王看出来者不善,高度警惕,"按剑而跽",气氛又趋紧张。此为三起。项王从张良之口得知樊哙身份后佩服其英雄本色,立即赐酒和食物,樊哙毫不推辞,借酒发狂,一席鬼话数落得项王自知理亏,沉默不语,气氛又趋缓和。刘邦借故退席逃脱。此为三落。

纵观全文,情节跌宕起伏,曲折多变,一波未平,一波又起,惊心动魄,险象环生,扣人心弦。

层层铺垫　妙趣横生

——《明湖居听书》导读

优秀的文学作品总是以其积极健康的思想内容和独特的艺术魅力来感染和熏陶读者,给读者留下经久难忘的印象。《明湖居听书》就是在艺术上具有无穷魅力的作品,它以层层铺垫的写法,造成妙趣横生的艺术效果,使读者获得美的享受。

《明湖居听书》一文的主旨在于表现白妞说书的高超技艺。作者很讲究艺术处理,他不是一开始就让主人公登台亮相,而是采用层层铺垫、对照烘托、虚实结合的表现手法,使艺术趣味得到醋畅淋漓的表现,让读者拍案称绝。

从结构安排上看,一至五段是铺垫部分,六至九段是正面描写。文章的重点正是在正面描写部分,白妞说书技艺之高超。但前部分也不是闲笔,从表面看似乎与白妞说书关系不大,而推敲起来却是处处紧扣主旨,毫无枝蔓的感觉。开头两段写戏园盛况,着眼于时间和环境的交代,在离说书开场还有两三个小时之前,戏园已座无虚席,喧闹得"什么话都听不清楚"。听众之所以要提前几个小时赶到戏园,是怕没了座位而错过欣赏白妞说书的机会,这从侧面烘托了白妞说书的魅力。而写戏园的喧闹声是为了与下文白妞出场时的寂静形成对比,突出白妞的魅力。接着第三段写琴师弹奏的高超技艺,又是为下文写他为白妞演唱伴奏埋下伏笔。第四段写黑妞出场和演唱,这里写黑妞装束是为写白妞装束作交代,下文在写白妞出场时,用"装束与前一个毫无分别"一笔带过,好集中笔墨写说书;而写黑妞演唱,用"以为观止矣"一句表现其技艺高超,又为第五段两名观众对比议论黑妞白妞演技悬殊埋下伏笔,以进一步突出白妞说书技艺的高超。第五段写黑妞唱完后"满园子里听来都是人声"又是为了衬托下文白妞说书后"台下叫好之声,轰然雷动"的艺术效果。

至此,作者对白妞说书已作了层层铺垫,给读者留下了悬念,读者已经急不可待了,安排白妞出场的时机已经成熟。

先写出场时的肖像。由于前面写黑妞出场已有了交代,这里仅指出他"秀而不媚,清而不寒"的特点。接着写她的几个简单动作后,"向台下一盼",已使观众失魂落魄了,连那坐在远远墙角子里的人,"都觉得王小玉看见我了"。惊得观众凝神屏气,满园子鸦雀无声,"连一根针吊在地下都听得见响"!以下七八两段便泼墨如泻,把白妞精湛的演唱艺术和盘托出。先是"初步甚大",后是"越唱越高",继以"陡然一落""忽又扬起",终以"人弦俱静",一系列节奏起伏的演唱过程是那样的惊心动魄!作者调动了多种感官从触觉、味觉、视觉、听觉几方面用诸多事物来比喻,把转瞬即逝、难以捕捉的演唱声写得形、声、色具备,形象、鲜明,历历可感,堪称绝笔,妙不可言。最后通过观众的感受进一步从侧面烘托白妞说书技艺之高超。

　　就这样,作者通过层层铺垫,对照烘托,虚实结合的写法,加之以大量通感手法的运用,酣畅淋漓地表现了白妞演唱技艺的高超,使读者获得了一次难忘的艺术享受。

（载《语文天地》高中版 1999 年第 7 期）

此情绵绵无绝期

——《饮马长城窟行》赏析

　　青青河畔草，绵绵思远道。远道不可思，宿昔梦见之。梦见在我傍，忽觉在他乡。他乡各异县，展转不相见。枯桑知天风，海水知天寒。入门各自媚，谁肯相为言！

　　客从远方来，遗我双鲤鱼。呼儿烹鲤鱼，中有尺素书。长跪读素书，书中竟何如：上言加餐食，下言长相忆。

　　中国古代征役频繁，游宦之风盛行。野有旷夫，室有思妇，作为反映社会生活的文学作品，出现了大量的思妇怀人诗。这些诗表现了妇女们"独守"空闺的悲苦和对行人的思念，大多写得真挚动人。汉乐府民歌《饮马长城窟行》就是其中的优秀之作。

　　这首诗最早见于南朝梁昭明太子萧统的《文选》，题为"乐府古辞"，为无名氏之作。关于诗题的由来，《文选》五臣注说："长城，秦所筑，以备胡者。其下有泉窟，可以饮马。征人路于此而伤悲矣。言天下征役，军戎未止，妇人思夫，故作是行。"本诗以"饮马长城窟行"为题，却只字未涉及饮马长城窟事，似乎文不切题；但"天下征役，军戎未止"，长城成为一种天下艰苦行役生活的代称，故取此题。

　　诗的开头由河岸青草起兴，引起下文。"青青河畔草，绵绵思远道。"丈夫出征很有些时日了，又一个冬去春来，看到河岸郁郁葱葱的青草沿连绵不尽的河水延伸到远方，主人公情如潮涌，不可遏抑。在四季中，春、秋是最易引发人们情思的，从诗人面对河畔青草出神就可窥见她此时思念之情有多浓。思妇盼望行人早日归来的急切心情随春景而生，绵绵情思如郁郁青草，显得具体可感，真切感人。但是"远道不可思"，她不免感到失望。日有所思，夜有所梦，"宿昔梦见之"反衬她白日思念之深。"梦见在我傍"，梦中仿佛丈夫就在自己身边，但好梦不长，"忽觉在他乡"。可能是在梦中依恋太切，过于兴奋，才乐极生悲，忽然醒来，只有枕席做伴，她顿感无限失落和惆怅。片刻欢娱之后怎能忍受"他乡各异县，展转不相见"

的痛苦。就这样,思妇在离愁别恨的煎熬中度过了又一个春夏。不觉中最引人愁绪万端的秋天又来了。"枯桑知天风,海水知天寒",起兴兼拟人手法写出"枯桑"和"海水"的有情,物犹如此,人何以堪！长久苦盼的现实使她明白,站在门外望眼欲穿只是徒劳,不如"入门各自媚"。她此时是最需要慰藉的时候,但"谁肯相为言"！只好自我珍爱,自我安慰。

　　第一段写思妇因思念远方行人而痛苦,转为自我安慰的情感历程。读者不禁会为"斯人独憔悴"而倾注同情。第二段写她的苦盼总算有了希望。"客从远方来,遗我双鲤鱼。""双鲤鱼"指放信的木函。用两块木板合在一起,一底一盖,中间藏书信。木版刻作鱼形,分开则成双鱼,故有此说。诗人此时如获至宝,"呼儿烹鲤鱼,中有尺素书。""烹鲤鱼"指打开信函,语句幽默风趣,欣喜之情溢于言表。"长跪读素书",表现出她对丈夫的敬重;"书中竟何如",她此时急于想看到的是信上说了些什么。时隔已久,丈夫对自己是否感情依旧？这是她最关心的。"上言加餐食,下言长相忆。"前面说到多吃饭,保重身体,后面说到永远思念她。看来丈夫对自己还是一往情深的,虽然不能厮守一处,但有这样多情的丈夫也就够了。

　　这首诗写思妇对远方行人的思念,前一部分抓住春思、夜思、秋思来写,选材典型。后一部分从对方来信的角度写,显得新颖。起兴、顶真及拟人手法的运用,兼以第一人称自叙口吻,把思妇的思念之情表达得深切哀婉,生动感人,堪称佳作。

（载《语文知识》2006 年第 3 期）

动静相生　恬静幽远

——王维《鸟鸣涧》赏析

人闲桂花落,夜静春山空。

月出惊山鸟,时鸣春涧中。

在王维的诗歌创作中,有相当一部分是山水诗,这些诗多创造出恬静幽远的境界,《鸟鸣涧》就是其中的代表作。诗的篇幅虽然短小,但既写出了人,还概括了多种事物,如桂花、静夜、山峦、宿鸟、春涧等。这些景物在诗人的构思中凝聚成完整生动的艺术画面,使人从中获得美的享受。

首句以动感写静态,一开始就营造了恬静的氛围。"桂花落"是一种轻微的动态,或是落地的瑟瑟之声,或是落在身上的触觉,或是轻轻飘落的情景。而无论哪种情况,如果诗人处在动态中是很难感知到的,这些轻微的动态只有在他处于闲适、心境宁静之时方能感觉出来。有了这句作铺垫,第二句直接点明"夜静"也就显得自然。由于春夜宁静,山中便显得格外虚空。与上句相比,此句略嫌直露,诗人显然不满足于对静夜作静态的描写,于是陡然转笔,描绘动的画面。"月出惊山鸟",在宁静的春夜里,万籁无声,一起都在夜色笼罩下进入酣睡状态。而正在此时,一轮皎洁的明月,从山峦间冉冉升起,银色的月光,一下子洒泻在山间。这一突如其来的变化,使已经宿巢的鸟雀受到惊扰。月亮升起,月光如泻,虽然是动态,但毕竟是无声的。无声的"动"尚且惊扰鸟雀,可见山中春夜有多静谧!这句话,诗人通过描绘动态,简直把夜写得静极了。仿佛月亮升起和月光流泻的声音也能听到。

为了进一步烘托出春夜的清幽寂静,诗人接着写鸟鸣声,但不是山鸟齐鸣,而是"时鸣春涧中"。"时鸣"就是断断续续的叫鸣。为什么诗人不写出山鸟齐鸣呢?从审美的角度说,齐鸣显得嘈杂,打破了静夜的氛围,同时也没有"时鸣"显得有节奏,时鸣声清脆悦耳,以动衬静,动静相生。从表现生活真实的角度说,时鸣比齐鸣更符合春夜月照的情景。如果是平原上,月亮升起后,到处都可见到月光,春鸟就会齐鸣。而诗中写的是山间之夜,山中层峦叠嶂,洞深林密,起伏逶迤,高低不同,向背有别。月亮升起后,不可能每一片山野,每一个山坳、角落都同时见到月光。这里应有时间先后之差。在月光照耀之处,山鸟受惊而鸣。随着明月渐渐升高,被照耀的地方越来越多,就会不断出现被明月惊扰而叫鸣的鸟声。在这段时间里,山鸟好像有间歇地有节奏地鸣叫,这就形成了"时鸣"的独特景象。诗人对山中春夜的环境观察感受是非常细微的,因而能够逼真地、生动地描绘出"鸟鸣涧"的景象。

　　这是一首意境恬静幽远的山水诗,诗人为了创造这个境界,不单写"静",还有意识地描绘"动"的画面,使动与静相互结合,相互映衬,收到以动显静的艺术效果。

（载《语文天地》2000 年第 19 期）

构思新颖　匠心独运

——辛弃疾《西江月·遣兴》赏析

　　醉里且贪欢笑,要愁哪得工夫。近来始觉古人书,信着全无是处。　　昨夜松边醉倒,问松"我醉何如"。只疑松动要来扶,以手推松曰"去!"

　　辛弃疾(1140—1207),字幼安,号稼轩,历城(山东济南)人。生活在南宋中叶,正是宋金对峙、民族矛盾十分尖锐、中原人民抗金要求不断高涨的时期。南宋统治集团在对待外族入侵的态度上分为主战、主和两派,辛弃疾是主战派人物之一。他生于北方沦陷区,从小富有爱国之志,一生都在为收复失地、完成祖国统一大业进行不懈的斗争。也正因此而屡遭主和派的打击和排挤,两次罢官,前后闲居近二十年。这种生活经历自然要从他的作品中表现出来。《西江月·遣兴》就是表现他愤懑之情的力作。这首词以幽默诙谐的语言、新颖奇崛的手法和匠心独运的构思表现出词人内心无限的愁苦,宣泄爱国者报国无门的忧愤。

　　此词可能作于晚年闲居瓢泉时期。"遣兴"为词题,表明是为排遣内心情感而作。"醉里且贪欢笑,要愁哪得工夫。"一开始我们就似乎看见词人颇有几分醉意地向我们走来。文有文眼,诗有诗眼。一"醉"一"愁",使我们不难想见词人是在借酒消愁。那么词人愁何而来,为何而醉? 这其中必有原因。细究起来,这原因就在"近来始觉古人书,信着全无是处"一句中。词人自幼饱读诗书,立下了报国之志,从青年时期起就一直在为收复失地而奔走。他始终遵循古圣贤的教导,主张抗战,反对投降,要求统一,反对分裂,这些本来都是古书上说的正义事业和至理名言。但近来却觉得古人书上所言全不可信,要不,自己按书中所言去做怎么处处碰壁? 不但报国无门,相反还屡遭排挤、打击? 自己的遭遇不就说明古圣贤的教诲是错误的吗? 孟子说:"尽信书,则不如无书。"说的是不能全信书上所言,要用批判的眼光。诗人这里并非否定古书,而是正话反说,表达对南宋朝廷不图收复中原,一味妥协投降的强烈不满。谴责昏君佞臣完全违背了古圣贤的教训,不思进取,毫无爱国之心,相反还打击排挤忠贞爱国之士。这正是词人愁之所在。

愁苦袭来，无以排遣，只能借酒消愁，一醉方休，以便不去想那些令人愁苦之事。醉后贪欢笑，还哪有工夫发愁？看似超脱，实则"抽刀断水水更流，举杯消愁愁更愁"。显然，词人是强作欢笑，内心其实是极度的痛苦。

上阕点明了愁苦的原因及消愁的方式。字里行间已流露出作者赤诚的爱国之情和对投降派的愤慨，以及报国无门的无限忧愤。下阕具体写醉态，把感情推向更深沉的境地。"昨夜"点明时间，"松边"交代地点，"醉倒"说明醉的程度。一写醉态。"问松'我醉何如'。"拟人手法二写醉态。以松为交流对象，足见孤独寂寞，知音太少。"只疑松动要来扶。"明明是自己醉得摇晃，醉眼蒙胧之中疑是松树摆动，要来扶他，三写醉态。"以手推松曰'去！'"故作疯语，四写醉态。借酒消愁是词人宣泄感情的一种特有方式，也即"胸中块垒，故须酒浇之"。从他的醉态不难窥见他满怀抑郁忧愤。从表面上看，词人似在说饮酒寻欢，没有工夫言愁，但实际上这完全是一种假象，是强颜欢笑，借醉后笑闹来消除痛苦。透过字面就能看出词人因报国无门而萌生的极大愤慨与忧愁。这种写法是以乐写哀，倍增其哀，比直接写忧愁更能激起读者强烈的共鸣。

这首词表现手法新颖。一、二句反话正说。"且贪欢笑"，实言愁苦；"要愁哪得工夫"，明说无暇言愁，实则时时有愁。貌似超脱，实则困于愁绪中无法自拔。三、四句又正话反说。说古人书"全无是处"，是对南宋朝廷违背古训，妥协投降，毫无气节的愤慨。这种正正反反的说话方式无异于嬉笑怒骂，情感表达得深沉含蓄。下阕写醉后人松对话是大胆创新，语言幽默诙谐，构思新颖奇崛，于幽默中寓严肃，于奇崛中见深情，极富艺术感染力，可谓匠心独运。

（载《语文月刊》2006 年第 3 期）

试论古代悲剧作品的喜剧结尾

悲剧,一般是描写代表正义的主人公所从事的事业或进行的活动由于遭受恶势力的迫害或本身的过错而失败,理想或愿望无法实现,甚至毁灭。也就是"将人生有价值的东西毁灭给人看"(鲁迅语),从而激起人们的同情,或悲愤,或崇敬等思想感情。而喜剧往往是歌颂代表进步、美好和善良的主人公在斗争中获得胜利,讽刺或嘲笑社会生活中的丑恶现象。它"将那无价值的撕破给人看"(同上)。中国古代悲剧作品往往用虚幻的喜剧结尾突出悲剧效果。正如王夫之所说"以乐景写哀,以哀景写乐,一倍增其哀乐"(《姜斋诗话》)。高中语文教材所选悲剧作品《窦娥冤》《促织》《孔雀东南飞》及民间传说"梁祝故事"就是以乐景写哀情的代表作,耐人寻味。

《窦娥冤》是中国古代著名的悲剧。穷书生窦天章要进京赶考,因欠蔡婆的高利贷,被迫将年仅七岁的女儿窦娥送给蔡婆当童养媳。窦娥十七岁成婚,不到两年就守寡,与婆婆相依为命。蔡婆去赛卢医处讨债,赛卢医赖债,竟将蔡婆诱骗到偏僻处准备杀害,被流氓张驴儿父子无意中撞见,侥幸获救。张驴儿借机赖在蔡婆家,欺她婆媳孤弱,胡搅蛮缠,威逼窦娥与自己成亲,窦娥不从而受害下狱。贪官桃杌将窦娥屈打成招,问成死罪。后来窦天章做了提刑肃政廉访使,到楚州复查刑狱案件。窦娥魂魄向父亲诉冤,窦天章复审此案,为女儿报了冤仇。戏剧结局离奇荒诞,似乎违情悖理。如果这样看则小觑了文学。文学的妙趣在于它是庄严的撒谎。作者是为了用这种幻想的方式表达对受害者的深切同情和对压迫者的强烈憎恨;同时让我们看到,在那种时代,社会黑暗之极,受害者走投无路,绝望之余,只能以一种天真的幻想方式逃脱苦海。这种"大团圆"结局用的是以喜衬悲的手法,以乐景写哀情,比直接以悲写悲更有悲剧效果。

与《窦娥冤》有异曲同工之妙的《促织》,也是用虚幻的喜剧结尾来表现作品的悲剧色彩。主人公成名因老实而被狡猾的公差报充里正的差役,弄得倾家荡产,为上缴一只蟋蟀而饱受形体的摧残和精神的折磨,并给家人也带来了极大的痛苦。最后作者幻想成名的儿子变成了一只奇异的蟋蟀,被送到宫中,因其轻捷善斗而博得皇帝的喜欢。皇帝高兴之余重赏抚军,抚军又褒奖县令,县令免去成名的差役。抚军又嘱咐主管教育和考试的官员使成名进入县学做了秀才,同时重赏成名。成名从此时来运转,生活富足,穿的皮衣和驾车的马都超过世代官宦人家。这离奇荒诞的结尾一方面表现了作者对劳动人民苦难命运的深切同情和美好愿望;另一方面更有其深层的悲剧意义:成名的苦尽甘来只是因为一只蟋蟀,而这只蟋蟀竟是儿子魂化而成,多么离奇的幻想!成名的儿子为了"赎罪",为了解除父母的痛苦甘愿死后魂化促织。不能看出,成名的幸福是儿子用幼小生命换来的,这简直不能令人接受。更可悲的是,成名儿子魂化促织后还被作为玩物进贡到宫中与别的促织打斗,"每闻琴瑟之声,则应节而舞",供皇帝开心取乐。这是封建最高统治者对一个幼小生灵的蹂躏,何等残酷,何等酸楚!读到此处,犹如揪心割肺!封建统治者对劳动人民的摧残和吃人的本质暴露无遗。小说正是以喜剧的形式揭示出更深层的悲剧意义。

　　与上述作品题材不同,《孔雀东南飞》和"梁祝故事"都是爱情悲剧。作品揭露了封建家长制和封建礼教扼杀青年男女爱情婚姻的罪恶。焦仲卿和刘兰芝,梁山伯与祝英台,都深受封建家长制和封建礼教的迫害,他们为了自己的爱情、自由和幸福与封建家长制和封建礼教进行了不屈的斗争,最终双双殉情,表现了对罪恶的制造者的反抗和嘲弄。两个故事在结尾安排上如出一辙,一对鸳鸯,一双蝴蝶,均是魂化而成。想象虽然离奇,但却告诉人们:青年男女的爱情是任何力量也阻挡不了的。这里,受压迫者以他们特有的方式表现了对封建家长制和封建礼教的无情鞭挞和嘲讽。故事似在告诉人们:罪恶的制造者最终并未达到目的,有情人终成眷属,结果皆大欢喜。但只要细心玩索就发觉不对,这个皆大欢喜只是作者一厢情愿的幻想。作者安排这样的结局一是为了表达对主人公苦难命运的深切同情和美好愿望,二是为了满足读者的审美心理,使他们获得一种惩恶扬善的心理平衡和精神满足,借以宣泄他们的悲愤之情,收到"含泪的微笑"的效果。作者显然是在强颜欢笑,以喜衬悲。这就使作品具有了发人深省,耐人寻味的意义。

　　可见,悲剧作品的喜剧结尾并非作者的随意安排,它表现了人们的一种审美观,自有其独特的表达效果。

（载《文学教育》2006 年第 2 期下）

古诗借景抒情手法例说

　　诗歌是诗人情感的结晶,即"情动于中而形于言"(《毛诗序》)。就诗人抒发感情的方式而言,有直接抒情和间接抒情。诗歌贵在含蓄,直接抒情往往因感情无所附丽而显得生硬,因而多采用间接抒情的方式,或写景,或状物,或叙事,情寓其中,耐人寻味。通过景物描写来抒发感情的表现手法叫借景抒情,通常表现为情景交融的特点,这在古诗中较为常见。

　　在写景抒情的诗歌中,写景是手段,抒情是目的,景物是情感的载体。客观景物一旦与诗人的情感交融就会染上浓厚的主观色彩,也即打上诗人的情感烙印。正如王国维所说"以我观物,故物皆著我之色彩"(《人间词话》)。景语即情语,句句写景,字字关情。读古典诗歌,我们不难体会到这一点。元曲作家马致远的《天净沙·秋思》就是以情景交融取胜的佳作,深受人们推崇,被誉为"秋思之祖"。其主题是游子思乡,文字上全是写景。诗人捕捉"枯藤""老树""昏鸦""小桥""流水""人家""古道""西风""瘦马""夕阳"等景物组成一个个独特的镜头,描绘出游子活动的背景,渲染出悲凉、冷清、萧瑟的气氛。"枯藤老树昏鸦"写秋末之景,了无生气,使人见景而生惆怅。"小桥流水人家"谓别人有家而自己却在漂泊。加上"古道"荒凉,"西风"寒冷,写尽孤独,冷清。历经长途漂泊,马尚且累瘦,人何以堪? 更何况"夕阳西下"应是归家之时,而自己却远在天涯,怎不断肠! 全诗句句写景,字字关情,表现出游子漂泊异乡的愁绪,堪称情景交融的典范之作。

　　写离愁别绪的作品在古诗中比比皆是,多采用借景抒情的手法。柳永的《雨霖铃》写一对恋人分别的情景。诗人用"寒蝉""长亭""骤雨""都门""烟波""暮霭""清秋"等景物组成一幅幅低沉、哀伤、凄楚的画面,烘托离人的愁绪。再用"杨柳岸""晓风""残月"三样景物组合,描绘凄凉、冷清的环境,将离愁别绪烘托到极致。看见杨柳,想到离别;晓风吹拂,酒醒江边,想起佳人在水一方,不禁愁绪满怀;又见一弯残月,孤独寂寞之情顿生。这首词多是景物描写,流露出诗人缠绵不尽的情思。

　　写战争丧乱的苦痛也常借助写景。姜夔的《扬州慢》就是一例。上阕写金兵洗劫后的扬州城一片荒凉,只用"荠麦青青""废池乔木""清角吹寒"几个词语随意点染。下阕想象杜牧"重到须惊"来反衬昔日的扬州城繁华富庶。当年的二十四桥热闹非凡,可如今只有"波心荡,冷月无声"。一片荒凉凄清,烘托出诗人对山河破碎的伤痛,字里行间流露出无限伤感之情。景语即情语,借景抒情独具含蓄深沉的艺术效果。

借景抒情手法也用于政治抒情诗中。屈原的《涉江》抒发他怀才不遇,无辜遭贬的悲愤之情。诗人写到达流放地溆浦时的心情就是通过景物描写来表现的。"深林杳以冥冥兮,乃猿狖之所居;山峻高而蔽日兮,下幽晦以多雨;霰雪纷其无垠兮,云霏霏其承宇。"这里山高蔽日,幽暗阴森,猿猴哀鸣,雨雪无际,景物描写烘托诗人寂寞、孤独、悲怆、凄凉的心境。

总之,借景抒情是古典诗歌常用的表现手法,它增强了诗歌的艺术感染力,耐人寻味。

(载《语文天地》高中版 2007 年第 5 期)

古诗文衬托艺术浅谈

在文学创作中,为了突出人或事物的特点,给读者留下鲜明深刻的印象,作者常常采用衬托手法。即用彼人彼物从侧面来烘托此人此物,以突出此人此物的特征。这比正面描写更具艺术性。

汉乐府民歌《陌上桑》在表现秦罗敷的美时是这样写的:"头上倭堕髻,耳中明月珠;缃绮为下裙,紫绮为上襦。行者见罗敷,下担捋髭须。少年见罗敷,脱帽著帩头。耕者忘其犁,锄者忘其锄;来归相怨怒,但坐观罗敷。"作者先写罗敷的穿戴,活画出一个楚楚动人的少女形象。但罗敷究竟有多美,下文没有明说,而是从侧面去烘托。即用"行者""少年""耕者""锄者"看见罗敷后倾倒的种种神情动作来烘托罗敷的美。如果正面描写就难免落入窠臼,也难以引起读者的联想。作者的高明之处就在于避开正面实写。而从旁人被罗敷的美陶醉所产生的效果落笔。这样从侧面去烘托就给读者留下了更多的想象空间,读者尽可以根据自己的审美经验去想象罗敷有多美,使作品产生耐人寻味的艺术效果。

《孔雀东南飞》在表现刘兰芝的身价时也用了侧面烘托的手法。太守家迎娶兰芝的场面是这样写的:"交语速装束,络绎如浮云。青雀白鹄舫,四角龙子幡,婀娜随风转,金车玉作轮,踯躅青骢马,流苏金镂鞍。赍钱三百万,皆用青丝穿。杂彩三百匹,交广市鲑珍。从人四五百,郁郁登郡门。"作者用铺排夸张的手法描写这样豪华的场面,意在烘托兰芝的身价之高,反衬封建礼教和家长制摧残焦刘爱情的罪恶以及兰芝的悲惨命运,加重悲剧气氛。这实际上是一种连锁衬托。其好处是由表及里,逐层深入地揭示事物的本质。

这种连锁衬托用得好的还有《荆轲刺秦王》。文章重在歌颂荆轲不畏强暴的精神,作者对荆轲的大智大勇也主要是通过衬托来表现的。先是用"年十二杀人,人不敢与忤视"的勇士秦武阳来衬托秦王。如此勇猛之士面对秦王竟"色变振恐",这衬托出秦王的威风杀气。而如此令人胆寒心裂的秦王面对荆轲的突然袭击竟"惶急不知所为",弄得个"还柱而走""以手共搏"。最后因荆轲寡不敌众而被斩后,秦王还"目眩良久",这又衬托出荆轲的勇猛神威。作者这里用了连锁衬托,即先用秦武阳衬托秦王,再用秦王衬托荆轲,结果把荆轲的勇猛无比表现得淋漓尽致,取得了扣人心弦的艺术效果。

衬托手法在景物描写中也用得较多,如王籍《入若耶溪》:"蝉噪林愈静,鸟鸣山更幽。"王维《鹿柴》:"空山不见人,但闻人语响。"《鸟鸣涧》:"月出惊山鸟,时鸣春涧中。"这些诗句都是以动衬静,比单纯的以静写静效果更好。

(载《语文教学周报》高中版 1999 年第 20 期)

烘云托月　本色尽显

——《廉颇蔺相如列传》导读

　　《廉颇蔺相如列传》系司马迁《史记》中的经典名篇。课文节选部分主要写完璧归赵、渑池之会、负荆请罪三个故事,表现蔺相如的大智大勇和以大局为重、不计个人得失的可贵品质。文章在刻画蔺相如的性格时未作简单描写,而是充分设置情景,把他与众多人物放在一起,让其充分亮相。文章用烘云托月的手法,使蔺相如本色尽显。先后用赵王和大臣、缪贤、秦王及群臣、廉颇来对比烘托,使蔺相如的性格特征得到充分的展现。

一、用赵王及大臣的顾虑、胆怯衬托蔺相如的果断、勇敢

　　文章先用赵王与大将军廉颇等诸大臣的位尊而无谋衬托蔺相如位卑而有胆识。秦昭王想得到和氏璧,派人送信给赵王,愿拿十五城交换。赵王及满朝文武大臣顾虑重重,拿不定主意,无人敢去秦国回信,可见秦王的威风。而蔺相如面对这个问题没有丝毫犹豫,说"秦强而赵弱,不可不许",并分析予不予璧,曲在赵、曲在秦的两种情况,而"宁许以负秦曲"。足见其果断。当赵王问"谁可使者?"他自告奋勇:"王必无人,臣愿奉璧往使。城入赵而璧留秦;城不入,臣请完璧归赵。"表现其勇敢和自信。

二、用缪贤的见识短浅衬托蔺相如的远见卓识

　　宦官头目缪贤曾有罪,"窃计欲亡走燕",以为燕王会收留自己。他将此事告诉门客蔺相如,蔺相如阻止他这样做,并分析燕王以前愿与缪贤交好的原因是想讨好赵王;而现在缪贤想"亡赵走燕",燕王怕得罪赵王而必不敢收留他,后果不堪设想,不如肉袒伏斧质请罪,有幸得脱。缪贤采纳蔺相如的建议,果然得到赵王赦免。从中不难见出蔺相如的见识高远。

三、用秦王及群臣的欺诈衬托蔺相如的机智

在"完璧归赵"一节，秦王得到蔺相如的璧后大喜，"传以示美人及左右"，未将相如放在眼里，更无意偿赵城。相如急中生智，要回了璧并持璧却立，怒发冲冠，陈述赵王送璧的情况并责备秦王不守信用，表示要与璧俱碎。迫使秦王道歉，"固请，召有司案图，指从此以往十五都予赵。"接着，相如识破秦王只是"诈佯为予赵城"的诡计，要求秦王斋戒五日，举行隆重礼节接受和氏璧，趁此赢得时机将和氏璧送回赵国，然后告诉秦王送璧回国的原因并要秦王先割十五都予赵，赵再送璧来。结果弄得秦王与群臣"相视而嘻"。从这节可看出，秦王诡计多端而被足智多谋的蔺相如玩弄得晕头转向。秦王的欺诈，有力地衬托了蔺相如的机智。在"渑池之会"一节，秦王想占赵王的上风，要赵王奏瑟，欺侮赵王，以挽回一点面子。殊不知魔高一尺，道高一丈，相如针锋相对，逼秦王击缶，侮辱秦王；而面对秦王群臣"请以赵十五城为秦王寿"的挑衅，相如用"请以秦之咸阳为赵王寿"予以还击。秦王与群臣玩弄花招的丑态无不衬托出相如的机智。

四、用廉颇的气量狭小衬托蔺相如的开阔胸襟

文章开头交代，廉颇为赵将，伐齐有功，拜为上卿，而蔺相如只是宦官头目缪贤的小小门客，地位悬殊。后来由于蔺相如屡建奇功，拜为上卿，位在廉颇之上，廉颇深为不满，扬言"我见相如，必辱之"。面对廉颇妄自尊大，蔺相如采取了回避的态度，招致他门客的不满。蔺相如耐心开导："夫以秦王之威，而蔺相如廷叱之，辱其群臣。相如虽驽，独畏廉将军哉？顾吾念之，强秦之所以不敢加兵于赵者，徒以吾两人在也。"多么开阔的胸襟和气度！顾全大局而忍辱负重，品格光照日月。相比之下，廉颇的妄自尊大，以小人之心度君子之腹的狭隘思想不就显得渺小了吗？文章正是以廉颇的心胸狭窄衬托蔺相如的宽阔胸襟。

总之，通过众多人物的对比烘托，把蔺相如的勇敢机智、高远见识和宽阔心胸表现得淋漓尽致，使蔺相如本色尽显，有烘云托月之效。

（载《语文天地》高中版 2006 年第 3 期）

灰色人生的写照

——《故都的秋》赏读

    文学以表现人生为宗旨。人生如彩色风景,五彩缤纷;人生又如五味瓶,酸甜苦辣。均随人们的体验不同而有所不同。人对生活的体验会产生不同的情感,也就是说生活经作家观照以后会打上他的主观烙印。正如王国维所云:"以我观物,故物皆著我之色彩。"(《人间词话》)读郁达夫的散文《故都的秋》就能见出这一点。我们可以看见孤独寂寞的作者深秋时节在故都的街头行吟的情景。面对故都的秋景,目睹因孤独而行吟街头的作者,心头不禁会涌起一阵阵浓浓的清、静、悲凉之感,从而体味到作者因陷入灰色人生的忧郁而难以自拔的愁绪。

    细读课文,我们不难看出作者貌似闲适的背后那份感时伤世之情。你看,秋天到了,又是作者宣泄感伤之情的时候了。他为了饱尝故都的秋味,特意不远千里从杭州经青岛赶来北平。难道是因为杭州没有"秋"?不,是因为北国的秋"特别地来得清,来得静,来得悲凉"。好一个"清""静""悲凉"!一开始就给读者笼上了浓浓的哀愁,快有些禁不住了。可是作者却没有完,还要特地到皇城人海之中,租人家一椽破屋来住着,早晨起来,泡一碗浓茶,向院子一坐,观看很高很高碧绿的天色,听青天下驯鸽的飞声,细数从槐树叶底一丝一丝漏下来的日光,在破壁腰中静对着牵牛花的蓝朵。作者追求这种清静至极的环境,看似闲适,实则愁绪满怀,才来这种清、静、悲凉的氛围中寄托那份伤感之情。此时的作者已被浓浓的哀愁所笼罩,看不见一点暖色,所见的是蓝、白、紫黑色构成的灰冷色调以及为这灰冷色调作陪衬的几根疏疏落落的尖细且长的秋草。读到此处已使人愁肠百结。可是作者才不管你感觉如何,既然不远千里来看秋景,就要饱尝个够。他赏秋兴味正浓,已不满足于院子里静坐的感受,索性跑上清静的街头去体验一下踏着槐树落蕊的感觉,享受"清闲""落寞"的滋味。听听秋蝉衰弱的残声中露出的悲凉,一饱耳福再说。然后再到灰沉沉的天底下去看看下得奇而有味且像样的秋雨,听听都市闲人缓慢悠闲的语调,最后再去观赏清秋时节的果树。好了,此时的读者已深受"清""静""悲凉"的感染。可作者似乎还嫌不足,他仍在继续深味北国之秋那浓浓的悲凉，"秋天，这北国的秋天，若留得住的话，我愿意把寿命的三分之二折去，换得一个三分之一的零头。"可见作者恋秋之深情至极，他宁愿用寿命来换取这"清""静""悲凉"的秋，已是近乎病态而难以自拔了。他写《故都的秋》是在以秋景寓深情，透过景物描写我们不难窥见作者那多愁善感的心灵，以及从心灵反照出来的灰色人生的影子，本文恰是他灰色人生的写照。

　　《故都的秋》于1934年写于北平，映照出作者隐居杭州的整个心迹，或者说照射出社会和时代留在他心中的印记。纵观郁达夫的一生，早年留学日本，拥有爱国思想的"弱国子民"在异邦饱受屈辱和歧视的遭遇与国内社会的黑暗在他内心深处发生碰撞而导致他心情的抑郁，养成了忧伤、愤世、过敏而又近乎病态的心理，这种心理是他早年思想性格的主旋律。三十年代初由于国民党白色恐怖的威胁等原因，他只好由上海移居杭州，撤退到隐逸恬适的山水之间。离群索居的寂寞，无所事事的苦处和"睡睡午觉，看看闲书"（郁达夫《住所的话》）的闲适使他那多愁善感的心灵蒙上了一层灰冷色调，让他压抑、郁闷和孤独，需要排遣和释放。作为作家，这种灰冷色调必然形诸笔端，于是就有了一份灰色人生的记录——《故都的秋》。

解读《烛之武退秦师》的说话艺术

《烛之武退秦师》选自《左传》，讲的是秦晋两国围攻郑国，郑伯让烛之武出面单独与秦穆公谈判，晓以利害，终于说服秦穆公撤军，使秦晋联盟破裂，从而顺利解围，郑国得以保全的事。文章篇幅短小，人物着墨不多，叙事简洁，尤以语言描写见长，倍显烛之武的说话功力。

秦晋联军兵临城下，郑伯听取佚之狐的建议，请烛之武出面与秦军谈判。烛之武因早年不受重用，牢骚满腹无处宣泄，现正好借此机会发泄。"臣之壮也，犹不如人；今老矣，无能为也已。"这句话委婉含蓄，其言外之意是：我年轻的时候您不用我，如今国家有事您才来找我，我不干，您另请高明吧！郑伯既惭愧又生气，但国难当头，正是用人之际，不便发作，只得忍住，耐心劝说。"吾不能早用子，今急而求子，是寡人之过也。然郑亡，子亦有不利焉。"这句话的言外之意是：就算我错吧，但是眼睁睁看到郑国灭亡，对你也没有好处。你看着办吧！烛之武绝非等闲之辈，他只是说说气话而已。国难当头，强烈的爱国精神促使他"许之"。

烛之武谈判的对手是号称"春秋五霸"之一的秦穆公，此人不好对付，如果从正面去谈战争的正义与否恐怕他是听不进去的。这种情况只能采取攻心战，站到对方的角度去动之以情，晓之以理，利用秦晋矛盾去分化瓦解他们；再利用秦穆公想称霸的心理许给他好处，让秦穆公感到烛之武说的话处处在理，这是谈话能否成功的关键。我们来看烛之武是怎么说的。"秦、晋围郑，郑既知亡矣。若亡郑而有益于君，敢以烦执事。"这话说得委婉，言外之意是：我们郑国不是你们两国的对手，但是灭亡郑国对你们秦国并没有什么好处，您愿意听听其中的道理吗？接着烛之武从四个方面来说明这个问题。首先，灭亡郑国只会对晋国有好处，秦国得不到实惠，提醒秦穆公不要轻举妄动。"越国以鄙远，君知其难也。焉用亡郑以陪邻？"言外之意是：你们跨越晋国把郑国看作你们的边邑，这是不可能的，你们灭掉郑国后，晋国会以与郑国邻近为由把它划入自己的版图，晋国的土地增加，秦国就相对缩小，秦晋两国力量会失去平衡。这是提醒秦穆公要提防晋国的野心。其次，秦国如果放弃攻打郑国，郑国愿单独做秦国的附属国。"若舍郑以为东道主，行李之往来,共其乏困,君亦无所害。"这话意思是:如果秦国放弃攻打郑国,郑国愿意为秦国向东面扩张称霸提供方便,对你们有益无害。这是利用秦穆公的贪欲转移其注意力,把眼光盯向别处。其三,提醒秦穆公,晋国背信弃义,不可信赖。"且君尝为晋君赐矣,许君焦、瑕,朝济而夕设版焉,君之所知也。"意思是您曾有恩于晋文公,但他翻脸不认人,自食其言,对您防范有加,您该还记得吧! 这是暗示秦穆公不能再上晋文公的当,否则要吃亏。最后,揭露晋国的野心是想灭掉秦国,称霸天下。"夫晋,何厌只有? 既东封郑,又欲肆其西封,若不阙秦,将焉取之? 阙秦以利晋,唯君图之。"这话的言外之意是:晋国野心十足,灭郑国只是为灭秦国,最终称霸天下打下基础,您要识破他们的野心啊! 一席话说得"秦伯说,与郑人盟",并派兵帮助郑国防守,秦晋联盟破裂,晋军亦解围而去。

烛之武之所以谈判成功,是因为他能根据具体形势,把握问题的关键,利用秦晋的矛盾挑起秦穆公对晋国的不满;再助长秦穆公的贪欲转移其注意力,暗示秦穆公识破晋国的野心,从而对晋国失去信任。烛之武审时度势,抓住对方心理,采用攻心战,动之以情,晓之以理,表现出高超的谈话技巧,堪称外交辞令的典范。

(载《语文天地》高中版 2005 年第 23 期)

课文切入例谈

阅读教学中,对课文可从不同角度切入。切入的角度不同,会产生不同的教学效果。在处理课文时,要研究如何选择最佳切入口,以达到优化教学过程,提高教学效率的目的。

一、从标题切入

一般说来,标题是文章的眼睛,是内容的浓缩和主旨的高度概括。因此抓住标题就算抓住了文章的主旨要义。《我的空中楼阁》是一篇托物言志,抒写理想的佳作。学生读这篇课文往往只注意景物描写而忽视其言外之意,弦外之音。教学中可从标题切入,让学生揣摩标题含义。启发他们:空中楼阁是否存在? 作者以此为题用意何在? 学生就会开窍:空中楼阁并不存在,作者这样命题表达了他的理想和人生追求。再让他们阅读下文,看这种猜测有无道理。学生就会带着浓厚的兴趣读文章,印证他们的想法。这样就能快捷、简便地处理课文,事半功倍。又如教巴金的《灯》一文,先让学生由"灯"展开联想,最后得出共识:灯,能使人联想到光明、温暖和希望,文章表现了作者对光明的追求。分析标题能使学生带着求知欲进入课文,营造浓厚的课堂氛围,后面的教学也就顺理成章,轻松自如。

二、从开头结尾切入

文章往往有开篇点题,结尾扣题的行文规律。就记叙文而言,行文过程就是酝酿和宣泄感情的过程。当作者的情感由特定的人、事、物所引发,由浅入深,由表及里不断积累,充分蓄势,达到饱和状态而压抑不住时就要产生宣泄的欲望。形诸笔端,这种感情的宣泄往往从文末议论抒情的文字上体现出来,表现为画龙点睛的特点。根据这种行文规律,对文章可从开头结尾切入。如朱自清散文《绿》,开篇点题,"惊诧"于梅雨潭的绿;结尾扣题,"不禁惊诧"于梅雨潭的绿。可提问学生:为什么前后措辞有了变化? 这就能引发学生思考。经师生交流讨论,明确:文末作者之所以会"不禁惊诧",是因为第二段写梅雨潭周围环境和潭的得名,已流露出喜爱之情,为第三段浓墨重彩写梅雨潭的绿蓄势。作者用大量比喻、拟人及联想对比来表现梅雨潭的绿,极尽描写之能事,把对梅雨潭的狂喜之情表达得淋漓尽致。"不禁惊诧"显然是作者感情不断深化的结果。可见,从开篇结尾切入有助于学生从整体上把握课文,有高屋建瓴之效。

三、从内容切入

文章由材料组成,而材料是表现主旨的,因而要迅速把握课文主旨,提高阅读效率,可直接从材料切入。如教《梦游天姥吟留别》时,可从"仙境"的描写切入。提问学生:诗人为什么要不惜笔墨描绘仙境? 学生不难理解,写仙境意在表达向往之情,反衬诗人对社会现实的不满。再让学生联系结尾"安能摧眉折腰事权贵,使我不得开心颜"这句话分析就能顺利把握诗的主旨。又如教《祝福》这一课,学生读完课文后,可这样提问:谁是杀害祥林嫂的凶手? 一石激起千层浪,学生会找出鲁四老爷、四婶、祥林嫂的婆婆、大伯、柳妈、鲁镇人等都是杀害祥林嫂的凶手。教师可再追问:元凶是谁呢? 学生感到困惑。教师可作提示、引导:元凶可能是藏在这些凶手背后的隐形凶手。这时学生就能悟出:元凶是藏在鲁四老爷、四婶背后的封建礼教,藏在婆婆、大伯背后的封建家长制,藏在柳妈背后的封建迷信以及藏在鲁镇人背后的冷漠。最后教师总结:正是封建礼教、家长制、迷信和世人的冷漠这些隐形凶手杀害了祥林嫂,小说旨在通过描写祥林嫂的悲惨遭遇揭露这些隐形凶手的罪恶。可见,抓住关键内容切入能迅速捕捉课文主旨。

四、从表现手法切入

表现手法属于文章的形式,形式为内容服务,特定的内容要用独特的形式来表现。《促织》和《孔雀东南飞》都用了浪漫主义手法,学生容易被"好人得好报"的宿命论思想和"有情人终成眷属"的说法迷惑过去,窥不见文章的深意所在。教学中可从表现手法切入。提问学生:《促织》的结尾成名苦尽甘来能使我们读者获得一种心理平衡和满足,但这在客观上是可能的吗? 师生交流讨论后明确:成名的否极泰来只是因为一只蟋蟀,而这只蟋蟀竟是成名儿子魂化而成,多么离奇的幻想! 其中蕴涵了无限的酸楚和悲哀。而更可悲的是他魂化促织后还被送到宫中与其他促织打斗,"每闻琴瑟之声,则应节而舞",供皇帝开心取乐,这显然是封建统治者对弱小者的蹂躏。作者用浪漫主义手法用意有二:一是表达对主人公悲惨命运的深切同情和美好愿望;二是用以喜衬悲的手法揭露皇帝昏聩,官贪吏虐的黑暗现实,有一箭双雕之效。同样,《孔雀东南飞》用化鸟双飞的浪漫主义手法表现对主人公悲剧命运的同情和美好愿望,更深刻揭露封建礼教、家长制吃人的罪恶。以喜剧形式结尾更能见出悲剧效果。

(载《语文天地》高中版2006年第15期)

课文蓄势艺术例谈

　　文学作品是作家情感的结晶,也即"情动而言形"(《文心雕龙》)。如果我们对作品作仔细观照就会发现,作文的过程实际上就是作者酝酿感情的过程。当作者的情思由特定的人或事物所引发,由浅入深,由表及里不断积累,充分蓄势,达到饱和状态而压抑不住时,就会产生宣泄的欲望。形诸笔端,这种感情的宣泄往往多从文末议论抒情的文字上集中体现出来。于是文章的思想得到深化,感情得以升华,具有动人心魄的力量。可以说,行文的过程就是酝酿感情的过程,也是蓄势的过程,也即"情与气偕"(同上)的道理。下面列举几例作些分析。

　　鲁迅的《记念刘和珍君》是为爱国青年刘和珍等人惨遭段祺瑞执政府杀害而写的纪念文章,热情歌颂了刘和珍等爱国青年的英勇献身精神。作者在对他们的死难表示深沉悲痛的同时,还深刻揭露了段政府枪杀无辜的滔天罪行及走狗文人的阴险无耻。文章的悲愤之情达到了顶点。作者是怎样行文来表达这种感情的呢? 开头交代由程君的发问引发为刘和珍写纪念文章的动机,以下是一些片段回忆,逐步勾勒出刘和珍的轮廓,同时揭露了段政府的凶残和走狗文人的阴险无耻。作者越说越悲,越说越气,悲愤之情交织,逐渐酝酿蓄势,最后如火山爆发,感情喷涌而出,以"呜呼,我说不出话,但以此纪念刘和珍君!"一句收束。简直是顿足失声,抢呼欲绝,悲愤之情何等强烈!

　　又如朱自清的散文《绿》共四段。开篇点题,"惊诧"于梅雨潭的绿;未段扣题,"不禁惊诧"于梅雨潭的绿。感情也有一个发展过程。第二段写梅雨潭周围环境及潭的得名,为第三段赞梅雨潭的"绿"蓄势。第三段具体描写梅雨潭的"绿"。面对汪汪一碧的潭水,作者进入了如醉如痴的境界,极尽描写之能事,用了一连串的比喻拟人及联想对比来写梅雨潭的绿。喻体先是"荷叶",后是"少妇的裙幅",再是"十二三岁的小姑娘",由物到人的变化体现了作者思想感情的深化,字里行间流露出抑制不住的狂喜之情。对自然的热爱之情通过这些描写得到淋漓尽致的表达,于是有了"惊诧"到"不禁惊诧"这两处措辞上的变化。

　　巴金的《灯》亦然。开头"窒闷",结尾"微笑",这种情感体验的变化,又何尝不是在对各种灯的联想中逐渐酝酿了充沛的感情后的心理变化呢？还有如《故乡的榕树》，开头由儿子的哨音引发，作者神思飞扬，对故乡的人、事、景物作了一次重温旧梦的甜蜜回忆，其间，情感不断酝酿蓄势，越积越浓，最后一梦醒来，平添几多乡愁，以"故乡的榕树呀……"作结，真是柔肠欲断，乡思绵绵！

由此看出，分析文学作品要留意作者思想感情的变化，这有助于我们深刻地理解作品的主题，体会文章深层的意蕴。

（载《语文教学周报》高中版 1998 年第 40 期）

气势雄浑 汪洋恣肆

——浅析《过秦论》的语言特色

秦王朝虽然在文学上没有取得大的成就,但政治上的失败却给西汉初年的思想家提出了一系列发人深思的课题,也使那些才华横溢的汉初文人有了发挥其聪明才智的广阔天地。先是陆贾,早在刘邦称帝之初就在其面前时时称说诗书,并著文12篇纵论秦之所以失天下、汉所以得天下和古代帝王的兴衰成败之理,号为《新语》。接着是年轻的思想家贾谊,把汉代政论体散文的创作推向一个新的高度。

贾谊是汉初最重要的思想家和最杰出的文人。他的政论散文,全面地阐述了深刻的政治思想和高瞻远瞩的治国方略,鲜明地体现了汉初知识分子在大一统封建帝国创始时期积极用世的人生态度和昂扬向上的精神风貌,标志着中国散文发展的一个新阶段,代表了汉初散文的最高成就。

《过秦论》是贾谊的代表作。文章铺张扬厉,行文挥洒自如,气势雄浑,汪洋恣肆,表现了辞赋家特有的才气,语言极富感染力。

此文语言的主要特点是大量使用铺陈排偶,增强文章的气势和感染力。第一段写秦孝公有称霸天下的野心,用"席卷天下,包举宇内,囊括四海之意,并吞八荒之心"四句话描述,既是铺陈,又是排偶,极言其野心之大,来势之猛。其实这四句话表达的意思相同,作者显然是有意重复,构成排比对偶,增强气势。同时用"席卷""包举""囊括""并吞"四个词语显得生动形象,富于表现力;而"天下""四海""宇内""八荒"四个词语又使语言富于变化。文中类似这样的句子还有"南取汉中,西举巴蜀,东割膏腴之地,北收要害之郡"。这句话无非是说向四方扩张领土,但这样说来就少了气势和感染力,不能形象地表现秦国向外扩张势如破竹的情势。又如在说六国外交、军事方面人才济济的情况时,用"……之属为之谋,……之徒通其意,……之伦制其兵"极言六国能人之多。在这几个句子中,"之属""之徒""之伦"都是"这些人""这班人"之意,作者在这里也是为了增强文章的气势而使用不同的词语,把句子一分为三构成排比。这句话可浓缩为"六国有各方面人才为其出谋策划,带兵打仗"。但这样则显得平淡,不如原文有气势。

本文语言的另一个显著特点是多用四字句和长短句。四字句短小精炼,整齐匀称,急促有力。如"秦有余力而制其弊,追亡逐北,伏尸百万,流血漂橹,因利乘便,宰割天下,分裂山河"。写出六国集团不齐心抗秦而导致崩溃如山倒的严重后果。六个四字句鱼贯而入,读起来急促有力。除四字句外,本文更多地使用长短句。在把六国与陈涉起义军进行比较时就用了长短结合的句子。"陈涉之位,非尊于齐、楚、燕、赵、韩、魏、宋、卫、中山之君也;锄櫌棘矜,非铦于钩戟长铩也;谪戍之众,非抗于九国之师也;深谋远虑,行军用兵之道,非及向时之士也。"几组一短一长的句子并列起来,节奏明快,错落有致,合乎韵律。

从以上分析看出,本文大量运用铺陈排偶及四字句、长短句,结构整齐匀称,错落有致,韵律和谐,节奏感强,读起来朗朗上口,使文章显得气势雄浑,汪洋恣肆,有很强的艺术感染力。

(载《语文学习报》高一版 2005 年第 44 期)

千古绝唱　异曲同工

——《琵琶行》《绝唱》的音乐描写

　　《琵琶行》和《绝唱》都是颇具艺术魅力的诗文名篇,尤以音乐描写历来为人们所称道。《琵琶行》中琵琶声悦耳动听,《绝唱》里演唱声美妙绝伦。一弦声,一人声,声声不同,但只要我们仔细揣摩就不难看出,作者对两种不同声音的描写竟有着惊人的相通相似之处,特别是描写两种声音的节奏、旋律及行文所用的修辞如出一辙,堪称异曲同工。

　　先看节奏。音乐特别注重节奏和旋律,讲究抑扬顿挫。《琵琶行》的音乐描写就是抓住了这个特点而写得极为成功。弹奏开始时,"大弦嘈嘈如急雨,小弦切切如私语。"音势平缓。接着上扬,"嘈嘈切切错杂弹,大珠小珠落玉盘。"节奏加快,大有应接不暇之感。如果就这样弹下去,听众就会感到紧张,于是音势渐缓,"间关莺语花底滑,幽咽泉流冰下难。冰泉冷涩弦凝绝,凝绝不通声暂歇。"好让听众换换气。短暂蓄势之后掀起又一高潮,"银瓶乍破水浆迸,铁骑突出刀枪鸣。"突然给听众以耳目一新之感。高峰之后必有低谷,"曲终收拨当心画,四弦一声如裂帛,东船西舫悄无言,唯见江心秋月白。"戛然而止,此时无声胜有声,令人回味悠长。这段音乐描写一起一伏,抑扬顿挫,节奏感强,荡人心魄。《绝唱》写白妞的演唱声与《琵琶行》这段音乐描写有惊人的相似之处。先是"初不甚大"。接着上扬,"越唱越高"。高到极处,"陡然一落"。落到低点,"忽又扬起"。再落低谷,"人弦俱寂"。无声胜有声,难怪"台下叫好之声,轰然雷动"。这两段文字之所以写得这样成功,是因为作者能根据人们欣赏音乐的心理特点来写,极富有节奏和旋律,能激起读者情感的共鸣。

　　再看修辞。声音转瞬即逝,无形无象,写起来难度较大,但两文的作者却把它写得形象可感。他们的诀窍就在于用了大量的比喻。《琵琶行》用急雨声、私语声分别写出弦声的粗重、轻细;用大小不一的珠落玉盘声比喻错杂有序的大小弦声,表现其清脆圆润;用黄莺啼叫声比喻乐音的婉转流利;用冰下泉水流动声比喻乐声的遏塞不畅;用银瓶乍破声、铁骑奔跑声、刀枪撞击声等比喻乐音的激越、雄壮;

用裂帛声表现乐曲收束时的干脆利落。弦声转瞬即逝,消失于无形,但由于作者用生活中可感知的各种声音作比,写得声声入耳,缭绕不散,引起读者的联想,耐人寻味。如果说《琵琶行》只是以声写声、略嫌单调的话,那么,《绝唱》在这方面就更胜一筹。它不仅以声写声,还以形写声,以色写声。如用"花坞春晓,百鸟乱鸣"来比喻白妞的演唱和琴师的轮子弹奏相和相合的声音,突出了多种声音交相配合的音乐效果;用"一线钢丝抛入天际"突出声音的尖细、高亢;用"五色火光"描绘声音的多姿多彩,变化无穷。作者还用通感手法,将触觉、视觉和味觉与听觉打通,以触觉、视觉、味觉之效来补充听觉之效,把白妞演唱声写得形、声、色具备,形象鲜明,历历可感,使读者陶醉于音乐境界中,获得无穷的艺术享受。

浅谈《促织》的艺术特色

　　《促织》是蒲松龄《聊斋志异》中的名篇。它以促织为线索,通过对成名一家悲惨遭遇的描写,揭露了封建皇帝的荒淫无耻,官吏的横征暴敛,暴露了社会的黑暗,对劳动人民的悲惨命运寄寓了深切的同情。小说主题深刻,艺术上独具特色。

一、曲折的故事情节

　　"文似看山不喜平"。中国古典小说的一个显著特点是情节的曲折离奇,能产生引人入胜的艺术效果。蒲松龄继承了古典小说的传统,在情节安排上大起大落,曲折多变。他说:"虽古今名作如林,亦断无攻坚撼实,硬铺直写而其文得佳者。"(《蒲松龄集·与诸弟侄书》)因为只有情节的曲折起伏,腾挪跌宕,才能使读者心里掀起层层波澜,获得美的享受。

　　《促织》的情节无论是从大处行文,还是从细处落笔都是曲折多变,摇曳多姿。从大处看,成名因摆脱不了里正的差事,薄产累尽,会征促织,他不敢按户口摊派,而又无所赔偿,忧闷欲死之余,自己去捉,靡计不施,幸有所获,却又不中款,结果被打得浓血流离,惟思自尽。小说一开始就把成名置于绝境,此为一落。后成名妻问卜得图,成名按图寻找,偶得佳虫,举家庆贺,此为一起。不料乐极生悲,儿子毙虫,使全家陷入绝境,又一落。绝望之余,再得佳虫,又一起。真是一起一落,险象环生,扣人心弦。

　　再从细处去看,也不是平铺直叙。成名按图寻虫一节也写得曲折多变。成名抱着希望"于蒿莱中侧听徐行,似寻针芥。而心目耳力俱穷,绝无踪响",一折。"冥搜未已,一癞头蟆猝然跃去。成益愕,急逐趁之,蟆入草间。"二折。"蹑迹披求,见有虫伏棘根。遽扑之,入石穴中。"三折。"掭以尖草,不出;以筒水罐之,始出。"四折。恰似一波三折,涟漪环生。

二、细腻的心理描写

　　心理描写是展示人物性格推进情节发展的重要手段。《促织》在描写成名的心理方面极为成功。当成名得知儿子扑毙促织时"如披冰雪","怒索儿"。得其尸于井后,"化怒为悲,抢呼欲绝"。取儿藁葬时,发觉"气息惙然",不禁"喜置榻上"。又见蟋蟀笼虚,则"气断声吞,亦不复以儿为念",唯有"僵卧长愁"。忽闻门外虫鸣,又"惊起觇视",见虫宛然尚在,便又"喜而捕之"。后几经周折,"喜而收之",想献公堂,却又"惴惴恐不当意"。这段心理描写,由"如披冰雪"而起,经过"怒—悲—喜—愁—惊—喜—惴"的心理变化。事态的急剧发展,造成人物内心的剧烈动荡。小说惟妙惟肖地刻画了成名焦急、悲愤、忧喜交加的复杂心理变化,极写成名精神上的痛苦。从而激起读者对制造这一痛苦的封建统治者的强烈憎恨。

"斗虫"一段写成名"惭怍—大喜—愕呼—失色—惊喜"的心理变化也很出色。细腻的心理描写不仅有助于刻画人物性格,而且还表现了小虫与成名一家性命相连的关系,加强了小说的悲剧色彩。

三、独特的反衬手法

《促织》的结尾没有摆脱传统小说的喜剧结局,但正是这种喜剧结局更能反衬出作品的悲剧色彩。作者以乐写哀,一方面表现了他对劳动人民苦难命运的深切同情和美好愿望;另一方面,更有其深层的美学意义。成名的否极泰来,只是因为一只促织,而这只促织竟是儿子魂化而成。多么离奇的幻想! 这个幼小的心灵为了"赎罪",为了解除父母的痛苦,甘愿魂化促织。不难看出,成名后来的幸福是儿子用生命换来的,这简直不能令人接受! 更可悲的是,成名儿子魂化促织后,还被进贡到宫中与别的促织打斗。"每闻琴瑟之声,则应节而舞",供皇帝开心取乐。这是最高统治者对一个幼小灵魂的蹂躏,何等残酷,何等酸楚! 封建统治者对劳动人民的摧残和吃人的本质暴露无遗。小说正是以喜剧结局反衬出更深层的悲剧意义。

(载《语文天地》高中版 1999 年第 23 期)

浅谈《卫风·氓》的起兴手法

　　起兴是《诗经》中常用的表现手法。起兴就是联想,朱熹解释为"先言他物以引起所咏之辞"。起兴句一般出现在诗的开头,有时也出现在中间。它与诗的内容看似无关,而实际上有着一定的联系,其作用是引起下文,往往表现为由此物到彼物的联想。即以生活中的具体事物来类比、设喻,引导读者去领会诗人所要表达的思想感情或揭示的深刻道理。意蕴丰富,含义深远,耐人寻味。现以《卫风·氓》为例试作赏析。

　　这首诗写的是爱情悲剧。女主人公以自叙口吻交代自己是如何与男青年氓从恋爱到结婚,最终被遗弃的过程,表达了女主人公对氓爱情不专的憎恨和对婚姻不幸的痛苦反思。故事凄婉动人,读后令人警醒,在写作上几处使用了起兴手法。

　　第三段写女主人公沉醉于爱情而导致婚后的痛苦,用自己的亲身经历劝告姑娘们不要与男子迷恋爱情,说男子沉醉于爱情还可以脱身;姑娘沉醉在爱情里就无法摆脱了。这些道理说起来似乎显得抽象。为了使读者更明白的理解,诗人用"桑之未落,其叶沃若。于嗟鸠兮,无食桑葚"几句起兴以引起读者联想。这几句话的意思是:桑树还没有落叶的时候,它的叶子新鲜润泽。唉,斑鸠啊,不要贪食桑葚,否则就要吃亏!这里用桑树的新鲜润泽起兴使人自然联想起男女青年恋爱时节充满着激情和对未来美好生活的憧憬;用斑鸠吃桑葚起兴让人联想起女青年沉醉爱情而不能自拔,从而陷入婚姻悲剧的痛苦深渊。这样起兴深入浅出地说明道理,使人感到形象贴切。

　　第四段写女青年结婚之后不仅过着贫苦的生活,而且还要遭到丈夫的遗弃。谴责丈夫感情不专。诗人用"桑之落矣,其黄而陨"起兴。这两句话的意思是:桑树落叶的时候,它的叶子枯黄,纷纷掉落了。这种情景让人自然联想起氓的变心导致他们爱情之花的枯萎和女主人公的痛苦。用"淇水汤汤,渐车帷裳"(意为:平静的淇水突然波涛滚滚,水花打湿了车上的布幔)这两句起兴,使人联想到氓的突然变心,凶相毕露,给女青年带来精神上的痛苦,都很形象、贴切。

末段写女主人公无法忍受氓的虐待而发誓与他决裂。诗人用"淇则有岸,隰则有泮"起兴,意思是:淇水(再宽)总有个岸,低湿的洼地(再大)也有个边。其言外之意是什么事物都有一定限度,氓肆无忌惮的虐待使她忍无可忍了,她已打定主意与他决裂。这样写显得联想自然,生动贴切,耐人寻味。

可见,起兴手法的运用增强了诗歌的艺术表现力,能使读者形象直观地理解诗句的内涵,深入体会诗歌的意境,获得无穷的艺术享受。

浅谈古诗的起兴手法

"起兴"即联想,是古诗(主要是民歌)的表现手法之一。朱熹解释为"先言他物以引起所咏之辞"。起兴句一般在诗的开头,它与诗的主体内容看似无关,而实际上有着一定的联系。它的作用是引起下文,往往表现为由此物到彼物的一种自然的联想,细细品味起来能获得无穷的艺术趣味和审美享受。现略举几例试作分析。

《诗经·魏风·伐檀》第三句"河水清且涟漪"是起兴句,它承接上两句"坎坎伐檀兮,置之河之干兮"。一般看去是在写景,说的是河水清澈,水面掀起层层波纹。与下句"不稼不穑,胡取禾三百廛兮?"好像毫无关联。仔细揣摩就会发现它们之间的关系,它们其实有着共同点——"不平静",一是河面水波荡漾不平,一是伐木奴隶(诗人)内心不平。"不稼不穑,胡取禾三百廛兮? 不狩不猎,胡瞻尔庭有县貆兮?"显然是伐木奴隶们劳累之余宣泄的一股不平之气。这种"不平"又是由目睹水波不平而自然地引发出来的,上下文表现的是一种自然的联想。

同是《诗经》中的句子,"关关雎鸠,在河之洲",从表面上看也是在描绘景物,意思是一对雌雄雎鸠鸟在水中陆地上相应和鸣,而本意却是在为下文"窈窕淑女,君子好逑"起兴,以雎鸠鸟的嬉戏和鸣喻男欢女爱,多么自然贴切。

起兴句在汉乐府民歌中比比皆是。《饮马长城窟行》是一首思妇怀人诗。丈夫远行在外,日久杳无音信,妻子因思念而望眼欲穿。正值春意浓浓之时,面对河岸茂盛的青草,平添愁绪万端。思念的潮水奔涌而来,不禁以"青青河畔草,绵绵思远道"起兴,引发了对丈夫绵绵不尽的情思。那么,"青青河畔草"与思念丈夫有何联系呢? 河边草郁郁青青,沿着河流流向远方,也就犹如诗中妇女的思念飞扬到遥远的丈夫那里。这句起兴间接含蓄地表达了女主人公对丈夫的无限思念之情。

也是汉乐府民歌,《孔雀东南飞》的起兴手法就显得特别一些。诗的内容是表现焦仲卿、刘兰芝这对恩爱夫妻被封建礼教的维护者、封建家长制的代表焦母、刘兄活活拆散,结果双双殉情,演出了一出凄怆哀婉的人间悲剧。读这首诗给人一种压抑、愤慨之感,但更多的是凄怆、悲凉的酸楚,使读者对主人公的悲剧命运深表同情。诗的开头以"孔雀东南飞,五里一徘徊"起兴,给全诗定下了悲凉的基调。孔雀向东南方飞去,每飞五里就徘徊一阵,多么哀婉凄切。联系下文,自然让人联想起焦刘二人的生离死别。这作为起兴的两句,一是开启下文,二是为全诗定下基调,烘托了凄凉悲怆的意境。

由此可见,运用起兴手法能引发读者丰富的联想,有助于表现诗的内容主旨,烘托诗的意境,产生含蓄而耐人寻味的艺术效果,使读者获得无穷的艺术享受。

(载《语文教学周报》高中版 1998 年第 30 期)

浅谈如何学习散文

学习一种文体,要把握其特征,散文也不例外。散文有其"形散神不散"的特征,加之"贵在含蓄",给阅读理解带来困难,下面介绍阅读散文的一些方法。

一、分析标题

标题是文章的眼睛,是内容的浓缩和主旨的高度概括。透过文章标题我们可以隐约窥见文章蕴含的一些信息,引起我们读文之前的联想,开启思路,进而能快速把握文章主旨。如《我的空中楼阁》是一篇托物言志,写景抒情的佳作。阅读时首先看标题,不难想象,空中楼阁在现实中并不存在,它只能存在于幻想中。作者写的不会是现实场景,而是虚拟的一种独立、安静、远离尘嚣的生活场景,它非写实而是写虚,表现了作者对理想生活的追求。通过阅读下文,不难看出这种猜想是正确的。

二、抓住意象

好的散文如诗如画,诗歌和绘画重在写意。而抽象的"意"又要通过具体的物象来表现,这就是所谓的意象。说通俗点就是:意象是打上作者主观情感烙印的某种具体物象。不仅诗歌有意象,具备诗歌特质的散文也有意象。因此我们鉴赏散文也要像鉴赏诗歌那样注意捕捉意象,就能迅速把握作品蕴含的情思。如《荷塘月色》这个标题就含有"荷""月"两个意象。"荷"象征高洁,"月"有孤寂之意。从这两个意象我们不难看出作者在当时险恶、污浊的政治环境中保持自己节操和高尚人格的精神以及孤独寂寞的苦闷心情。这样就能理解作者"颇不宁静"的内心世界,进而更准确地把握文章的情感。

三、品关键词

散文虽然比较含蓄,不易理解,但往往有点睛之笔。通常是一些句子或词语,它们常常包含着文章的深意。读散文时抓住这些词句进行品析就能把握文章的思想情感。如《荷塘月色》中的"颇不宁静""另有一番样子""悄悄""幽僻""寂寞""阴森森""今晚却很好""到了另一世界""自由的人""受用这无边的荷香月色"等词句，或写环境的清幽，或表现心情的孤寂，流露出欲寻幽静去处以摆脱烦闷的强烈愿望。幽僻阴森的环境他竟觉很好，可见他的心境与环境相吻合。写环境意在表现孤独寂寞之情。这些词句透露了作者的心境。抓住这些关键词句也就把握了作者的思想感情。

四、看表现手法

散文含蓄蕴藉的基本特征，决定了作者常借外物的描绘来寄托自己的情思。托物言志，情景交融就成了散文最常用的表现手法。《故都的秋》就是情景交融的典范之作。文章通过对北平秋景的描写，表达作者对故都自然风物的热爱，流露出深远的幽思和孤独感。作者选取了"人家一椽破屋""北国的槐树""秋蝉的衰弱的残声""秋雨"等景物进行描绘，突出其清、静、悲凉的特点，表现他的孤独、寂寞之情。一切景语皆情语，句句写景，字字关情，融情于景，情景交融。

（载《语文学习报》高一版2006年第19期）

浅析《拿来主义》的艺术手法

　　《拿来主义》是鲁迅先生的杂文名篇,是一篇用文艺笔法写成的说理文。文章写于 1934 年 6 月,是针对当时社会上有人对文化遗产主张全盘继承和全盘否定两个极端而发的,有很强的现实针对性。文章短小精悍,构思巧妙,破立结合,说理形象生动,倍显批判的锋芒,有很强的艺术感染力。

　　一、独特的构思
　　文章标题为《拿来主义》,按理应该单刀直入,开门见山,分析论述什么是“拿来主义”,为什么要实行“拿来主义”以及怎样“拿来”。这样安排文章结构,虽然符合人们一般的认知规律,但落入了俗套,很难写出新意,也很难有艺术感染力。作者避开了这种常规思维,大胆创新,采用先破后立的写法,“破”为“立”作铺垫,增强了论证的说服力,给人以耳目一新之感。文章不从“拿来主义”说起,而从“闭关主义”和“送去主义”落笔。这两方面都是“拿来主义”的对立面,否定了“闭关主义”和“送去主义”,就能从反面证明“拿来主义”的正确性。文章先指出“闭关主义”和“送去主义”的危害性。中国以前因奉行“闭关主义”而被“打破了大门”“碰了一串钉子”;而“送去主义”的危害性也极大,会让我们的子孙变成乞丐,在外国人面前“讨一点残羹冷炙做奖赏”。作者通过举例分析告诉我们,“闭关主义”和“送去主义”在中国都是行不通的。读者这时自然会发问,什么才是可行的呢? 还有别的路子可走吗? 在我们疑惑不解时,作者才告诉我们,当然有,那就是“拿来主义”。从全文看,文章是先破后立,而从“立”这部分来看,也是采用先破后立的说理方式。先批判三种错误态度:一是不敢拿(“孱头”),二是全盘否定(“昏蛋”),三是全盘吸收(“废物”),这是“破”。接下来是“立”。文化遗产是精华与糟粕并存,“要或使用,或存放,或毁灭”,即取其精华,剔除糟粕。文章采用破立结合的方式说理能让读者明辨是非,增强了文章的说服力,给人以深刻的印象。

二、巧妙的比喻

本文是一篇说理文,阐述的是怎样对待中外文化遗产的问题,这个问题要说清楚并不容易,非长篇大论不可,况且说起来容易显得抽象、艰深、枯燥。而作者却用简短的篇幅讲清了这一重大问题。他的成功之处在于采用以小见大的写法,就近取譬,用生活中细小的,人们熟悉的事物来打比方,阐明一个抽象的深刻的道理,这样就化抽象为具体,化艰深为浅显,化枯燥为生动,深入浅出地阐明道理。如用"大宅子"比喻文化遗产和外国的东西;用"鱼翅"比喻文化遗产中的精华;用"鸦片"比喻文化遗产中的糟粕,但也有某些有益的成分;用"烟枪和烟灯""姨太太"比喻文化遗产中的糟粕。这些比喻十分贴切、生动、巧妙,把抽象的、艰深的、枯燥的道理讲得通俗易懂,明白晓畅,有很强的艺术感染力。

三、风趣幽默的语言

鲁迅杂文犀利、深刻,对丑恶事物的批判入木三分,不留余地,嬉笑怒骂皆成文章。本文也不例外。作者在批判"送去主义"者的丑态时毫不留情,竭尽挖苦嘲讽之能事。如"还有几位'大师'们捧着几张古画和新画,在欧洲各国一路的挂过去,叫作'发扬国光'"这句话中,称文艺上的卖国主义者为"大师",实际上是明褒暗贬,挖苦嘲讽。"捧""挂"两字表现他们讨好外国人的丑态,明明只有"几张"古画和新画,却要在欧洲各国"挂"过去,还大言不惭说是"发扬国光"。这就把他们自己的东西少得可怜却偏要炫耀,贫穷却偏要卖富的丑恶嘴脸揭示出来。一针见血地指出他们欺世惑众的伎俩是多么的可鄙可笑。文中多处使用反语取得讽刺、幽默的效果,如"活人代替了古董,我敢说,也可以算得显出一点进步了"这句话,讽刺了国民党政府在媚外求荣、欺世惑众方面又出了新花招,可谓愈演愈烈了。又如"当然,能够只是送出去,也不算坏事情,一者见得丰富,二者见得大度"这句话里的"丰富""大度"讽刺了卖国主义者们可笑的自诩和摆阔的丑恶心态。

(载《语文学习报》高一版 2007 年第 41 期)

诗情画意　生动传神

——浅谈《荷花淀》的描写艺术

　　《荷花淀》是孙犁的代表作,写的是白洋淀一群普通的青年妇女成长为机智勇敢的抗日游击战士的过程。作品反映的是残酷的战争年代的生活,但文中并不见硝烟烈火,断壁残垣以及血污泪痕的情景,有的却是清风明月,荷叶荷香,欢声笑语。作品描绘了浓郁的白洋淀风情,充满了诗情画意,同时又散发出清新的泥土气息,体现了孙犁小说独特的创作风格,历来为人们所称道。小说在艺术上尤以描写见长,表现出独特的魅力。

一、诗情画意的景物描写

　　景物描写能为人物活动提供背景,烘托人物的内心世界。《荷花淀》有几处景物描写极为成功。"夫妻话别"一节,水生嫂在院子里编席等丈夫回家,作者是这样描写的:"月亮升起来,院子里凉爽得很,干净得很。""这女人编着席。不久,在她的身子下面就编成了一大片。她像坐在一片洁白的雪地上,也像坐在一片洁白的云彩上。她有时望望淀里,淀里也是一片银白世界。水面笼起一层薄薄透明的雾,风吹过来,带着新鲜的荷叶荷花香。"劳动本是又苦又累的事情,更何况晚上应是休息的时候,但劳作一天的水生嫂却毫无倦意,竟用劳动来打发时间。坐在编好的席上就像坐在洁白的雪地上和洁白的云彩上,表现出她此时的兴奋和舒畅的心情。加上此时透明的薄雾笼起水面,明月高悬,清风徐来,花香飘溢,更是烘托出水生嫂的心旷神怡。这段景物描写充满了诗情画意,烘托了水生嫂以劳动为乐的情操美。又如"探夫遇敌"一节,写正午淀上风光:"万里无云,可是因为在水上,还有些凉风,这风从南面吹过来,从稻秧上苇尖上吹过来。水面没有一只船。水像无边的跳荡的水银。"这段文字描写荷花淀了无人烟,茫茫一片,极写淀上的寂静,烘托妇女们寻夫未着的失望和灰心,情因景生,以景显情。

二、简洁朴素的对话描写

"言为心声",对话描写是表现人物性格特征的重要手段。本文用了大量的对话描写来展示人物性格,耐人寻味。先看水生夫妇的对话:"今天怎么回来得这么晚?"这句话流露出水生嫂见丈夫归家的欣喜之情,既有关切,又有责备,简短的一句问话表现出丰富的内涵。接下来,女人看出他笑得不像平常,就问:"怎么了,你?"倒装句表达水生嫂想知道丈夫隐秘的急切心情。当水生说出报名参军的事后,女人低着头说:"你总是很积极的。"这句话既是为丈夫参军而感到骄傲,同时又有对丈夫"狠心"离开自己的不满,感情是复杂的。当丈夫说出参军的理由后,她说:"你走,我不拦你。家里怎么办?"表现她识大体,明大义,但又流露出难挑一家子重担的复杂心理。经丈夫开导,对她的苦处表示理解时,她只说:"你明白家里的难处就好了。"又表示对丈夫的理解和支持。以上对话看似随意说出,但却有着丰富的潜台词,充分表现了水生嫂面对丈夫参军而百感交集的内心活动。又如五个青年妇女商量探望丈夫一段对话也写得极为传神。"听说他们还在这里没走。我不拖尾巴,可是忘下了一件衣裳。""我有句要紧的话得和他说说。""听他说,鬼子要在同口安据点……""哪里就碰得那么巧,我们快去快回来。""我本来不想去,可是俺婆婆非叫我再去看看他——有什么看头啊!"五个妇女不见其人,但闻其声,先声夺人。第一个性情直爽;第二个乖巧伶俐;第三个为水生嫂,提醒大家不要冒失,表现出冷静和成熟;第四个是急性子;第五个欲说还休,娇羞之态可掬。五个妇女个性鲜明,她们的对话表现出各自的性格特征。虽是片言只语,简洁朴素,却生动传神,人物形象跃然纸上,呼之欲出。

三、生动传神的细节描写

细节描写也是展示人物性格的手段之一。本文的几处细节描写颇值得玩味。在水生嫂编席等丈夫的那个片断中,有"她有时望望淀里"这一句,就是一处细节描写。"淀里"是丈夫回家的必经之地,她不时望望淀里的举动表示对丈夫的期盼。又如,当水生告诉她明天要到大部队上去的消息时,"女人的手指震动了一下,想是叫苇眉子划破了手。她把一个手指放在嘴里吮了一下。"也是一处细节描写。"震动""吮"两个动作有其复杂的内涵。前者表示女人对此消息感到突然,不觉走神后的一种反应,后者是她怕丈夫窥见自己的窘态后的一种掩饰动作。在女人们划着船找丈夫一段也有一处细节描写:"她们轻轻划着船,船两旁的水,哗,哗,哗。顺手从水里捞上一棵菱角来,菱角还很嫩很小,乳白色,顺手又丢到水里去。那棵菱角就又安安稳稳浮在水面上生长去了。"她们顺手捞上菱角,又顺手丢到水里,这似乎是漫无目的的下意识举动,但却透露出女人们找不到丈夫时空荡荡的心情。"于细微处见精神",细节描写能揭示人物性格和内心的隐秘,是窥视人物心理世界的窗口。

诗文叠字运用说略

在诗文作品中,运用叠字的情况较常见,特别是在古诗中比比皆是。运用叠字能增强语言的音律美和生动性,表现深沉的思想感情。试举例略作说明。

一、增强语言的音律美

"文学是语言的艺术"(高尔基语),运用语言的目的在于表达思想感情。作家总是根据感情表达的需要来选用恰当的语言形式。而叠字作为一种语言形式常被作家运用于创作。朱自清《荷塘月色》抒发的是难得偷来片刻逍遥的淡淡喜悦,借以反衬出他"颇不宁静"的心境。作者用了大量叠字,使行文有一种音律美。如第四段:"曲曲折折的荷塘上面,弥望的是田田的叶子。叶子出水很高,像亭亭的舞女的裙。层层的叶子中间,零星地点缀着些白花,有袅娜地开着的,有羞涩地打着朵儿的;正如一粒粒的明珠,又如碧天里的星星,又如刚出浴的美人。微风过处,送来缕缕清香,仿佛远处高楼上渺茫的歌声似的。"这段文字用了八个叠字,描绘了荷叶荷花荷香的美好可爱,流露出淡淡的喜悦,文气舒缓,犹如音乐般的旋律,和谐悦耳,增强了语言的美感效果。

二、使景物描写更生动形象

叠字能起到模拟声音的作用,使描写生动形象,读者能产生身临其境的感觉。白居易《琵琶行》描写琵琶女高超的演技:"大弦嘈嘈如急雨,小弦切切如私语。嘈嘈切切错杂弹,大珠小珠落玉盘。"用"嘈嘈""切切"再现大弦小弦各不相同的声音,显得生动可感。对于叠字在描写景物方面的作用,刘勰曾列举《诗经》中的例子:"'灼灼'状桃李之鲜,'依依'尽杨柳之貌,'杲杲'为日出之容,'瀌瀌'拟雨雪之状,'喈喈'逐黄鸟之声,'喓喓'学草虫之韵。"虽是两个字,却能"以少总多",把所要描写的景物写得"情貌无遗"。并且认为:"虽复思经千载,将何易夺?"(《文心雕龙·物色》)意思是即使考虑一千年,也难以换上比这些叠字更恰当的字。

三、使思想感情表达得更为深切

　　叠字不仅能增强诗文的形式美,还能深化作者的思想感情。如北朝民歌《木兰诗》的开头:"唧唧复唧唧,木兰当户织。""唧唧"是叹息声。木兰为什么会叹息呢? 因为她"昨夜见军帖",军帖上"卷卷有爷名",官府要征父亲去当兵。而"阿爷无大儿,木兰无长兄",她只能女扮男装,"从此替爷征"。这"唧唧"的叹息声,把木兰代父从军的感情状态显示出来,加浓了诗意,增强了感情。叠字在表达感情方面最为深切的恐怕要算李清照《声声慢》,这是作者后期的代表作,它通过残秋向晚时分的生活感受抒写南渡以后国破、家亡、夫死、独守、饱经忧患的悲哀。开头就用"寻寻觅觅,冷冷清清,凄凄惨惨戚戚"七组叠字,表现她由于遭遇国难、家难凄怆、伤痛的情感,如泣,如诉,层层深入,满是惨雾愁云,给全诗定下了低沉凄楚的基调。此情惨淡,"怎一个愁字了得"!

　　　　　　　　　　　　　　(载《语文教学周报》高中版 2000 年第 28 期)

舐犊情深　千古绝唱

——《祭十二郎文》情感解读

唐代诗人白居易在《与元九书》一文中说:"感人心者,莫先乎情。"情感是文学作品的生命,也是语文教育的主旋律。抓住情感,品味情感,生发情感,将情感演绎到极致,让语文课堂充满震撼人心的力量是语文教学的终极价值追求。这是我在教学《祭十二郎文》一文后坚信的教学理念。

《祭十二郎文》是被誉为"文起八代之衰"的"唐宋八大家"之首韩愈的经典力作。是一篇祭奠侄子韩老成英年早逝的碎心之作。与清代袁枚《祭妹文》有异曲同工之妙,被认为是我国古代祭文中的"千古绝调"(明·毛坤语)。

中国古代文学作品中祭文不少,但多为晚辈写给长辈,像《祭十二郎文》这样长辈写给晚辈的作品实为罕见。学生从小感受到的是长辈的关爱,如果从晚辈的角度写对已逝长辈的悲痛之情很容易激起他们情感的共鸣。因为这样的情感他们有过亲身的经历。而《祭十二郎文》是长辈写给晚辈的祭文,没有长辈体验的学生很难体会长辈们的舐犊情深,这给教学增加了难度。但人非草木孰能无情? 如能抓住情感对作品做深度体验,就能引领学生与作者发生情感的共鸣,获得难忘的艺术享受。

《祭十二郎文》表达的是对至亲骨肉的生死之痛。作者开篇就将身世之悲和盘托出。年少丧父,惟兄嫂是依。中年兄殁南方,从嫂归葬河阳。接着与十二郎就食江南,伶仃孤苦,未尝一日相离。三位兄长皆不幸早逝,韩家两世一身,形单影只。写出身世之悲,伶仃孤苦,后继乏人。接下来叙述成年之后为了谋求"斗斛之禄",辗转多地,漂泊无依,居无定所,疲于奔命的境况,意欲安定之后父子团聚,不料世事难料,竟成了永别! 侄子的突然逝去让作者在痛心之余也不禁引发对往事的回忆。想到在给十二郎的书信中提到身体不同往日,念及诸父与诸兄,皆康强而早世,自己恐怕也不能久存,不禁悲从中来。作者情不自禁,痛心疾首,想到"少者殁而长者存,强者夭而病者全"时,他大声啼哭不能自已。作者连续发问和感叹,用两个"呜呼"、三个"邪"、三个"乎"、五个"也"和五个"矣"等表达强烈感叹的虚词,将似梦非梦,似信非信,似真非真,最后还是确信的复杂心理淋漓尽致地表达出来。想到兄长德行丰厚而天其嗣,侄儿英年早逝,而自己年长却尚存,作者不敢相信这样的事实,他顿足失声,抢呼欲绝,几近昏厥。冥冥中希望十二郎的死讯是假的,但又似乎是真的。作者就在这样的不信又半信半疑,希望噩耗是假的又深信不疑中折腾而不能自已!

作者从一度昏厥中回过神来,想起从小与十二郎相依为命,而今孤身一人,形影相吊。加上自己的身体状况不佳,气血衰微,精神日差。不禁再次悲从中来。"几何不从汝而死也! 死而有知,其几何离? 其无知,悲不几时,而不悲者无穷期矣。"再想到两代人的孩子都尚小,能否成人还是未知数。"少而强者不可保,如此孩提者,又可冀其成立邪?"作者连呼"呜呼哀哉! 呜呼哀哉!"可谓伤心至极,悲痛欲绝。

叔侄情深绵绵不尽,总有不断的牵挂难以尽述,作者只选取十二郎得软脚病,痛苦难熬的情景,以及报告十二郎死讯的细节不得其真相的痛苦心情表达自己的悲伤。对不知十二郎何时生病,何时去世表示深深的痛惜;对生不能相依为命,相养共居表示深深的哀痛;对殁不能抚汝以尽哀,敛不凭其棺,窆不临其穴表示深深的自责。发出"吾其无意于人世"的感慨。"呜呼哀哉"的叹息不绝于耳,让人肝肠寸断。最后以对十二郎后事的安排和子女的抚育作为对十二郎的告慰。

《祭十二郎文》这样的文章,凡有过生养病死亲历见闻的中老年人读起来会痛彻心扉,就是没有丰富人生阅历的青年学生也不会无动于衷。人和人之间最能引起共鸣的就是情。文学是人学,也是情学,本文之所以能成为千古绝唱,就是因为有"情"贯穿始终。概括起来,文章不仅有叔侄生离死别之情,有至亲骨肉夭折之痛,还有家道衰落和后继乏人之悲。教学中我抓住文章情感发展的脉络联系生活中的人事尽情演绎,将学生带进韩愈祭文中悲痛欲绝的情境,学生深受感染。在对文章思想情感有深入体验之后,我再进行深情朗读,将痛失至亲骨肉的悲痛之情通过大量的语气词演绎到极致,传达出浓浓的悲情。一年过去了,学生们仍不能忘怀那节课给他们留下的深刻印象和强烈的震撼。李京京同学对这节课作了这样的评价:

古祭文最易勾起人的悲绪,使人伤心感怀,这是我上完陈老师的《祭十二郎文》课后留下的深刻印象。

记忆最深的是他为我们读完这篇祭文后失落的感情,最不能忘怀的是他在这失落时一阵轻轻的叹息。他上的这堂课最让人记忆犹新的一句话便是:当你们到了我这个年纪的时候便会深刻体会到文中所透露出来的白发人送黑发人的无奈与悲凉之感。

王雨露同学对这节课也如是说：

开始授课之前，陈老师引用了一句话："读《出师表》不哭者不忠，读《陈情表》不哭者不孝，读《祭十二郎文》不哭者不慈。"随即饱含深情地为我们朗读了课文，这篇课文强烈的感情力量被老师淋漓尽致展现出来，加之老师对课文的翻译解释及相关知识的拓展，这篇文章讲述的刻骨铭心的骨肉亲情故事和难以抑制的悲哀深深感动了每一个同学。"呜呼！汝病吾不知时，汝殁吾不知日，生不能相养以共居，殁不能抚汝以尽哀，敛不凭其棺，窆不临其穴。"读至此处，我听出了老师心中深深的悲凉！我明白，这是一个历经世事后的人的感触。

老师讲到，作者通过与逝者对话的方式，将故事娓娓道来，边诉边泣，交织着悲痛、自责等种种情感，发自肺腑，感人至深，震撼人心。

末了，老师对我们语重心长地说，一定要好好孝敬自己的父母，不要落入子欲养而亲不待，树欲静而风不止的无奈与悲痛的地步。

而今，离那堂不过 45 分钟的课已有一年之久，可印象至深，无法忘怀。依然记得同学们静静倾听和用心感受的情景，那堂课，是情感的盛宴，是精神的大餐。

语文课能上到学生心里去，让学生受到课文思想的感染和情感的熏陶，获得心灵上的启迪，丰富、完善他们的善心和人格。这就接近了文学教育的真谛，何乐而不为？

（载《铜仁日报·武陵都市》2017 年 1 月 1 日 B2 版）

思想不同　情趣各异

——《荷塘月色》与《绿》比较阅读

　　《荷塘月色》与《绿》是朱自清先生的散文名篇,同是写景抒情散文,却表现出迥然不同的情趣。这是时代的骤变在作者心灵上发生折射而形成的不同思想境界所致。

　　文学创作的宗旨在于表现作者的人生理想及思想感情。在写景抒情的散文中,写景是抒情的手段,景物是情感的载体,情感要从写景状物的字里行间流露出来。景物一旦到了作家的笔下就会打上他的主观烙印,也就是王国维讲的“以我观物,故物皆著我之色彩”(《人间词话》)。根据这点常识我们就不难理解《荷塘月色》《绿》两篇散文在表现的情趣上为何有那么大的差距。

　　《荷塘月色》写于1927年7月,这一年可说是中国历史的巨大转折。蒋介石发动“四一二”反革命政变,白色恐怖笼罩着中国大地。作为一个正直有良知的知识分子,不能不虑及国家的前途和命运。面对黑暗,作者陷入苦闷彷徨之中,无所适从。正如他自己所说:“这几天似乎有些异样,像一叶扁舟在无边的大海上,像一个猎人在无尽的森林里……心里是一团乱麻,也可以说是一团火。”他自己也知道,“只有参加革命或反革命,才能解决这惶惶然”。但他最终选择了“暂时逃避的一法”。这种“剪不断,理还乱”的情结在文章开头就表现出来:“这几天心里颇不宁静。”为了排遣这种不宁静的心境,他才趁月夜游荷塘,想通过欣赏那“另有一番样子”的“满月”之夜的荷塘美景来驱散心灵的阴郁。在第二段就流露出这种心境。但由于作者的这番“闲情”是勉强去酝酿的,因而很不自然而倍显别扭。在作者眼里,荷塘上的月光是淡淡的,月光下的荷塘披上了一层朦胧的轻纱。整个环境显出清幽、静谧的气氛,荷塘景物如荷叶、荷花、荷香、荷波显得淡雅、柔和,而树色“像一团烟雾”,灯光是“没精打采”的。作者说过:“作文便是以文字作画。”从他所描绘的整个画面看,全是灰冷色调,描绘的是素雅、朦胧、恬静的境界。作者漫游荷塘,并未因独处“受用这无边的荷香月色”而驱散内心的愁云。他也似乎进入了心境闲适的忘我之境,但热闹的蝉声蛙声又硬把他拉回了现实,想有他们的热闹,但"我什么也没有"。为了摆脱这种愁苦不堪的困扰,他又竭力使自己的思绪飞扬到江南采莲的盛况中去聊以自娱,但最终也未能从采莲的欢快的情景中解脱自己,相反却是在短暂的得意的回忆中又回到了现实,猛然发现到了自己的门前而怅然若失。这时难得偷来片刻逍遥与回到现实的惆怅形成了强烈反差,几折几腾,使作者受不住了。从作者本意看,他力图遁入荷塘月色的情景中幻想圆个美梦,借以逃避现实的痛苦,但结果却是不但没有摆脱痛苦,而是一觉醒来,又添一段新愁。真是"抽刀断水水更流,举杯消愁愁更愁",愁上加愁,情何以堪!

《绿》写于 1924 年,当时"五四"的余波仍令作者激动,加之北伐革命风潮大起,身处时代潮流,作者不能不表现出昂扬奋进的情绪。在对景物的观照中,作者留意的当然是那些充满生命活力的事物。"绿"从视觉感官上给人以积极、奋发向上之感。难怪作者面对梅雨潭的绿而惊诧不已。

文章开篇点题,"惊诧"于梅雨潭的绿。第二段写梅雨潭周围环境及潭的得名,为第三段赞梅雨潭的"绿"蓄势。在作者的感官里,梅雨潭的声音是"花花花花",颜色是白而发亮。梅雨亭展现的是"仿佛一只苍鹰展着翼翅浮在天宇中一般"的雄姿,岩面与草丛从润湿中透出的绿意是"油油的",那飞花碎玉般乱贱着的水花"晶莹而多芒"。形、声、色具备,画面鲜明,绿意洋溢。接着,第三段具体描写梅雨潭的"绿"。作者进入了如醉如痴的境界,极尽描写之能事,用了一连串的比喻及联想对比来写梅雨潭之绿。由荷叶到少妇的裙幅到十二三岁的小姑娘,由物到人的变化体现了作者思想感情的深化,字里行间流露出抑制不住的狂喜之情。在作者眼里,梅雨潭的绿有了灵性,"闪闪地招引着我们"。紧接着,"我的心随潭水的绿而摇荡"。面对汪汪一碧的潭水,作者情不自禁,失声大叫,手舞足蹈,完全进入了物我两忘的境界而不知自有之面目,几近疯狂状态。对生机勃勃、绿意盎然的大自然的热爱之情通过这些描写得到酣畅淋漓的表达。但作者似乎还嫌不足,在末尾再次表明心态,"我不禁惊诧于梅雨潭的绿了"。

由此可见,同是写景散文,由于作家此时此地与彼时彼地的心境不同,而选取不同的景物来表现各不相同的情趣。什么样的心境决定了什么样的感情基调。思想不同,情趣各异。

(载《农村中学语文教育》2004 年第 3 期)

谈人物的出场艺术

"文似看山不喜平",作家在描写人物出场时,为了取得独特的艺术效果,往往不用开门见山之法,而是宕开笔墨,巧设悬念,以引起读者期盼,然后才让主角登台亮相。"千呼万唤始出来",让读者吃惊,从而取得扣人心弦的艺术效果。《明湖居听书》《猎户》两文人物出场的描写就是这方面的典范。

《明湖居听书》一文的主旨在于表现白妞说书的高超技艺。作者很讲究艺术处理,他不是一开始就让主人公登台亮相,而是采用层层铺垫、对照烘托、虚实结合的表现手法使艺术趣味得到酣畅淋漓的表现,让读者拍案称绝。

按常理,作者可开门见山写白妞登台献艺,但那样一来就使读者缺少了心理准备,欣赏效果就会大为逊色。因此他先创设气氛,宕开笔墨去写戏园盛况、琴师弹奏、黑妞出场、观众议论,最后才是白妞出场献艺。前面四点内容看似闲笔,实则处处紧扣主旨。戏园盛况从侧面烘托了白妞说书的无穷魅力;琴师弹奏为下文写他为白妞伴奏埋下伏笔;黑妞出场是为了烘托白妞,突出白妞;观众议论点明了黑妞、白妞演技悬殊,突出白妞的技艺。至此,作者对白妞说书已作了层层铺垫,给读者留下了一个个悬念,读者已是急不可待了,安排白妞出场的时机已经成熟。先写出场的肖像和几个简单的动作,就使读者失魂落魄了。以下两段便用墨如泼,把白妞精湛的演唱艺术和盘托出。先是"初步甚大",后是"越唱越高",继以"陡然一落""忽又扬起",终以"人弦俱寂"。一系列有节奏起伏的演唱过程是那样的动人心魄!作者调动了多种感官,从触觉、味觉、视觉和听觉几方面用耳闻目睹能体察的诸多事物来比喻,把转瞬即逝的演唱声写得形、声、色具备,形象鲜明,历历可感,堪称绝唱,妙不可言。难怪"霍然一声,人弦俱寂"之后,台下叫好之声"轰然雷动",经久不息。白妞出场之所以能产生这种妙趣横生的艺术效果,是因为作者深谙艺术创作的奥妙,在白妞出场之前层层铺垫,不惜笔墨撩拨读者,"千呼万唤始出来",让读者心醉神迷地投入艺术享受之中,获得无穷的乐趣。

《猎户》写董昆出场亦用此法。开篇交代要去访问打豹英雄董昆,下文却宕开笔墨去写打猎好手尚二叔和"百中"老人,直到最后才见董昆。作者这样写,显然是用尚二叔、"百中"老人来衬托、突出董昆的形象,使"猎户"的形象更丰满、更富有立体感。通过对尚二叔、"百中"老人的描写,读者已对"猎户"的身世、经历、本领有所了解,激起了好奇心,急切地想了解董昆其人。林牧场场长的介绍,更把读者急于看到董昆的心情撩拨得难以忍受,急不可待。难怪最后董昆出场,令人惊讶。一席连珠炮似的自述更使人惊心动魄,使作品产生了激动人心的艺术效果。

(载《语文教学周报》高中版 1999 年第 16 期)

通感例说

什么是"通感"？钱钟书先生在《谈艺录》里这样说："在日常经验里,视觉、听觉、触觉、嗅觉等往往可以打通或交通。……譬如我们说'光亮',也说'响亮',把形容光辉的'亮'转移到声响上面,就仿佛视觉和听觉在这一点上无分彼此。在视觉里仿佛有听觉的感受,在听觉里仿佛有视觉的感受,这些就是'通感'。"这段话说得很明白,"通感"就是感觉上的相通。运用通感手法,能引起读者的联想,充分感知不易感知的事物,体会诗文的意境,获得美的享受。王国维《人间词话》引宋祁《玉楼春》中的句子,说："'红杏枝头春意闹',著一'闹'字而境界全出。"这一"闹"字妙就妙在它本是描写听觉的词语,这里却用来描写视觉,把红杏枝头花繁叶茂的景象表现得情态逼真。眼见红杏枝头花团锦簇,一片生机勃勃,春意浓浓,诗人似乎听到热闹声阵阵传出,犹如赶集人多声杂的景象。这里以听觉之效来补充视觉之效,使读者产生身临其境的感觉,妙不可言。真有"状难写之景,如在目前,含不尽之意,见于言外"的效果。朱自清在《荷塘月色》中几处使用通感,如写荷香："微风过处,送来缕缕清香,仿佛远处高楼上渺茫的歌声似的。"这里把听觉和嗅觉打通,用断断续续、若有若无的歌声来形容时断时续的缕缕清香,以听觉之效来突出嗅觉之效,写出了清香扑鼻的独特感觉,使人心旷神怡。又如描写荷塘上的月色："塘中的月色并不均匀;但光与影有着和谐的旋律,如梵婀玲上奏着的名曲。"这是用听觉来写视觉,用听名曲的感受来表现荷塘上光与影的和谐之美。《威尼斯》中写意大利歌女"颤着酽酽的歌喉","酽酽"是汁液浓,味厚,本是描写味觉的词语,这里被用来描写听觉,形容歌声的浑厚、甜润、有韵味,引发读者联想。

《绝唱》也多用通感,把白妞演唱声写得妙趣横生。如写初不甚大的声音,用"五脏六腑里,像熨斗熨过"(触觉)、"三万六千个毛孔,像吃了人参果"(味觉)来表现说不出妙境的听觉感受——伏贴、畅快;用"一线钢丝抛入天际"(视觉)写出声音的高亢、尖细;用"由傲来峰西面,攀登泰山的景象"(视觉)写出声音的回环转折、节节高起;用"一条飞蛇在黄山三十六峰半中腰里盘旋穿插,顷刻之间,周匝数遍"（视觉）写出声音的悠扬婉转；用"东洋烟火"形容声音的多姿多彩。作者之所以把白妞说书写得美妙动人，是因为他运用通感手法从触觉、味觉、视觉等方面把演唱声写得形、声、色具备，形象鲜明，真切可感。声音本是转瞬即逝，消失于无形，但我们可以根据作者的描写去联想、体味，产生身临其境的感觉，获得无穷的艺术享受。

（载《语文教学周报》高中版 2001 年）

02

教学艺术篇

"偷"来的童趣

——《社戏》教学艺术镜头

　　《社戏》表现了"我"的一段童年生活经历。课文通过"我"和少年伙伴们月夜行船、船头看戏、月下归航等情节的描写,展示了"我"的一段天真烂漫、童趣盎然的江南水乡文化生活经历。刻画了一群农家子弟栩栩如生的形象,表现了农村少年淳朴、善良、友爱、热情、无私的美好品德,展示了江南水乡充满诗情画意的儿童生活画卷。通过情节的梳理和内容的概括,学生们一致认为文章最精彩的部分是"月下归航"一节。我组织学生围绕"月下归航"对主题进行了研讨。

　　师:诗有诗眼,文有文眼。请同学们看看"月下归航"这一节最关键的字是哪一个?

　　生:"偷"字。返航途中,船行慢了,摇船的都说很疲乏,因为太用力,而且许久没有东西吃。桂生说罗汉豆正旺相,柴火又现成,可以偷一点来煮吃。大家都赞成,立刻近岸停船。

　　生:文中还有好几处提到"偷"字。双喜先跳下去,在岸上说:"阿阿,阿发,这边是你家的,这边是老六一家的,我们偷哪一边的呢?"

　　生:阿发一面跳,一面说道:"且慢,让我来看一看罢。"他于是往来地摸了一回,直起身来说道:"偷我们的罢,我们的大得多呢。"

　　生:双喜以为再多偷,倘给阿发的娘知道是要哭骂的,于是各人便到六一公公的田里又各偷了一大捧。

　　生:第二天六一公公棹着小船卖豆回来说:"双喜,你们这班小鬼,昨天偷了我的豆了罢?又不肯好好的摘,踏坏了不少。"

　　师:"偷"字的意思是趁人不备暗中拿走别人财物。一般来说是不道德的行为。同学们怎么看待少年伙伴们的偷豆行为呢?

　　生:联系上文来看,船头看戏一节,"我"有些疲倦了,托桂生买豆浆没有买到,桂生有点过意不去,归航途中提出偷一点豆来煮吃,他的本意在于招待"我"这个客人,弥补未买到豆浆的遗憾,表现了伙伴们的热情好客。他们是天真无邪的,不是恶意拿走别人的财物,这与道德没有必然联系。

生:双喜先跳下去,在岸上说:"阿阿,阿发,这边是你家的,这边是老六一家的,我们偷哪一边的呢?"而阿发一面跳,一面说道:"且慢,让我来看一看罢。"他于是往来地摸了一回,直起身来说道:"偷我们的罢,我们的大得多呢。"从这一问一答看出,伙伴们偷豆并不是损人利己,阿发主动要求偷自家的豆,是因为自家的豆大些,招待客人有面子。他的出发点只是为了热情招待客人,毫无自私观念。

生:双喜提醒大伙再多偷,怕阿发的娘知道了哭骂,才到六一公公的田里各偷了一大捧。在他们的观念中,"一家的客,几乎也就是公共的。"表现了伙伴们的淳朴、热情。这不能说是损人利己的行为。

师:刚才同学们说到偷豆是为了招待客人,何以见得呢?

生:当偷豆行为被六一公公发现并责怪双喜及小伙伴们不好好摘,踏坏了不少的时候,双喜说"是的。我们请客。我们当初还不要你的呢"。

师:这样说来,"偷"表现了孩子们的天真无邪,热情大方,动机只是为了招待客人,没有损人利己和自私观念,充分体现了孩子们的童趣。这一点恰恰表现了孩子们美好的品质。请同学们再从下文看看,在与偷豆有关的文字中还有没有表现童趣的句子?

生:有。六一公公听说偷豆是为了请客,便问迅哥儿豆可中吃呢? 他点一点头说"很好",六一公公竟非常感激起来,将大拇指一翘,得意地说道,"这真是大市镇里出来的读过书的人才识货! 我的豆种是粒粒挑选过的,乡下人不识好歹,还说我的豆比不上别人的呢。我今天也要送些给我们的姑奶奶尝尝去……"可是当迅哥儿晚饭时吃到六一公公送的豆时感觉并没有昨夜的豆那么好。那是因为昨夜饥饿,才偷豆来吃,感觉刺激,和伙伴们一起吃起来有趣,表现了儿童的情趣。

生:文章最后一段,"真的,一直到现在,我实在再没有吃到那夜似的好豆——也不再看到那夜似的好戏了。"这段话也看出童年伙伴们偷豆吃时是何等的童趣十足。

"训"的艺术

——《训俭示康》教学艺术镜头

学生预习《训俭示康》一文后,我问:"司马光官居显位,一家吃喝有剩,穿着有余,为何还要训诫儿子崇尚节俭? 请同学们从课文中去找答案。"

大家边看书边议论开来。

"答案在文末,'以俭立名,以侈自败',司马光是怕儿子司马康因习染奢侈之风而败家丧身,所以要训诫他崇尚节俭。"

我又问:"'以俭立名,以侈自败'这个观点是怎样提出来的?"

"作者列举了李文靖公、参政鲁公、张文节、正考父、季文子五贤崇尚节俭的事例后,又举出了管仲、公叔文子、何曾、石崇、寇莱公五人因奢侈而倾败的事例,两相对比的基础上得出的。"

"那么从论证上看,这种论证方法是——"

"归纳法"

"这种论证有什么好处?"

"结论是在具体事例的基础上自然得出,令人信服。"

我肯定学生答得好,并说:"本文作者司马光对儿子训诫很严,但文末读来却不觉得生硬古板,原因何在?"

"因为作者不是板起面孔说教,而是从自己年轻时不喜华靡而以俭素为美写起,接着又以父亲崇尚节俭为例,可谓现身说法,使晚辈读来觉得亲切,容易接受,有以情动人的效果。"

另一学生发言:"更重要的是下文的论证不只是引经据典,空洞说教,而是用事实说话。运用大量材料,从正反两方面将节俭之风与奢靡之风多角度、多侧面对比,将'以俭立名,以侈自败'的道理阐述得透彻,有很强的说服力,能产生以理服人的效果。"

我接着指出:"司马光对儿子很讲究说话的艺术,达到了预期的目的。《宋史·司马康传》说'途之人见其容止,虽不识皆知其为司马氏也。'由此可见一斑。"

　　最后我总结:"以上分析可以看出,我们说话或写作文,阐述观点时,要讲求方法,那就是除了必要的分析说理外,还要注意用事实说话,也就是通常所说的'摆事实,讲道理'。事实胜于雄辩,这比板起面孔说教有更强的说服力。"

　　【点评】司马光"训俭示康",其实是导而不训,晓理动情,指出尚俭的重要性。这种"导而不训"的方法也同样适用于教学。教师用一系列的问题引导学生发掘文之主旨,对课文的结构、思想有了整体把握,有利于学生深入地学习。

（载《语文学习》1998 年第 3 期）

《祝福》教学片段

【案例】

《祝福》系鲁迅小说名篇,也是历来高中语文教材的必选篇目,被作为重点课文来教。过去我曾多次教过这篇课文,但都是按传统模式进行,即梳理故事情节,分析环境描写,概括人物形象。教学中自然都是以教师的分析为主,学生被动接受,课堂气氛显得沉闷,缺少生气。当下正值新课程改革,提倡"自主、合作、探究"及"师生互动、生生互动"的新型学习方式。从新课程的这些指导思想出发,在教《祝福》时,我一改传统的教法,贯彻新课程理念,让学生主动参与,通过师生的交流讨论来完成教学任务,收到了意想不到的效果。

在讨论祥林嫂悲剧的根源时,我提出这样一个问题:"谁是杀害祥林嫂的凶手?"沉思片刻之后,同学们议论开来。

生1:老师,我认为是鲁四老爷。他嫌弃祥林嫂是寡妇,对她冷淡,不让她参与祭祀,使她遭受精神上的打击,最后将她赶出了家门,沦为乞丐而死去。

生2:我认为是鲁四婶。祥林嫂到土地庙捐门槛回来之后,以为赎了罪,有参与祭祀的资格了,当她去摆酒杯和筷子的时候,四婶一声惊呼:"你放着罢,祥林嫂!"让她遭受重大打击,认为自己的罪不可能洗清了,她陷入绝望,精神崩溃,神情麻木,以致被赶了出来。

生3:我认为柳妈也是杀害祥林嫂的凶手。她向祥林嫂讲鬼神的故事,使她对死亡产生了恐惧,才积存工钱到土地庙捐门槛,以为这样就可以赎罪,这是后来鲁四婶不准她参与祭祀,她精神崩溃的原因。

生4:鲁镇人也是凶手。他们对祥林嫂的悲惨遭遇不但没有同情心,相反拿她的痛苦开玩笑取乐,甚至挖苦讽刺她。人情冷漠、世态炎凉使祥林嫂遭受了巨大的精神打击。可以说他们也是凶手。

讨论很热烈,一个平时不爱多说话的男生(生5)突然语出惊人:老师,我认为祥林嫂的婆婆才是杀害祥林嫂的凶手。祥林嫂之所以有后来的悲剧都是她给造成的。祥林嫂跑出来做工,肯定是无法忍受她的虐待,祥林嫂不跑出来就不会有后来的悲剧;再说如果她不把祥林嫂抓回去卖掉,就不会有死第二个丈夫的故事,也就不会有后来的悲剧。

刚一说完,全班鼓掌,一致认为婆婆是引发祥林嫂悲剧的关键人物。我也表示这样看问题角度新。

生6:这样说来,祥林嫂在贺家的大伯也是凶手。祥林嫂虽然死了第二个丈夫和儿子,但她还有财产,还可自食其力,但大伯却来收屋,把她赶了出来。她走投无路,再次来到鲁镇,才有了后来的悲剧。

我肯定了同学们善于思考问题,发言有见地。另一同学(生7)又发言:我认为文中的"我"也无意中成了杀害祥林嫂的凶手。当祥林嫂带着复杂的心理问"我"人死之后究竟有无魂灵和地狱时,"我"拿不定该怎样回答,吞吞吐吐地说"也许有罢""说不清"。祥林嫂对读书人的话是深信不疑的,这话等于告诉她有地狱和魂灵,这是她最担忧最害怕的。这无疑是向祥林嫂的精神伤疤上捅了最后一刀,导致她迅速走向死亡。

此语一出,全班哗然,议论纷纷。我看火候一到,趁势提问:同学们善于思考,发言积极,一下捉拿了杀害祥林嫂的众多凶手,那么你们看元凶是谁呢?

学生交流讨论,答案不一。我又启发他们:元凶可能是显现的,也可能是隐性的,很可能就藏在众多凶手的背后。这时学生若有所悟。

生8:这个元凶我认为是藏在鲁四老爷、四婶和鲁镇人背后的封建礼教。是封建礼教指使这些人杀害了祥林嫂。

生9:还有藏在祥林嫂的婆婆和大伯背后的封建家长制,也是杀害祥林嫂的隐形凶手。

生10:这样说藏在柳妈背后的封建迷信思想也是隐形凶手。

话音一停,全班再度响起了热烈的掌声。

【感悟】

传统的阅读教学是教师分析,学生被动接受,学生的智力很难得到开发,思维也很难得到发展,更谈不上培养创新精神和实践能力。而新课程改变了教师的职能和学生的地位,教师不再是"知识的权威",而是"平等对话的首席";学生也不再是"知识的容器",而是"知识的发现者"。新课程提倡学生的"自主、合作、探究",强调"师生互动、生生互动",这是一种全新的教学观念和教学方式。它使教师成了课堂教学的组织者、引导者和促进者,与学生共同参与讨论;同时也充分调动了学生的积极性、主动性和创造性,让学生变成学习的主人。这样既解放了教师,又能激起学生的学习欲望。本节课是实施新课程的一次成功尝试。由此可见,在阅读教学中,教师只要根据学生的思维和认知规律,善于引导,精心设计问题,就能启发学生思考,很快把握问题的实质,从而收到事半功倍的教学效果。

（载《新课程教学案例》2006 年第 5 期）

贬词褒用　匠心独运

——《海燕》教学艺术镜头

师:同学们,本文描写海燕最抢眼的是哪一个词?

生:高傲!

师:请找出含有"高傲"一词的句子。

生:在乌云和大海之间,海燕像黑色的闪电,在高傲地飞翔。

生:只有那高傲的海燕,勇敢地,自由自在地,在泛起白沫的大海上飞翔!

生:看吧,它飞舞着,像个精灵,——高傲的、黑色的暴风雨的精灵。

生:这是勇敢的海燕,在怒吼的大海上,在闪电中间,高傲地飞翔。

师:在这些句子中作者是用哪些词语来写出海燕的"高傲"的动作情态呢?

生:"黑色的闪电""飞翔":表现海燕的快速敏捷,矫健勇猛。

生:"勇敢""自由自在":表现海燕的无所畏惧,斗志昂扬。

生:"飞舞""像黑色暴风雨的精灵":表现海燕心情欢快,意气风发。

师:同学们想想"高傲"这个词的意思是什么呢?

生:自以为了不起,看不起人。

生:骄傲自大。

师:这样说来,这个词的感情色彩是——

生:贬义!

师:刚才大家读了课文,作者通过对海燕的描写流露出什么样的情感态度?

生:歌颂和赞美!

师:问题就来了,作者为什么要用带贬义的"高傲"一词来描写海燕?

生:作者是特意贬词褒用,表达对海燕的讴歌与赞美。

师:能具体说说吗?

生:"高傲"原意是"自以为了不起,看不起人,极其骄傲",是贬义词。但作者在这里对"高傲"一词赋予新意,是"豪迈无畏、藐视敌人"的意思,突出了海燕的飒爽英姿,歌颂了海燕英勇无畏的战斗精神,表现了无产阶级革命者敢于斗争的英雄气概。

生：是为了与胆小怕事，畏首畏尾的海鸥、海鸭、企鹅形成鲜明对比，以这些海鸟的胆怯反衬海燕的英勇无畏，昂扬奋进，自信乐观的精神。

师：能展开说说吗？

生：作者是把海燕与海鸥、海鸭、企鹅对比着来写的。海鸭在暴风雨来临之前呻吟着，它们在大海上飞窜，想把自己对暴风雨的恐惧，掩藏到大海深处。海鸭只会呻吟，它们享受不了生活的战斗的欢乐，被轰隆隆的雷声吓坏了。而蠢笨的企鹅，却只会胆怯地把肥胖的身体躲藏到悬崖底下。它们都目光短浅，猥琐不堪，胆小怕事，害怕暴风雨的到来。只有勇敢的海燕敢于面对狂风暴雨和雷鸣闪电，翱翔于雷电交加和乌云密布的天宇，表现出大无畏的雄气概和战斗精神。文章抓住其他海鸟在暴风雨来临之前表现出来的声音、行动、情态，写出它们惊恐万状的丑态，反衬出海燕非凡的勇气和威猛的形象。"高傲"这个词表现了海燕在险恶的环境中腾空而起，展翅高飞，蔑视困难的勇气和信心。

生："高傲"表现了海燕战斗的英姿，与恶劣的环境搏斗的雄心壮志。"高"可以理解为海燕飞得高，看得远，乘风而上迎接雷声的英姿；"傲"表现了海燕信心百倍，傲视困难的战斗精神。作者显然是有意贬词褒用，用海鸥、海鸭、企鹅的胆小来衬托海燕的勇敢无畏。歌颂海燕敢于乘风破浪的大无畏精神。"高傲"这个词正好表现了海燕在其他海鸟面前的乐观自信。

师：同学们分析得很有道理。看来作者不是随意用这个词，而是独具匠心。单纯来看海燕，"高傲"是贬义词，但从与海鸥、海鸭、企鹅对比着写的角度来看则活用为褒义词，是用其他海鸟的胆小怕事来衬托海燕的英勇无畏，表现了海燕对其他海鸟胆小猥琐的不屑，突出海燕形象的高大。为了批判海鸥、海鸭、企鹅的怯懦无能，为了与这些海鸟形成鲜明对比，用"高傲"一词描写海燕恰到好处，赞美之情溢于言表。可见，在特定的语言环境中，为了取得特定的表达效果，贬词可以褒用，褒词也可贬用。

从开头结尾切入《灯》

《灯》的行文表现了作者感情升华的过程，教学中我以文章感情变化为突破口。学生读完课文后我要他们看看开篇和结尾，体会作者表达的感情有何不同，并找出关键的两个词。学生不难看出，文章首尾表达的感情是先抑后扬，两个关键词是"窒闷"和"微笑"。我接着问："开篇为何'窒闷'，结尾又为何'微笑'呢？"学生回答："作者从噩梦中惊醒，心有余悸，又身处黑暗，因而'窒闷'；而结尾说：'在这人间，灯光是不会灭的。'说明光明永远存在，因而'微笑'。"我又追问："作者为什么会做噩梦？"

学生都面带难色。我启发他们："俗话说，'日有所思，夜有所梦'，这些天作者肯定会有不愉快甚至痛苦的事情萦绕脑际，难以抹去，因而会做噩梦。那么请大家猜猜是些什么事情使他痛苦呢？"

学生更摸不着头脑。我又启发："分析文学作品要知人论世，也就是说要了解作者写作时的经历、思想及所处的时代背景。请同学们看看文末，本文写于何时何地？"

"1942 年 2 月在桂林。"

"再请大家回顾一下当时的历史情景：抗日战争进入了最艰苦的相持阶段，国民党又接连掀起反共高潮，战火烧遍全国，作者辗转几地。作为关心祖国危亡的进步作家不能不苦闷焦急。白日焦困，夜有所梦也就不足为怪了。下面请同学们看书回答作者为了摆脱窒闷，到廊上呼吸空气，他看到和想到了什么？"

此时学生的积极性全被调动起来，发言踊跃：

"傍山建筑的几处平房里射出来几点灯光。"

"回忆起以前给他指路的灯光。"

"眼前山脚的灯光。"

"哈里希岛上的长夜孤灯。"

"古希腊教士希洛点燃的火炬。"

"他的友人投河得救醒来时看见的一盏油灯。"

我抓住时机发问:"这些灯光有何作用,作者看到和联想起这些灯后感觉如何?"学生不难理解,这些灯能给人指路,给人带来光明和温暖,驱散作者心灵里的黑暗。作者看着想着,不觉微笑了。

我接着强调:"行文的过程也就是作者酝酿感情的过程。作者由眼前的灯联想到各种灯能给人光明温暖。灯,由少到多;光,越来越明。作者在灯光的鼓舞下,感情不断升华,怎不使他'微笑'呢?下面我们再来看看'微笑'的深层含义是什么。"

学生发言:"'微笑'一词含蓄地表达了作者对抗战必胜的信念,表现了革命乐观主义精神。"

此时已快水到渠成,我再次深入发问:"作者为什么会产生这种信念和精神?"

"是因为当时中国虽然国土沦丧,战火遍地,但仍有以中国共产党为代表的人民抗日力量存在,它们就像作者笔下一盏盏灯在给人们指路,驱除黑暗,带来光明、温暖以及前进的勇气和力量。"

"这样说,'灯'在文中有——"

"象征作用。"

"对!从以上分析,我们体会出本文含蓄深沉,构思之巧,可谓匠心独运。"

载《语文教研成果集成》(1999 年版,吉林大学出版社)

从提问时间入手

——《明湖居听书》教学艺术镜头

学生预习《明湖居听书》一文后，我这样提问："本文的主角是谁？"

"白妞！"学生齐声回答。

"写白妞说书是什么时候开始的？"

"十二点以后，大约一点。"

"那么，请问老残到明湖居是什么时候？"

"十点！"

"当时的情景怎样？"

"园子里已经坐满了，老残无处落脚。"

见学生兴致很高，我又提问："老残和其他听书的人为什么提前几个小时赶到戏园？"

"因为怕没有座位！"

"是想找个好位置。"

我接着问："这从侧面说明了什么？"

"人们喜爱听白妞说书！"

"白妞说书技艺高超！"有学生补充说。

我又问："这与本文的中心有什么关系？"

学生好像答不上来，我又启发他们："再读白妞出场及以下几段描写说书的文字，看说明了什么。"

几分钟后有学生发言了："这几段文字说明白妞说书技艺高超。"

我肯定了学生的说法，随即补充说："从这几段文字可以看出作者的写作意图是要表现白妞说书技艺精湛，这就是文章的主旨。明确了这点，我们再来看文章开头的时间交代和环境描写与中心有何关系。"

"这几处时间交代和环境描写是从侧面烘托白妞说书已经深入人心，具有无穷魅力，有力地表现了文章的中心。"

"对，这就是烘托手法！"我肯定道。

见课堂气氛这样活跃，我又提问："接下来我们再看本文的中心是表现白妞说书的高超技艺，为什么不开门见山，而要事先写琴师弹奏和黑妞的表演？"

"从正面描写白妞说书的文字看，文章前面写琴师弹奏是为下文写白妞说书埋下伏笔，因为后面有'那弹弦子的亦全用轮指，忽大忽小，同他那声音相和相合，有如花坞春晓，百鸟乱鸣'这一句照应前文。"

"写黑妞是为了与白妞形成鲜明的对比，更进一步表现白妞演技高超，从文中两名观众议论'他的好处人说得出，白妞的好处人说不出。他的好处人学得到，白妞的好处人学不到'这些话可看出这一点。"

我总结说："答得好！从以上分析可看出，本文作者善用层层铺垫、对照烘托的表现手法来表现中心，显出妙趣横生的艺术效果。"

大处着眼　整体感知

——《鸟》教学艺术镜头

师:作者开篇点题:我爱鸟。那么,作者写了鸟的哪些特征?

生:写鸟的声音。婉转,清脆,嘹亮,圆润。时而独奏,时而合唱,如和谐的交响乐,在春天的早晨把"我"从梦中唤醒;而到夜晚,又闻杜鹃的啼叫,如凄绝的哀乐,让人酸楚。

生:写鸟的形体。鸟的形体较之世界其他生物,更俊俏。有的曳着长长的尾巴,有的翘着尖尖的长喙,有的是胸襟上带着一块照眼的颜色,有的是飞起来的时候才闪露一下斑斓的花彩。身躯玲珑饱满,细瘦而不干瘪,丰腴而不臃肿,恰到好处,跳荡轻灵。它高踞枝头,临风顾盼,像虹似的一下就消逝了,让人充满无限的迷惘。特别是白鹭,有时伫立稻田,有时"一行白鹭上青天",让人产生诗意的遐想。就是盘旋着的鸢鹰亦是一种令人喜悦的雄姿。

生:写鸟让人悲苦的情形。写哈代诗中蹐局缩缩的在寒枝的梢头踞立的一只小鸟,因啄食一颗残余的僵冻的果儿,禁不住那料峭的寒风,栽倒地上死了,滚成一个雪团! 诗人发出了"鸟! 你连这一个快乐的夜晚都不给我!"的感喟。作者联想到东北的一间双重玻璃窗的屋里,忽然看见枝头有一只麻雀,战栗的跳动抖擞着,在啄食一块干枯的叶子。他发现那麻雀的羽毛特别的长,而且是蓬松戟张着的,像是披着一件蓑衣。联想到那垃圾堆上的大群褴褛而臃肿的人的模样,对那孤苦伶仃的麻雀表现出无比的哀怜。

师:同学们能从整体上感知课文,把握文章的主要内容。下面我们来讨论文章的主旨和寓意。

师:鸟只是一种自然界的生物,作者从声音和形体方面对鸟进行浓墨重彩的描写,其本意在于表现什么呢?

生:作者本意在于表现对生命的关爱,要善待生命。

生:作者意在表达人与自然和谐相处的生命观。

生:自然界每一种生命都有其存在的价值和意义,我们不能剥夺它们生存的权利。

师:作者对生命的关爱在文中有哪些具体的表现?

生:文章开头写胳膊上架着的鹰和笼中鸟的苦闷。它们被养鸟人束缚了自由,失去了自身生存的价值。作者感觉的不是那人的悠闲,而是那鸟的苦闷。体现了作者对鸟的不幸遭遇的同情和对生命的敬畏。同时也表达了对人们虐待鸟的行为的谴责。

师:很好!请找出文中相应的语句作具体说明。

生:"鸟到了这种地步,我想它的苦闷,大概是仅次于粘在胶纸上的苍蝇,它的快乐,大概是仅优于在标本室里住着罢?"鸟的快乐本是自由自在的飞翔,"天高任鸟飞";但是有闲的人出于取乐的自私目的采取几乎是虐待的手段将鸟禁锢起来,常年关在栅栏里,貌似优待,实是鸟的苦闷。作者用看似平淡实是严肃的语气谴责了那些束缚鸟类自由的野蛮行为。

生:文章结尾说:"再令人触目的就是那些偶然一见的囚在笼里的小鸟儿了,但是我不忍看。"直抒胸臆,表达了作者对囚鸟不幸遭遇的同情和闲人囚鸟行为的谴责。

师:同学们分析得很好!刚才我们通过讨论基本把握了文章的主题。散文贵在含蓄,我们再来讨论一下文章有无深层寓意。

生:文章最后,"自从离开四川以后"点出了另一番寓意。作者离开四川,岁月流逝,鸟类的生存环境受到了破坏,眼前所见的可怜的麻雀、寒鸦等早已失去了它们应有的生存环境,鸟类失去了它们应有的跳荡和悦耳的鸣叫,字里行间流露出作者对在四川时人与自然和谐相处的赞美。作者以鸟喻人,从鸟的遭遇,作者联想到了人类的生活,希望建立自由、平等、没有强权、没有欺压的社会,希望人们过上幸福、美好的生活。

师:很有见地。把握了文章的内容和主题,我们再来看看文章在选材和写法上有什么特点。

生:这篇散文善于发挥联想,在写鸟的各种情态时,十分自然地联想到了济慈、雪莱、哈代有关鸟的诗句,联想到杜鹃啼血的传说,联想到自己经历中有关鸟的种种镜头,引用了杜甫"一行白鹭上青天"的名句,丰富了文章的内容,增加了内容的广度和文章的厚度。

生:同时还增添了文学色彩,增加了文章的趣味性和可读性。

生:在写法上主要用了对比手法,将鸟的各种姿态与鸟的被囚形成鲜明对比,突出囚鸟的苦闷,表达了对鸟的同情和对自由的向往。

　　生:文章还用提笼架鸟的人的悠闲反衬囚鸟的苦闷,批判有闲人的残忍,表达对囚鸟的同情。

2016 年 11 月

独具匠心的结尾

——《师说》教学艺术镜头

《师说》文本分析到了最后,学生不难看出最后一段是交代文章的写作缘起,称赞李蟠能践行古人从师学习的风尚,作者写《师说》这篇文章来勉励他。但仔细琢磨,似乎还另有深意,我组织学生展开讨论。

师:韩愈作为"文起八代之衰"的文坛巨匠,怎么想到要写文章送给一个青年学子李蟠?

生:(有些茫然,纷纷议论开来)是呀,很少见到大作家专为某个青年学子写文章的。

师:为了弄清楚作者的写作意图,我们对文章最后一段进行探究。请同学们分析一下课文最后一段含有哪些信息。

生:"年十七",交代年龄,说明李蟠的身份——是个青年学子。

生:"好古文",点明他是韩愈号召的"古文运动"的积极支持者。韩愈算遇到一个知音了吧,高兴之余想对他说点什么。

生:"六艺经传皆通习之",说明他熟读儒家经典,是个喜欢读书的人。这在耻学于师的时代是难能可贵的,自然受到韩愈的赞赏。

生:"不拘于时",照应文章第二段,称赞李蟠不受世俗耻学于师风气的束缚,肯定他比士大夫之族见识高远,敢于与耻学于师的不良风气作斗争。这与士大夫之族形成正反对比,增强了文章的说服力。李蟠此举让韩愈看到了耻学于师的不良社会风气里尚有一线曙光,欣喜之情溢于言表。

生:"学于余",韩愈在耻学于师的时代背景下处境不利。柳宗元在《答韦中立论师道书》中说:"由魏晋氏以下,人益不事师。今之世不闻有师,有辄哗笑之,以为狂人。独韩愈奋不顾流俗,犯笑侮,收召后学,作《师说》,因抗颜而为师。世果群怪聚骂,指目牵引,而增与为言辞。愈以是得狂名。"作为后学之辈,李蟠在韩愈处境不利的环境下敢于拜他为师,需要很大的勇气,其意义在于打破了耻学于师的沉闷氛围,因而受到韩愈的推崇,并甚感欣慰。

生:"余嘉其能行古道",照应文章第二段"古之圣人,其出人也远矣,犹且从师而问焉"和第四段"圣人无常师",称赞李蟠能践行古人从师学习之道。李蟠"行古道"之举无异于给营造耻学于师的不良风气的士大夫之族一记耳光,受到韩愈的嘉许。

生:"作《师说》以贻之",一代文豪给普通青年学子写文章,表达了韩愈对李蟠寄予了殷切希望。

师:同学们的发言很有见地,能从平淡朴实的语句里悟出文字的丰富内涵。结尾虽然只有三言两语,却字字珠玑。透过字里行间我们不难看出韩愈在耻学于师的沉闷环境里因遇到李蟠这样的知音而倍感欣慰。文章末尾作者不经意写来,却卒章显志,寓意深远,既交代了写作本文的缘起,又照应和强调了前文的相关内容,使行文缜密,中心突出。肯定了李蟠敢于冲破世俗观念,拜人为师,践行古人从师学习之道的难能可贵。韩愈从他的身上看到了复兴师道的希望,增强了与世俗作斗争的勇气和信心。

生:我认为除了可以从写作缘起和行文缜密、突出中心的角度来理解最后一段的作用以外,还可以从文章构思的角度来分析。

师:怎么说呢?

生:从文章构思的角度看,李蟠是韩愈时代读书人的代表,他在耻学于师的社会风气中敢于拜人为师,与第三段举孔子是古代圣人无常师的典型事例形成照应,互为补充,更有说服力。

师:很好! 请具体说说。

生:孔子和李蟠的例子,一古一今,一圣贤一普通人。孔子无常师,拜郯子、苌弘、师襄、老聃这些贤能不及自己的人为师;李蟠拜韩愈这样比自己贤能的人为师。两个例子很有代表性,充分论证"古之学者必有师"的观点,很有说服力。

师:有道理! 读文章要从整体感知,请同学们再结合全文看看,孔子和李蟠互为补充的事例与上文又是什么关系呢?

生:这两个互为补充的事例与第二段"今之众人"和"士大夫之族"耻学于师形成正反对比,无论是古代圣贤还是当今李蟠这样的青年学子都不耻下问,拜人为师,虚心好学,充分论证"古之学者必有师"这个观点的正确性。正反对比,是非判然,雄辩有力。

师:好一个雄辩有力! 能结合全文具体分析吗?

生:文章第一段开门见山提出观点"古之学者必有师",然后依次指出老师的职能作用、从师的重要性和择师标准。第二段是文章的主体部分,用古之圣人和今之众人对从师学习的不同态度、今之众人爱其子择师和他们自身耻学于师的不同态度、士大夫之族和巫医乐师百工之人对从师学习的不同态度三组对比批判"今之众人"和"士大夫之族"耻学于师的恶劣风气。这是"破"。第三段和第四段用孔子无常师和李蟠不拘于时从正面去"立"。文章先破后立,破立结合,正反对比,事例典型,论证充分,无懈可击。

师:分析透彻!可见,文章最后一段看起来只是交代写作缘起,实际上大有深意,是文章的有机组成部分。事例精当,牵一发而动全身,与前文呼应,作为文章观点的有力支撑,增强了文章的说服力。这是一篇经典文章,流传千古,请同学们课后反复玩味并试着模仿练习,提高鉴赏水平和写作能力。

更动了文字就更动了情感

——《咬文嚼字》教学艺术镜头

师:作者说:"在文字上推敲,骨子里实在是在思想感情上'推敲'。"这样说的理由是什么? 试从读过的诗文中举例说明这个论断。

生:王安石《泊船瓜洲》里"春风又绿江南岸"这句,"绿"字用得绝妙。传说王安石在选定之前,先后用过"到""过""入""满"等多个动词,结果都不如意,最后选用"绿"字。

师:能说说诗人这样选用的理由是什么吗?

生:"绿"字既描绘了春到江南的勃勃生机,又流露出诗人喜悦兴奋的心情。

师:"到""过""入""满"这几个字有什么不好呢?

生:这些字是陈述客观情况,只说春风吹遍江南了,很少流露出诗人的情感态度,没有"绿"这个词生动传情。

师:那么,"绿"字究竟好在哪里呢?

生:"绿"字是表示颜色的形容词,它描绘了春到江南,草长莺飞的情景。让人联想起"暮春三月,江南草长,杂花生树,群莺乱飞"的江南风光。面对生机勃勃的江南春景,诗人抑制不住欣喜之情。

生:还可以从词的用法的角度来理解"绿"字。"绿"本来是表示颜色的形容词,用在诗中却变成了使动用法的动词,是春风使江南的景象发生了变化,春风是施动者,有了人的动作和情态,"绿"字增加了色彩感和动态感,给人以形象上的美感和视觉冲击力。

生:还可以从修辞手法的角度来分析。这里用了移觉手法,也就是通感。人们一般只能以听觉和触觉的方式来感受风的存在。但春风却是悄然徐来,吹面不寒,过耳无声。现在用"绿"去描写它,用听觉、触觉来写视觉,让三种感觉相通,写春风的到来,表现出春风吹遍江南,一片勃勃生机,欣欣向荣的景象,给人以美的享受。

师:同学们能从不同的角度分析"绿"字的表达效果,每一种角度都结合作者的感情态度来品味。正如朱光潜先生所说:"其实更动了文字,就同时更动了思想情感。"王安石选词的依据是思想情感表达的需要。这也是朱光潜先生在《咬文嚼字》中反复表达的意思。同学们想想还能找出其他炼字的例子吗?

生:"红杏枝头春意闹。"春景本是视觉所见,而"闹"却是听觉感知,这里运用拟人和通感手法,将无声的画面,描绘成繁花似锦之态和群鸟竞唱的情状,仿佛红杏争春的喧闹声从枝头阵阵传出,诗人以花拟人,赋予满枝红杏以人的情态,让人联想起你推着我,我挤着你的热闹场景,浓浓的春意就在这喧闹的"红杏枝头"活现出来。这是把视觉转换成听觉之后表现出来的奇妙效果。一个"闹"字,活画出繁花似锦、春意浓浓的情景,描绘了一幅生机盎然的红杏争春图,也表达了诗人身临满目春光的无限喜悦之情。试想,如果换成其他词语不可能有这样传神的艺术效果。

师:分析得有道理!听你这么一说,我倒想起近代学者王国维《人间词话》里对这个句子有过评论。"'红杏枝头春意闹',著一'闹'字,而境界全出。'云破月来花弄影',著一'弄'字,而境界全出矣。"请同学们分析一下,"云破月来花弄影"这句诗又好在哪里?

生:"云破月来花弄影。"也是历来传诵的名句。"云破月来"暗写风的作用,风吹云散,明月高悬;"花弄影"写风摇动着花树,花枝在月下摆弄身影,投射于地上,也是暗写风的作用。其妙处在于诗人想象丰富,把风过云开,明月中天,树影婆娑这些普通的自然景象写得生动形象。把无生命的事物写得富有人的情趣。"弄"字传神,将花人格化了,晚风习习,花动影移,景物由静而动,富有生机活力。写花弄影的情态表达了诗人对花的喜爱之情,如果换成其他词则意趣全无,索然寡味。

师:这位同学的分析很有见地,正如朱光潜先生所说:"咬文嚼字,在表面上像只是斟酌文字的分量,在实际上就是调整思想和情感。"请同学们再找两个炼字的例子来加深对朱光潜先生以上观点的理解。

生:杜甫诗句"随风潜入夜,润物细无声",用"潜"字将春雨拟人化,表现了春雨随风而来,悄无声息,无影无踪,滋润万物的情态,颇有意趣,流露出诗人对春雨的喜爱之情。"润"字也很传神,准确而生动地表现了春雨滋润万物,静谧无声,默默奉献的精神。既绘形又传情,形神兼备,写出春雨的情态,表达对春雨的喜爱。以上两个词都很难替换。替换其他词语很难表现杜甫想要表达的独特韵味。

生:陶渊明诗句"悠然见南山"中"见"字也别有趣味。我们观察事物时,"我"是主体,"物"是客体。观察景物,一般用"望""看"等动词,通常有明显的自觉意识。然而陶渊明却避开了常用的"望""看"等动词,选用了"见"这个词,描绘了人与自然融为一体的情景。诗人显然是陶醉于"采菊"的乐趣,分不清是南山悠然还是"我"悠然。主客难辨,意识模糊,物我两忘,不知何者为我,何者为物。诗人对自然的陶醉,对山水的依恋,对回归田园的欣喜之情溢于言表。如果将"见"替换成"望""看"等近义词,表达效果会大打折扣。"望""看"属有意之举,是主观行为,说明人与物尚有距离;而"见"则完全是无意识行为。诗人回归自然,怡然自得,与南山相融不分彼此,陶醉之情状妙不可言。

人性扭曲的批判

——《猫》教学艺术镜头

师：文章写了三只猫的遭遇揭示了什么道理呢？

生：文章告诉我们，生活中不能以貌取人，不能主观臆断，过于相信自己的直觉，会导致错误的发生。

生：人和动物应和谐相处，不应把动物视同草芥，动物有灵性，要给予必要的尊重。

生：生活中，我们不要随便怀疑哪些比较沉默的人。

生：作者是想告诉人们要善待动物，爱护动物，不要等到失去之后才后悔，要敬畏生命。

生：揭示了社会上存在的信任危机，人和人之间缺乏基本的信任，以阴暗心理去揣度他人，戴变色镜看世界。其实，拥抱信任前行，就会一路轻松、快乐。

生："我"不问青红皂白，就乱下结论，错怪了猫。文章告诉我们做事不能冲动，保持冷静，应该深思熟虑再去做，那样才会减少遗憾。

生：人要学会自我反省，勇于改过。

师：同学们积极思考，发言踊跃，很好！

生：文章揭示了人性的冷漠和自私。

看来同学们意犹未尽，思考还在继续。

师：你从哪里看出的呢？

生：文章写到第三只猫被冤屈挨打后两个月忽然死在邻家的屋脊上。不禁让人纳闷：这只猫死前两个月跑到哪里去了？主人为什么不像对待第二只猫那样到处找找？这只猫两个月是怎么过来的？主人怎么没有关心它去了哪里呢？"我"追打猫，以及把猫打跑之后不管不问，表现了人性的残忍，对生命的漠视。

师：有道理，能进一步做些分析吗？

生："我"一家看起来很喜欢猫，但同样是猫，为什么只对前两只猫偏爱有加，而对第三只猫有歧视行为？连三妹那样爱猫的，对于它，也不加注意。猫在主人家里生活了几个月，可仍是一只若有若无的动物，虽然三妹有时也逗着它玩，但并没有对于前几只猫那样感兴趣。"我"家在收养第三只猫时并不是出于真心的爱护，只是看到猫可怜而勉强收养。看得出主人的同情是有限的，否则一家人怎么不精心喂养呢？既然可怜它却又要打它呢？从这里看出主人对猫的收养并不是发自内心的喜爱，有一种自私心理。

师：怎么说呢？

生：同样是猫，主人一家对前两只猫之所以会偏爱有加，是因为前面两只猫活泼可爱，很讨人喜欢，能给主人带来快乐；而第三只猫毛色虽然也是花白的，但并不好看，又很瘦，不活泼，也不像别的小猫那样喜欢游玩，好像是具有天生的忧郁性似的。是张妈把它拾来家里，每天给它饭吃，但大家都不大喜欢它。试想：要是第三只猫也像前两只猫那样活泼可爱，又会享受什么样的待遇呢？

生：我也赞同这种看法。我在想："我"一家是真心喜爱猫还是为了满足自私心理？不难看出，他们只是把猫作为满足自身愉悦的玩物，并没有表现对生命的尊重和敬畏。"我"一家喜不喜欢猫，取决于猫能不能给他们带来快乐，并不是打心眼里真正喜欢猫，这是自私心理在作祟。

师：有见地。请具体说说。

生：主人一家对三只猫的态度不一样，很明显带有主观因素，符合自己的心意就喜欢，不符合自己的心意就厌恶。黄鸟和猫同样是宠物，为什么对前两只猫的亡失和黄鸟的死是酸辛、怅然和痛心，而对第三只猫却欲置之死地而后快？因为前面两只猫逗人喜欢，黄鸟叫得很好听，都能给主人带来愉悦。要是黄鸟是被前两只猫吃的，主人或许不会大动肝火。两种结局值得深思。

师：同学们善于分析问题，透过现象看本质，更能抓住问题的关键。

生：我发现一个问题："我"对三只猫的死感受不一样。对第一只猫只是感着一缕的酸辛；对第二只猫的亡失是怅然的，愤然的，咒骂着那个不知名的夺去我们所爱的东西的人；而对第三只猫的感受是心里十分难过，良心受伤。"我"的虐待，都是针，刺我的良心的针！"我"对于它的亡失，比以前两只猫的亡失，更难过得多。为什么感受有这样大的差异呢？

生：第一只猫死是天命，无能为力；第二只猫死是别人所为，只能愤怒和指责；第三只猫死是自家造成，所以深感内疚和忏悔，甚至良心的谴责。

生："我"不仅仅是对猫的死愧疚万分，深一点的，"我"从第三只猫的遭遇这件事上看到了自己人性的扭曲。"真的，我的良心受伤了，我没有判断明白，便妄下断语，冤枉了一只不能说话辩诉的动物。想到它的无抵抗的逃避，亦使我感到我的暴怒，我的虐待，都是针，刺我的良心的针！"这是作者良心发现，对自己人性扭曲行为的谴责。

意料之外　情理之中

——《最后的常春藤叶》教学艺术镜头

欧·亨利的作品常常以出人意料的结局收场,产生强烈的艺术感染力。这种结尾往往在前文已有铺垫。教学中我以此为切入口开展教学。

师:同学们,小说结尾才说出最后一片常春藤叶的来历,让人感到意外。其实这个结局在前面作了铺垫,请大家找一找相关的句子。

生:"看哪!经过了漫漫长夜的风吹雨打,仍旧有一片常春藤的叶子贴在墙上。它是藤上最后的一片叶子。靠近叶柄的颜色还是深绿的,但是锯齿形的边缘已染上枯败的黄色,它傲然挂在离地面二十来英尺的一根藤枝上面。"这是第二天早晨的情景。很明显这片叶子不是自然生长的,而是画家画上去的。

师:怎么看得出这片叶子是画上去的呢?

(学生思考、讨论)

生:前文琼珊说过:"它们现在掉得快些了。三天前还有差不多一百片。数得我头昏眼花。现在可容易了。喏,又掉了一片。只剩下五片了。""等着最后一片叶子掉下来,我也得去了。"从这段话看出,叶子的掉落速度很快的,可是经过漫长一夜的风吹雨打,在砖墙上居然还挂着一片常春藤叶,这很难令人置信。

师:说得很好,同学们还能找出这样的句子吗?

生:"那一天总算熬过去了。黄昏时,她们看到墙上那片孤零零的藤叶依旧依附在茎上。随着夜晚同来的是北风的怒号,雨点不住地打在窗上,从荷兰式的屋檐上倾泻下来。"这是第二天白天和夜晚的情景。从这段描写看出,又经过了一个白天,那片孤零零的常春藤叶仍紧紧地依附在靠墙的枝上。再从夜里呼啸的北风、不停拍打窗子的雨点、从屋檐上流泻下来的雨水这些描写来看,风吹雨打也撼不动那片常春藤叶,这就很奇怪了,可见它不是真正的常春藤叶。

师:能够从文章中找出依据,分析有道理。

生:"那片常春藤叶仍在墙上。"这是第三天早上的情景。经过两天两夜风吹雨打的折腾,那片枯藤叶仍岿然不动。我觉得这根本就不符合常情,叶子一般都要凋零的。

师:以上三处描写都让人感觉那片叶子不是真的,应该是画上去的,作者这样写有何作用?

生:作者这样写是有意制造悬念,让读者在一个一个的悬念中思考故事情节的巧妙,从而产生艺术的趣味,增强作品的感染力。

生:让我们特别有意外感。

师:本文的艺术感染力从哪里得到了体现?

生:从小说末尾得到了体现。(生读结尾段文字)这个结尾道出了那片不落的常春藤叶的真相,让人恍然大悟,感觉故事结尾既在意料之外又在情理之中。

师:还有别的说法吗?

生:小说开始写老画家贝尔曼事业无成,生活散漫,让人不屑。结尾却笔锋一转,来个一百八十度的大转弯,人们认为不可能有所成就的老画家贝尔曼却画出了激发垂死之人琼珊强烈求生欲望的绝世佳作。作者用出乎意料的结尾来赞美穷艺术家之间真诚的友谊,突出刻画了一个舍己为人,以自己的生命创作出毕生"最后的杰作"的老画家形象。取得了"含泪的微笑"的艺术效果。

师:说得好,这正是欧·亨利作品的艺术魅力所在!我们一起来读读这个结尾。

(载《语文学习》2017 年第 1 期)

由"始得""宴游"说开去

——《始得西山宴游记》教学艺术镜头

师：同学们，标题是文章的"眼睛"，是理解文章内容的"窗口"，你们能看出《始得西山宴游记》这个题目中关键的词吗？

生："始得"，意思是"才发现"。表示"以前"和"现在"的时间分界。现在才找到之前想得到的某种感觉，表达欣喜之情。

生："宴游"，快乐地游玩的意思。流露出作者游西山的快乐。

师：很好！请结合文章内容分析"始得""宴游"有何含义。

生：文章第一段叙述游西山的情形，没有发现美景，可能与作者心情有关。作者交代自己是"僇人"，因得罪权贵，被贬永州，"恒惴栗"，心情抑郁，当然无心赏景，每次游山，只是慢无目的地走走。没有发现游玩的乐趣，倒是感到些许郁闷。第二段描写发现西山的"怪特"，领略了西山的高峻特立，被西山的美丽景色所吸引和陶醉，才觉得是真正在游西山，所以说"始得"。字里行间流露出发现西山之美的惊喜和游览西山的快乐，所以说"宴游"。

师：回答有道理！看来"始得"与"宴游"密不可分。那么它们有什么内在的联系呢？

生：第一段作者自称为"僇人"，即有罪之人。用"恒惴栗"三字概括自己被贬后的心情。流露出长久积压在内心的悲愤心情，仕途失意，理想抱负无法实现，他游山玩水是想排解内心的忧愤，寻求精神上的寄托，但并没有达到"宴游"目的。

师：能具体说说吗？

生："施施""慢慢"两个漫不经心的动作表现了一种寂寞、愁闷的精神状态。"日与其徒上高山，入深林，穷回溪，幽泉怪石，无远不到。到则披草而坐，倾壶而醉。醉则更相枕以卧，卧而梦。"一连贯的动作好像是漫无目的的行为。

生："意有所极，梦亦同趣。觉而起，起而归"几句写想到什么，梦到什么，梦醒回家，无所事事的样子。

生：作者似乎沉醉于山林美酒之中，实际上内心深处的郁闷并未得到排解。

生:第一段同下文游西山时陶醉于自然美景的欣喜形成鲜明的对比。第二段正因为有了"宴游",作者才说是"始得",欣喜之情溢于言表。

师:分析比较透彻。看来要准确理解"始得"的含义还得联系"宴游"。那么"宴游"从哪些句子体现出来?

生:第二段,"悠悠乎与颢气俱,而莫得其涯;洋洋乎与造物者游,而不知其所穷。"这几句写面对眼前奇异的景观,作者胸怀顿觉开阔。一种从未有过的欣喜之情油然而生:视野开阔如同浩气看不到它的边际,心旷神怡地与天地交游而没有尽头。

生:"引觞满酌,颓然就醉,不知日之入。苍然暮色,自远而至,至无所见,而犹不欲归。心凝形释,与万化冥合,然后知吾向之未始游。"这几句写面对西山的怪特,作者与自然融为一体,兴奋之余不禁"引觞满酌,颓然就醉",以至于暮色降临也浑然不觉,仍不愿归去。此时作者觉得自己的心似乎已凝结,形体似乎已消散,他整个身心与自然万物融为一体,达到了物我两忘的境界。然后才明白以前自以为游山"无远不到""皆我有也",其实并未真正游过,而真正的游赏是从发现西山"怪特"后才开始。

师:同学们的分析很有见地。请一位同学对大家的发言做一下小结。

生:"宴游"就是高兴、愉快的游览。作者"宴游"表现出来的是一种愉悦的心境,是一种兴之所至,是发现西山"怪特"之后的一种兴奋之情。正因为是"宴游",与之前为了摆脱"恒惴栗"而心不在焉的"施施而行,漫漫而游"形成了鲜明的对比。"始得"与"宴游"相得益彰,表明作者前后心境从低沉到高昂的变化,情感的升华。

师:看来,作者游玩心情的转变在于发现了西山的"怪特",那么作者是如何表现西山"怪特"的呢?

生:"攀援而登,箕踞而遨,则凡数州之土壤,皆在衽席之下。"这几句写的是登高望远,天下景观尽收眼底。"攀援而登"写西山之陡峭;"箕踞而遨"写登上山顶后极目望远的情态;"则凡数州之土壤,皆在衽席之下"突出西山之高峻。从陡峭、高峻和视野开阔的角度表现西山的"怪特"。

生:"其高下之势,岈然洼然,若垤若穴;尺寸千里,攒蹙累积,莫得遁隐。萦青缭白,外与天际,四望如一。"这几句写西山位置之高,极目望去,众多山头高低分明,有的像蚂蚁洞外的小土堆,有的像洞穴,千里之远犹如尺寸之间,极写视野开阔之感。所有山头紧密聚集,尽在作者的视野,白云缭绕青山,绵延到天际,环顾四周,浑然一体。

生:"然后知是山之特立,不与培塿为类。"这两句写西山的高大和那些小土丘不能同日而语,用对比手法表现其"特立"。

师:这样说来,作者说"始得""宴游"不仅是寄情山水,还另有深意,那是什么呢?

生:作者忘情于西山的怪特,沉醉于优美的景象,人与自然达到了高度的融合,物我两忘,将自己的荣辱得失抛之云外,平时"恒惴栗"的恐惧荡然无存。顿觉心旷神怡,心胸开阔,表现出豁达乐观的心情,这是表层意思。此外还有深层寓意。我们从西山的"怪特"自然联想到作者的特立独行,文章表现了作者追求自己的政治理想,不与世俗同流合污的崇高精神。可以说,这篇文章是作者写给自己的赞歌。

怎一个"紧"字了得

——《林教头风雪山神庙》教学艺术镜头

师:标题是文章的"眼睛",《林教头风雪山神庙》这个标题的"眼睛"是哪个词?

生:风雪。

师:那么,文中是用哪些词语来着力描写风雪的?

生:"正是严冬天气,彤云密布,朔风渐起,却早纷纷扬扬卷下一天大雪来"一句中"卷"字很有表现力。

师:请说说看。

生:"卷"字写出狂风裹挟着雪花漫天飞舞的情景,写出了朔风之大,刺人肤肌,表现天气的寒冷。

生:"仰面看那草屋时,四下里崩坏了,又被朔风吹撼,摇振得动"中"撼"字写出狂风之烈。"摇振"一词,拟人手法写出朔风肆虐的情景,也很有表现力。

师:分析得有道理。像这样的词语还有吗?

生:"(林冲)雪地里踏着碎琼乱玉,迤逦背着北风而行。那雪正下得紧"这句中"紧"字也用得很好。

师:说来听听。

生:"紧"字让人联想起雪花块状之厚,密度之大,直落地面的情景。语言精练传神。

生:文中还有一处描写:"仍旧迎着朔风回来。看那雪,到晚越下得紧了。"再次用"紧"字对风雪之大的描写进行了强化。

师:请同学们想想,作者重复用"紧"字来写风雪有何作用呢?

生:是为了表现风雪之大,渲染气氛,烘托恶劣的环境,突出林冲的不幸遭遇和悲苦寂寞的心情。

师:请作具体分析。

生:那密布的彤云,怒号的朔风,飞扬的大雪,破败的草料场,孤寂的古庙,形成一种荒凉、寂寞、冷清的气氛,烘托林冲内心的悲凉孤独,把林冲遭人陷害,被发配到千里之外,远离亲人的悲苦寂寞心情表现得淋漓尽致。

师:分析透彻!请同学们结合全文分析一下,用"紧"字来描写风雪还有其他作用吗?

生:还有推动故事情节的作用。

师:何以见得呢?

生:正因为雪下得大,加剧了天气的寒冷。林冲到了草料场后才会去市井喝酒御寒,才会发现途中的山神庙,才有了草厅被压倒之后藏身避寒的去处,也才有机会听到陆虞候密谋杀害自己的阴谋,最后才会杀人复仇。试想:如果不是这场大雪加剧天气的寒冷,林冲不会去买酒御寒,草厅也不可能被压倒,林冲就会住在草屋被烧死,陆虞候的阴谋就能得逞,林冲的故事到此结束,就没有后来上梁山的后续故事。由此可见,风雪描写有推动故事情节的作用。

师:分析环环相扣,入情入理。一个"紧"字让人产生丰富的联想。状难写之景如在目前,含不尽之意见于言外。有牵一发而动全身之效,具有无穷的艺术魅力。

生:我认为还有表现人物性格的作用。

师:有新的发现,能说说表现了林冲哪些性格特征吗?

生:风雪的描写预示了林冲的反抗性格。林冲去市井沽酒时,"那雪正下得紧。"沽酒迎着朔风回来时,"看那雪,到晚越下得紧了。"回到草料场时,"那两间草厅已被雪压倒了。"这几处风雪描写营造了紧张气氛一步步将林冲逼向绝境。是风雪将林冲逼到山神庙栖身,亲闻陆虞候阴谋才奋起反抗的。风雪越来越大,天气越来越冷,气氛越来越紧张,预示了林冲一步步走向绝境,最后压抑不住怒火而奋起反抗。

师:很好!还有吗?

生:还表现了林冲随遇而安的性格。

师:这又怎么说呢?

生:林冲接管草料场,仰面看那草屋时,四下里崩坏了,又被朔风吹撼,摇振得动。林冲道:"这屋如何过得一冬?待雪晴了,去城中唤个泥水匠来修理。"这句话表现了林冲随遇而安的性格。如果不是这场大风雪,林冲不会有此感慨,随遇而安的性格也就缺少了表现。

师:见解独到。还能看出其他作用吗?

生:还表现了林冲与高俅尖锐的矛盾冲突。

师:又有新的发现,说来听听。

生:如果没有这场大风雪,草厅不会被压倒,林冲必然会在草厅中过夜而死于大火。火是林冲与高俅矛盾不可调和的产物,火揭示了林冲与高俅的尖锐矛盾。再说,要是林冲一死意味着林冲与高俅的矛盾冲突达到了高潮和终结。也就没有了林冲后续故事中与高俅的矛盾。

师:看问题角度新颖,见解独到,发人言之所未发。

生:我认为还有引起悬念的作用。

师:这又怎讲?

生:文中多次描写风雪:"正是严冬天气,彤云密布,朔风渐起,却早纷纷扬扬卷下一天大雪来。""仰面看那草屋时,四下里崩坏了,又被朔风吹撼,摇振得动。""那雪正下得紧。""看那雪,到晚越下得紧了。"这些描写营造了山雨欲来风满楼的紧张气氛。风雪吊起了读者的胃口,引起了悬念,让人感觉事有不测,情况不妙,有不祥之感。仿佛一场大祸就要来临,读者不禁为林冲的命运感到担忧,扣人心弦。

03

教育思考篇

博雅塔旁闻雅训　未名湖畔聆教诲

—— 赴北京大学参加"国培计划(2017)"
—— 贵州省乡村名师访省外名校培训班见闻

天命之年有幸踏入北大校园接受洗礼和熏陶,完全是意料之外的事。感谢命运的安排,感谢省厅的厚爱,感谢北大的接纳。从接到北大培训通知的那天起,我就满怀憧憬和喜悦,每每在心里浮想,令莘莘学子梦寐以求的北大究竟是什么样子。虽然多年以来通过各种媒体和传说对北大有所耳闻,但始终感觉遥远而神秘。如今却像做梦一样不期而遇,真有点不敢相信。

接到县局转发的通知是 10 月 16 日,根据通知上的相关要求,第一时间加了北大继续教育学院专门为我们班建立的 QQ 群,进群之后发现我是第一个入群,好不兴奋。随后,北大继续教育学院梁娜老师陆续发布温馨提示,对培训的注意事项作了安排和强调。11 月 23 日启程,坐了两天的汽车和高铁,24 日晚上如期报到,来自贵州的 100 名乡村教育名师在海淀区西荣阁酒店聚集。25 日一早北大继续教育学院安排两辆大巴车接我们去北大参加开班典礼。发了《学员手册》、笔记本、胸牌和饭卡。交代了学习研修注意事项。接着安排了工作坊——破冰活动。通过分组,让学员互相认识,为学习交流打下基础。我被分在第五组,共 9 人,其中遵义 5 人,铜仁 3 人,贵阳 1 人。全是语文学科,其中初中 5 人,高中 4 人。下午,班主任老师带领我们参观北大校园,了解北大风物和人文,目睹了传说中的未名湖和博雅塔。参观了北大标志的西校门并在办公楼前合影留念。带队老师一路解说,同学们不时询问并争先拍照,脸上洋溢着说不出的兴奋和喜悦。

接下来就是学习。毕竟这是我们此行的主要任务。每天早上六点半起床,七点早餐,七点四十乘车去北大,八点半上课,十一点半下课后在食堂就餐,中午一点上课,下午四点半下课,五点就餐,五点半乘车回酒店休息。每天两点一线循环往复,却并不显得单调,不折不扣回到了学生时代,生活有规律而充实。其间,有四天外出参观学习,走进实践课堂。一是国家博物馆,二是对外经贸大学附属中学(北京 94 中),三是首都师范大学附属密云中学,四是北京 101 中学。短暂的 20 天一晃而过,当结业的钟声在不经意间敲响时,我还没回过神来。但天下没有不散的宴席，我们还得回到现实。忽然想到该带点什么收获回到南方才能不虚此行。物质的带不走，就带点精神的回去吧。现把此次北大之行的所见所闻做一下简单梳理。

先对本次学习内容做一下回放：

这次培训开设的课程丰富多彩。北大继续教育学院项目组的老师很用心。根据贵州这样教育欠发达省份农村学校教师的实际设计培训内容。既有教师素养（人文素养、科学素养）提升，也有现代教育技术运用，还有教学示范，以及教育科研引领，等等。

提升教师人文素养的课程。主要有历史、文化、经典介绍方面的，如北京大学阎步克老师《此起彼伏，战国秦汉法道儒》；北京大学王余光老师《阅读与经典同行》。还有处理师生关系，指导学生学习方面的，如北京大学吴艳红老师《学生喜欢怎样的你》；北京大学刘丽萍老师《做学生的学习指导师》。此外还有人文教育实践探索的课程，如北京101中学校长程翔《立德树人，培养未来担当人才——北京一〇一中人文教育综述》。提升教师科学素养的课程。如北大附中张思明老师《怎样让我们的教学更有效》；北京大学吕帆老师《创新思维与表达艺术》；教育部数学教育技术应用与创新研究中心焦宝聪老师《博弈论讲座》。

提升现代教育技术的课程。如河北邯郸张江英老师《微课设计与制作》《思维导图的理解与运用》；北京大学赵国栋老师《从微课、翻转课堂到云课堂教学法》；北京景山学校周群老师《科幻可以这样教》。

提升教育教学策略和水平的课程。如北京教育科学院陶礼光老师《基于核心素养教育的课程设计策略与方法》；北京101中学董磊明老师示范课《钱塘湖春行》。特别是董老师的课让我们对首都名校的课堂有了零距离的接触，真切感受到名校课堂的魅力。

提升教育科研水平的课程。如对外经贸大学附中刘国雄校长教育科研讲座；北京大学张勇老师《网络思想政治教育的若干思考与北大实践》；吉林教育学院郎镝老师《小组合作学习同质组构的研究》；贵州凤岗一中胡昌烈老师《我对这土地爱得深沉》；首都师范大学附属密云中学李文萍校长教育科研讲座；北京大学秦春华老师《从高校招生视角看中国学生核心素养培养》。

此次北大之行可谓收获颇丰。通过以上课程的学习，我们在人文素养、科学素养、现代教育技术应用和教育教学研究方面都受益匪浅，填补了不少知识空白。对自己各方面知识的建构、学术视野的开阔、教育思维的拓展、教学境界的提升方面都获益多多。众多专家学者的渊博学识、学术研究水平都给我们留下了深刻印象，特别是严谨治学、一丝不苟的敬业精神为我们树立了榜样。激发了我们的学习热情。具体说来有以下几点：

一是提高了理论水平。授课教师多为北京大学及科研院所的专家学者，也有部分中学校长和教师，他们掌握着教育教学前沿的最新动态和研究成果，或有丰富的教育教学经验。通过聆听他们的讲座，提高了理论水平，拓宽了我们的思考视野，教会了我们如何从更高的视域来理解和思考教育问题。

二是提升了人文素养。通过理论课堂的学习，积累了人文知识；通过实践课堂，如参观国家博物馆，感受华夏文明上下五千年悠久历史和中华文化的博大精深，增强了文化自信和民族自豪感。如果说参观国家博物馆这堂实践课有走马观花之嫌，那么参观北大校园算得上是实践课堂的丰厚收获。园林式校园环境使北大校园既有北方园林的宏伟气度，又有江南山水园林的秀丽特色，可谓集江南山水园林精神之大成而自成一格。数百年来，虽饱经沧桑，已非原貌，但其基本格局与神韵犹存，成为难得的历史文化遗产。这里不仅有亭台楼阁等古典建筑和假山怪石，而且山环水抱，湖泊相连，堤岛穿插，湖光塔影，风景宜人；校园内古树参天，绿树成荫，四季常青，鸟语花香，园林景色移步换景，变化万千。北大原名京师大学堂，是戊戌变法仅存的硕果，是中国现代民主和科学思想的发源地。她本身就是中国现代史上一座思想文化的博物馆，燕园的一幢幢百年建筑和散布校园的诸多名胜古迹有着厚重的人文积淀和久远的岁月沧桑，本身就是一部人文教育的生动教材。民国初年的北大是中国现代思想、学术、文化大合唱的舞台，这里每天都在上演着新旧思想的交锋与冲突，中西学术思想在这里论战与和解。蔡元培主政北大期间倡导的学术自由、兼容并包思想成为北大的灵魂和大学精神的核心，开启了中国现代学术文化新纪元，推动了现代中国学术的繁荣和文化的发展，并产生了深远的影响。上课之余，每天都能挤出一点时间去燕园转转，从那些古老建筑和校园风物身上感受百年名校广博的文化内涵和深厚的人文积淀，受到无声的教育。脑子里常常浮现出 20 世纪 20 年代前后学界顶尖级大师如蔡元培、鲁迅、胡适、陈独秀等在北大讲学的儒雅风度，以及新旧思想交锋的硝烟战火。在这段宝贵的时光里，我去得最多的还是博雅塔和未名湖，我常常独自去未名湖边转转，在博雅塔旁凝思，浮想百年来北大师生在这座校园生活、学习和工作的情景，呼吸到了浓浓的学术空气，感受到了厚重的人文气息，心灵得到了洗礼和滋养，对治学、读书、思考都进益不少。在校园的每一天，从课堂听课到校园漫步，都在接受北大民主科学、爱国进步、学术自由、兼容并包等人文精神的教育和洗礼，受到了一场思想政治教育、历史人文教育和革命传统教育。

三是分享了同行的经验。"独学而无友，则孤陋而寡闻。"（《礼记·学记》）无论是在课间休息交流中，还是在工作坊备课、磨课、说课和评课过程中，经常能听到同行对教育的理解和讨论,时有精辟见解,分享了同行的经验。他山之石可以攻玉。这种学习打破了平时孤军奋战,孤陋寡闻的弊病,获得了很多启示,触发了对教育教学的思考。特别是工作坊说课评课,让我们看到同行的教学智慧和表达的勇气,也是一种无形的学习。

四是激发了工作热情。由于众所周知的原因,教育教学工作容易使人产生疲劳,职业倦怠是教师的通病。已过天命之年的我,在30年的教学生涯中,酸甜苦辣都尝遍,虽然获得过些许鲜花和掌声,但也经不起岁月的沧桑和时间的折腾,产生过职业倦怠,减退了教学工作的热情。特别是像我们这样的农村学校教师,工作任务繁重,信息闭塞,视野狭窄,思想贫乏,境界不高。通过北京大学这样的高端培训平台学习充电,拓宽了视野,增长了见识,注入了兴奋剂。看到与我同年甚至比我年老的专家学者对教育事业的那份执着和老当益壮的工作状态,看见年轻学者对事业的雄心勃勃和奋发有为的工作激情,我陷入了沉思。我被他们的敬业精神深深感动,对他们的渊博学识由衷敬佩,消除了职业倦怠,获得了不竭动力,重新激发了我的工作热情和创造的动力。这是我此次北大之行的主要收获。天命之年能有这样的研修机会实在难得,我将把北大研修这份荣誉变为工作的动力,克服职业倦怠,为发展山区教育不懈努力,让自己的专业成长更上一层楼。

"路漫漫其修远兮,吾将上下而求索。"不忘破冰活动时,我所在的五组提出的"不忘初心,牢记使命"口号。让我们牢记从教之初做优秀教师的梦想,牢记省厅安排我们到北大学习的使命,学有所成,报效山乡教育,方能不枉此次北大之行。

感谢省教育厅的厚爱,感谢北大的不弃,感谢同行的分享!

2017 年 12 月 12 日于海淀西荣阁

不识庐山真面目　只缘身在此山中

——赴北京教育学院参加贵州省(2011)中小学教师培训者培训研修有感

　　我于 12 月 19—28 日被县教育局派往北京教育学院通州分院参加贵州"省培计划"(2011)——中小学教师培训者培训。去来路途五天,培训五天。其间有两个半天的文化体验,一个半天的名校考察。北京作为历史文化名城和古都,零距离文化体验,对于开阔视野,丰富文化涵养十分必要。培训组织者安排我们第一期学员 95 人于 22 号上午参观韩美林艺术馆,于 23 号下午参观天安门广场和故宫博物院,于 24 号下午参观百年名校通州区潞河中学。两次文化体验和一次名校考察都给我留下了深刻印象。特别是参观韩美林艺术馆。要不是有这次学习机会,我还不知道在这个世界上有个叫韩美林的艺术家。他的经历和业绩无不让人感到震撼。来到韩美林艺术馆,带队老师告诉我们,里面不许拍照,就在外面拍几张吧。进入馆内,不能拍照,我们就专心听讲解员解说,建馆的背景,每一件艺术品的来历和价值,韩美林老师的人生追求。这位和毛泽东同一天生日的艺术家,1936 年生于山东济南。他绘画、雕塑、文章、设计,样样都有不俗的成绩。是画家却从不卖画,他经历过常人无法承受的痛苦,但他只是泰然处之。他说:"酸甜苦辣人生你哪一个也逃不掉,你摊上酸就得吃点酸的,你摊上甜就吃点甜的。人家折磨你,你想不开,天天愁眉苦脸地想办法报复,不需要;人家折磨你,你自己再折磨自己,等于自己跟自己过不去嘛,所以这种活法我认为不是韩美林的活法。我们来到人生这一趟不容易,想开一点,咱们换一个观点,换一个活法不行吗?""想开了也就活得挺坦然的。问心无愧,活着不累,没心没肺,能活百岁。"这是韩美林的人生哲学。多么博大的胸怀,多么云淡风轻的洒脱。韩美林艺术馆分两馆,一个在杭州,一个在北京通州梨园。通州、杭州,韩美林艺术的文化贯穿了京杭大运河的起点和终点。2005 年韩美林将自己的 1300 件作品捐给了杭州市艺术馆,2008 年他又将自己的全部作品捐给了北京韩美林艺术馆。坐落于北京市通州区梨园镇主题公园内的韩美林艺术馆于 2006 年 4 月 18 日破土动工,历时两年竣工。建筑面积近万平方米,主体建筑为灰白色基调,内部装修简约、空间开阔。馆藏艺术品包括韩美林先生捐赠的绘画、书法、雕塑、民间工艺品等 2000 件艺术作品。此外，还有韩美林先生近 3000 件展品将在这里轮换展出。北京韩美林艺术馆是国内第二座以韩美林个人作品为主题的艺术馆，它与 2005 年 10 月 19 日落成的杭州韩美林艺术馆分别位于举世闻名的京杭大运河的首尾两端。连接两座艺术馆的纽带，就是有着千年历史的京杭大运河。两个艺术馆的建成，丰富了我国的运河文化，为运河文化的申遗提供了宝贵的历史与文化依据。韩美林一生工作理念和出发点，都体现了他对人类的一种大爱，正如他自己公开宣言说："上苍告诉我：韩美林，你就是头牛，这辈子你就干活吧！"这是最震撼人心的一句话。

北京故宫我是第二次去，固然没有第一次去时的神秘感，加之是随团游逛，还是如上次一样走马观花，只抓紧拍照，没时间细细观赏。对故宫可从多个角度去玩味。建筑的宏伟，历史的悠久，造型的独特，以及飞檐走壁，琉璃砖瓦，白玉栏杆，绘画雕刻，文化内涵，等等。赞叹之余留给我更多的是沉思。明清两代近五百年，共 20 多位帝王在这个宫殿里呼风唤雨，而今安在哉？什么荣华富贵，叱咤风云都只是过眼云烟。只有故宫的风物还在那里向游人述说着过去的一切荣辱，在冬日的冷风中叹息，留给游人无穷尽的沉思。

名校考察去的是通州区潞河中学。校长徐华为我们作了《校本研修——为教师专业发展助力》的报告。然后是参观校园。据徐校长介绍，学校始建于 1867 年，最初是只有七八名学生的美国教会学校，学校在不同的历史时期几经重组，几易校名，先后办过小学部、中学部、大学部、神学院、潞河书院、燕京大学，徐校长开玩笑说是燕京大学的母亲。校园占地 22 万平方米，建筑面积 15 万平方米，园内古槐参天，绿草覆地，碑、亭、湖、山，通衢曲径散落其间，多数校园建筑仍保留着各个历史时期的原貌，潞友体育馆、文昭喽、卫氏楼、谢氏楼、黄昆楼、叔和楼、潞友楼、天钦楼、仁之楼、馨菱楼等以校友和捐资人命名的教学楼依次排列，具有厚重的历史文化底蕴和浓郁的现代学府氛围。是北京市最早的重点学校。有学生3000 余人，82 个教学班，其中初中部 24 个，预科年级 4 个，高中部 42 个，国际部12 个。学生除北京市内的以外，还有内地新疆高中班学生和国际学生，多元多层次的学生结构构成了独特的学校生态系统。学校有教职工 380 人，其中专任教师287 人，在职特级教师 11 人，高级教师 142 人，市区学科带头人和骨干教师 51 人，还有一大批毕业于名牌大学的优秀青年教师和具有硕士、博士学位的高学历教师。

徐校长在介绍学校基本情况后，向我们介绍了教师队伍建设的基本观点和校本研修的基本做法。很有参考价值。

一、教师队伍建设的基本观点

1. 以学校的办学思想引领教师队伍建设

（1）人格教育。"我们都承认普通无缺陷的人，不是万能的，可是，同时更承认人不是一无所能的，不过是你我各有所能罢了，若就各人所长，个人所能而施教，是没有不成功的。"这是1928年学校工作计划中的一段话，由当时执掌学校的首任中国校长陈昌祐先生制订并明确提出的"德智体三育齐备"的"人格教育"理念。

（2）爱国教育。树立"一切为了祖国"（校训）的教育理念，要求师生"爱国、乐群、自律、修身"（校风）。

（3）人本位与社会本位相统一的教育观。一切为了学生发展的办学宗旨，健全人格的培养目标，多元开放的学校发展方向。

2. 以学校教育培养目标为出发点和落脚点，建设高水平教师队伍

潞河教育的培养目标：继承潞河中学"人格教育"的基本内涵，结合时代和社会发展对人才特质的需求，以学习能力、科学态度、人文素养、主体精神、现代意识、国际视野和创新与实践能力为目标，全面提高学生的综合素质，塑造学生健全人格，促进学生个性化发展。

3. 以学校可持续发展为目标，规划教师队伍建设

（1）师德为先的原则。《潞河中学12年发展规划》从教师队伍政治素质、学历层次、能力水平以及结构特征等方面提出了明确要求，就是要建设一支"师德高尚，业务兼优，结构合理，团结向上"的教师群体。在此基础上培养造就一批"素质好、业务精、水平高、能力强，具有强烈责任感和敬业精神"的名优教师和一大批政治业务素质好，发展潜质大的青年骨干教师。

（2）整体性原则。指教师队伍建设必须着眼于教师全体素质的提高和教师个体诸方面素质的均衡发展。

（3）差异性原则。指教师队伍建设要打开层次，针对不同的教师群体，采取不同的措施。比如：对新参加工作的教师要重点落实"零点培养计划"，对中青年骨干教师要重点落实"名师工程"，对中老年教师要重视专家型人才的培养。此外，还要提倡教师个性的张扬，鼓励教师发展自己的业务专长，尽快形成独特的教学风格。

（4）自主性原则。就是要把发展的主动权交给教师本人。学校要逐步完善不同教师岗位的任职标准和工作要求，教师为达到任职标准，满足工作要求，实现职务晋升，就要把握机会，自觉主动地参加继续教育、业务培训及其他学习、进修活

动,学校大力提倡、积极支持教师参加学习、进修活动。

4. 以制度和标准管理规范教师队伍建设

(1)教师队伍建设上坚持培养和引进相结合的策略,"严把入口关"。办公室、教学处根据学校事业发展和教师队伍年龄、职务、学历结构调整的需要,制定年度招聘计划,严格执行《潞河中学教师招聘工作规范》,落实教师试用期制度和批准任用程序,实现教师招聘管理的规范化。

(2)对新任教师提出"一年入门,三年过关,五年成熟"的成长目标和"自定目标,自我发展,自我评价,自我矫正"的培养措施。凡是新进入教学领域的新教师,必须跟随导师认真学习,一跟三年,导师不仅要在专业领域指导青年教师,还要在思想和良好师德方面关注和培养青年教师,从而使青年教师能够尽快掌握业务要领,缩短青年教师培养和成长的时间。

(3)实行市区级骨干教师、学科带头人的年度审议制度。组织校学术委员对市区级骨干教师、学科带头人进行评议和审核,对不能承担相应义务的教师终止该项资格。对市区级骨干教师、学科带头人施行动态管理。例如今年,对不称职的学科带头人和骨干教师就实行了否决制,对不称职的不再推荐。

(4)加强教研组和年级组建设,强化教研职能,充分发挥基层组织在教师队伍建设中的作用,认真落实学校工作计划,采取适合本组实际的措施,抓出实效。

(5)根据《北京市中小学教师考核试行办法》和《中小学教师职业道德规范》,参照《中小学教师职务试行条例》,对教师工作过程的管理和数据进行了采集,不断完善《潞河中学教师三级量化考核办法》,发挥教师考核的导向激励功能。

(6)坚持学生全员评教和全员反馈制度,落实"告诫制度"和"奖励措施",增强一切为了学生的发展的服务意识。每学期都要至少开展一次学生评教活动,学生评教采用全员评教形式,每个教师任教的所有学生都参与了评议,评教后,学校把学生的意见反馈给每一位教师。对学生反映师德和业务好的教师进行表扬,对存在问题比较大的教师,教学处专门与教师进行沟通和谈话,有的实行告诫制。

5. 以校本课程和特色活动为主要载体,拓展教师发展领域

学校校本课程和特色活动是以满足学生发展需要为出发点,以促进学生全面而个性化发展。提出教师是学校可持续发展的第一生产力的理念。学校要为教师主动发展、个性成长提供广阔的空间和时间,通过课程建设和教学改革,提升教师的人格涵养、师德修养、课程意识、学科素养、教育教学能力、教育科研能力,实现以学生和教师发展为本的学校内涵发展模式,促进学校可持续发展。

二、校本研修的基本做法

1. 走出去,请进来,解放思想,拓展思路,开阔视野

(1)从2004年到2009年,学校累计派出9个学科近百名骨干教师赴华东师范大学参加新课程培训和江苏、天津、广东等试验省市的试验课程考察。2007年校长及主管校长、主任、部分教师,以及高一、高二年级学生分四批赴广东深圳中学开展课程学习考察,实地体验新课程推进情况。学校全体行政干部和学科骨干教师,又走访了多所北京市兄弟学校,开拓课程思路,为新课程试验的顺利实施,相关课程准备及管理格局的调整起到了积极促进作用。

(2)教师的培养主要分为活动类培训和课程类师资培训两类。在课程类培训方面:为使生物教师提高生物校本课程开发水平,掌握先进的实验设备,学校送生物教师参加世界一流水平的中国生命科学院中学教师科研培训处工作。派信息教师和地理教师在科学院地理所参加"GIS地理信息系统软件使用"培训,开设"潞河中学地理GIS信息系统"课程,并自编授课教材。信息技术教研室教师参加信息学奥林匹克竞赛师资培训,在高一高二年级开设信息学奥赛辅导课程。地理和化学教师参加"环境小硕士暨环境小记者"项目教师培训班。在高二年级开设校本课程"环境小硕士暨环境小记者",为了更好地对学生进行生涯规划和职业指导,学校派教师参加全球职业规划师的培训。

(3)2004年受通州区教育委员会委托,学科教师暑期到加拿大和美国进行为期两个月的中学课程考察和英语培训,使学科教师英语水平有显著提高,初步具备双语授课的能力,在教学理念和方法方面使教师受益匪浅,为使潞河教育走向世界打下了良好的师资基础。学校每个教师每年培训经费1000元,中层干部、年级主任都有海外三个月到一年半的培训经历,多数教师都有过海外考察经历,知道外国同行在想什么,干什么,对教育现象,教育问题更能准确把握。

(4)请专家来校作报告的有:

①钟作慈:课程说明与教学改革发展趋势;

②文喆:新课程理念下的课堂教学;

③魏书生:学术报告;

④乔玉全:新课程与新课程标准;

⑤彭前程:解读学科新课程标准;

⑥韦钰:基础教育在创新型国家建设中的使命。

此外学校还组织关于"十一五"教育部重点课题座谈会。

2. 以课题研究为抓手开展校本研修

（1）新课改下学校自主设置课程的实践研究。

（2）中外基础教育课程的比较研究。

（3）学生的性格、气质与职业选择的研究。

（4）提高教学有效性策略的实践研究。

（5）学校特色课程建设的实践与反思。

（6）建设协作与分享的校园信息化教育教学平台。

（7）综合实践活动的探索与思考。

（8）雏鹰计划"新型低谷电蓄能与可持续发展教育"。

3. 以专题论坛的形式提升校本研修的理论水平

（1）从论坛的形式和特点而言，论坛具有非常明显的主体性、实践性和反思性。

（2）从论坛的作用而言，论坛引起老师们积极的共鸣，成为确立学校重点工作的指示器、新课程改革的助推器、人才成长的孵化器和新形势下学校工作的起跑器。

（3）从对论坛的思考而言，论坛在新课程的实施过程中对学生及其学习的关注、对教师教学习惯的讨论、对科研指导的认识，给人留下思考和启示。

4. 承担各级各类研讨会，交流校本研修情况

（1）"刘绍棠现象与新时期校园文学研究"开题。

（2）北京市"同课异构在通用技术课堂教学中的研究"研讨。

（3）北京市教科版物理教学研讨，北京市高中新课程化学教学系列教学研讨，新课程生物学科教学研讨，音乐选修模块教学研讨。

（4）北京市自主课程设置研讨会。

（5）潞河中学科研成果展示主题活动。

（6）北京市高中新课程语文学科校本选修课程研讨会。

（7）潞河中学"学生成长指导课程"展示与研讨会。

徐校长最后对潞河中学的校本教研作了这样的总结：校本研修使我们有能力撑起潞河教育这片蓝天。

在《潞河中学 2011—2020 学校发展规划》中有下面一段办学指导方针的描述：坚持教育以学生为本，强化人人成才观念，让学校成为每个学生幸福成长的乐园；坚持办学以教师为本，尊重教师创造性劳动，让学校成为教师幸福工作的精神家园；坚持"三个面向"，注重内涵发展，让学校成为各类人才成长的摇篮；加强文化建设，提升教育品位，让学校成为引领师生文明生活的首善之地。

徐校长认为，坚持教师是办学的主体，是推进学校可持续发展教育的主力军，

师德修养和行为表现是教师职业的第一标准，是能否全面履行教书育人职责的关键。要坚持"师德为魂，业务为本"的原则，大力加强教师队伍建设。要努力打造一支师德高尚、业务精湛、崇尚科学、富于责任感和献身精神，具有鲜明品格特点的教师群体。同时更要努力营造促进教师专业发展的环境，为每一位教师能够尊严地生活创造条件。

徐校长最后指出，"教育要面向现代化，面向世界，面向未来"是邓小平理论中关于教育的重要论述，从时间维度和空间维度为中国教育的可持续发展指明了方向。一所学校区别于其他学校的教育特质，是在长期办学实践中逐步积淀形成的教育特色和学校文化。潞河文化是将校园生活与学校教育密切结合，基于生活，创造生活，重视生活化的教育，潞河教师要勇于担当，善于担当！

这次北京之行收获多多。收获最大的还是在北京教育学院通州分院聆听专家们的讲座。北京教育学院通州分院组建了较强的专家团队为我们作培训。李方老师的《教师培训项目管理》、王永红老师的《教师培训质量监控与评估》、李晶老师的《中小学教师学习需求调查与评估》、余新老师的《教师培训项目开发与管理》、李万峰老师的《研修一体的实践与思考》、马耀国老师的《教学跟踪干预的行动策略》等讲座从不同的角度和侧面对教师培训作了介绍。说实话，作为有25年教学经验的教师，我参加过省级名师培训、校长培训、基础教育改革培训、培训者培训等省级以上培训好几次了，加上从2007年起被县教育局安排给特岗教师培训、两批县级骨干教师培训、教务主任培训和农村小学教师素质提升工程培训讲过课。想当然地认为培训不过如此。这次来北京培训之前，我处于自我良好状态。通过聆听各位专家的讲座，彻底改变了最初的想法。这次培训和我事先的想象有较大差距，所开的课程与培训主题十分吻合。并不是一般培训的泛泛而谈。以往的培训课程比较杂，缺少特定的主题，比较随意。很少顾及被培训者的实际需要。内容的设计缺乏针对性和科学性，培训效果不十分满意。而这次培训紧紧围绕培训者的实际需求，开设的课程紧紧围绕培训主题。培训中的互动环节也较多，学员参与式培训比单纯听讲座收获更大。通过这次培训"洗脑"，我对教师培训有了更多的认识和了解，在观念上、认识上、态度上有了较大的转变。下一步要落实到行动上，按照这次培训所获得的知识、体验和感悟，结合我校教师的实际情况和实际需要，按照可行性，可操作性，有效性的原则，制订和完善比较科学的培训方案，搞好教师的全员校本培训工作。力争全校教师的素质得到提高，促进教师的专业发展。

现将这次培训所获作如下梳理：

1. 教师培训项目是一个系统工程,分为若干环节,各个环节环环相扣,缺一不可。项目的设计要有科学性、实用性和可操作性。

2. 教师培训的设计必须顾及被培训者的实际需要,必须事先进行或问卷或访谈等形式的调查研究,设计才有针对性。

3. 对教师的培训质量要进行过程的监控和结果的测试,在监控的过程中如发现问题要进行及时的调整,确保实效性。

4. 教师培训项目可从各个角度和侧面去设置课题,每个课题都有其丰富的矿藏,有无限的开发和管理的空间。作为培训者要有敏锐的视角发现教育教学问题,并预测这些问题潜藏的巨大的开发价值。

5. 研训一体是目前教师培训的最好方式。要将培训和研究有机结合起来才能取得效益的最大化。

6. 校本研修是新课程背景下教师专业发展的重要方式,学校要大力开展校本研修。

7. 教学跟踪干预的核心是课堂观察,是对教学进行精细化管理的有效途径,是一个系统工程,是教学研究的有效方式。

2011 年 12 月 26 日于北京通州

赴上海参加"东西部教育均衡化发展研修班"培训见闻

2010年7月17日,我参加了铜仁地区教育局组织的全区高(完)中校长赴上海参加铜仁地区第二期"东西部教育均衡化发展研修班"培训。我们一行31人在地区教育局副局长蒋小俊的带领下,中午从铜仁乘大巴出发前往湖南张家界,乘18日凌晨的飞机,到上海已是2点。承办这次培训任务的上海市中华职业第二进修学院院长奚剑鑫先生不辞劳苦亲自到机场迎接我们。我们在红鲤鱼浴场作短暂休息之后,于九点钟由华东师大第二附属中学派校车接往该校参观,办公室王主任接待了我们。先将我们带到会议室,向我们介绍了华东师大二附中的基本情况之后,又带我们参观了他们的校史陈列室,接着带我们游览了校园并在食堂用午餐。之后由旅行社派车将我们接往培训地点浦东新区农村党校。奚剑鑫院长亲自主持了欢迎仪式并发表了热情洋溢的欢迎词,让全体学员倍感温馨,完全忘记了旅途的劳顿。这次培训班由民进上海市委、上海中华职教社主办,中华职业网、民进浦东区委、上海市中华职业第二进修学院承办。19日上午,举行了隆重的开班典礼,开班典礼由浦东新区政协副秘书长、民进浦东新区主委张少龙先生主持。上海市中华职业第二进修学院院长奚剑鑫作了讲话,对这次研修作了具体的安排。铜仁地区教育局副局长蒋小俊对承办这次培训班的主办单位表示感谢,学员代表铜仁地区民族中学校长谢国成也讲了话。在为期四天的学习中,我们听了五位教育专家的讲座。华东师大张江实验中学副校长刘党生《学校性格——解构校园生态文化之殇》和《专家型校长要成为创新教育思想的先行者》;上海市卢湾比乐中学校长罗立新《创造新的文化故事,提升学校发展境界——上海市比乐中学建设学校文化的初步尝试》;华东师大教科院教授、博导马庆发《落实教育规划纲要行动研究与论文撰写》;华东师大第二附属中学副校长、华东师大张江实验中学校长陈胜庆《现代学校课程管理与开发》;华东师大教育学系博导范国睿《社会转型与学校变革》。此外,主办方还特地请来了中国人民解放军军事统筹学会军事管理所副会长、上海国防战略研究所教授(正军级)吕蓬为我们作了《突发事件与危机处理》的讲座,让人耳目一新。为了缓解学习的疲劳,让全体学员感受上海的文化和世博的盛况,主办单位还特地安排我们于 19 日下午参观了浦东图书馆和上海世博园。20 日由学员自由活动,到上海进行文化考察,让我们感受国际大都市的宏伟气势和独特魅力。可以说这次研修集学习、参观、考察为一体,收获不小。这次培训感悟很多,下面仅从参观名校和聆听名师的讲座这两个角度来说说。

先说参观华东师大二附中的情况。该校创建于 1958 年,1978 年被确定为上海市唯一的一所教育部直属重点中学。2002 年从老校区迁至浦东新区张江高科技园区,占地 150 亩,投资 3 亿元,建筑面积 6 万平方米,有中外学生 1500 人,专任教师 118 人(其中特级教师 11 人)。校长何晓文,华东师范大学教授,上海市特级校长。该校 2005 年被评为上海市首批实验性示范性高中。高起点、高标准的办学,加上依托重点大学资源这一得天独厚的办学条件,使该校在上海乃至全国的中学中遥遥领先,形成了自己的办学特色。为把素质教育落到实处,他们创造了"六个百分百"的育人模式。即:100% 的学生参加研究性课题,100% 的学生参加社团活动,100% 的学生选修学校课程,100% 的学生在校期间做 100 课时的志愿者工作,100% 的学生在校做 100 个科学实验,100% 的学生学会游泳。有效提高了全体学生的综合素质。参观中我们除了感慨还是感慨,但我们没有理由自卑,因为东部发达地区和西部落后地区的各方面条件都不能相比,人家是教育部直属,华东师大直管,上海市教育局领导,浦东新区扶持,这四大家每年都有上千万元的投入,合起来是三四千万元。还占据发达地区的资源优势和优质大学的资源。生源来自上海的骄子,教师汇聚全国名师。可以说,经费不愁,生源不愁,师资不愁,只愁办不好学。二附中的学生屡屡在国际中学生奥林匹克竞赛中摘金夺银,每年上北大、清华五六十人也就是情理之中的事了。其他我们学不到,但有一点可以思考,那就是他们保持"升学"和素质教育的双丰收,值得我们借鉴。

再说培训。在作教育专业讲座的五位专家中,中学三位,大学两位。中学三位都是从一线教师成长起来的学校领导,可以说兼有教学和管理的能力。三位中学教师主要从中学的教育、教学和管理的实际着眼来谈。刘党生《学校性格——解构校园生态文化之殇》和《专家型校长要成为创新教育思想的先行者》,罗立新《创造新的文化故事,提升学校发展境界——上海市比乐中学建设学校文化的初步尝试》三个讲座主要从学校文化的角度来谈,从校长要有创新精神来谈,但又各有侧重。他们都看到了校园文化对学校发展的重要意义。有鲜明的校园文化,学校才有灵魂,才有精神,才有轮廓,才有特色。独特的校园文化是学校发展和生存的不竭动力,没有文化的学校不算真正意义上的学校。纵观当今的学校,大都千篇一律,缺少个性和特色。现代教育提出创特色学校不是没有道理,但还没有被普遍接受。相反的情况是,大家都忙于搞应试教育,忽视素质教育,谈何构建独特的校园文化。两位校长的讲座中谈的都是素质教育,压根儿没谈应试教育。我们应从中明白些什么。陈胜庆作的《现代学校课程管理与开发》重点以华东师大二附中为例,谈如何开发校本课程,现身说法,落到实处。在这方面,华东师大二附中为全国之最,他们开发了200多门校本课程,为学生的特长发展提供了广阔空间,难怪每年北大、清华光自主招生就招去几十个。他们设有校本课程超市,供学生自由选择,每位老师都要开校本课程,否则在学校就没有地位,每位教师的课程满30名学生为止,如果只有10名学生选择这位老师的课程那就无效,得重开。校本课程分五个星级,评高级教师和市级名师必须开有四星级以上课程。这一规则对教师的成长有很大的促进作用。两名高校教师的讲座主要从教育的大政方针,从宏观的高度来谈。马庆发作的《落实教育规划纲要行动研究与论文撰写》讲座,范国睿作的《社会转型与学校变革》讲座,高屋建瓴,从国家对教育的大政方针着眼来通观全局,让我们从更广阔的领域和更新的角度来看待教育的方方面面。可以说有很强的指导意义。在教育界,不识庐山真面目,只缘身在此山中的现象太多了。我们就是因为站不高,看不远,被很多现象所蒙蔽,才做出很多违背教育规律的事情。没完没了的应试教育,害了几代人。知识上去了,能力下来了。我们的学生为什么没人能拿到诺贝尔奖,钱学森为什么要问温家宝总理,我们的教育为什么培养不出杰出人才?这个发问不是空穴来风,是有根有据的。《国家中长期教育改革和发展规划纲要》在经过一年多的起草,征求各方意见后,经过5月6日的国务院常务会议讨论通过,6月21日的中共中央政治局讨论通过,由两位国家领导人亲自主持会议郑重其事地讨论,这绝不是偶然的。这说明中国的教育到了不得不改革的地步了。马庆发教授说名校靠校长引领,学校靠教师发展,教师靠学生生存,学生靠学校成长。说得很有道理。办学模式要适应社会需要,遵循教育规律,创新发展模式,这些话一语中的,道出了办学的本质特征。

这次培训,受益匪浅,感慨良多。几天的培训,几天的兴奋,几分的跃跃欲试。回到现实,回到学校,恐怕轻松不起来,反而多了几分沉重。现实的这面墙壁太厚重了,如何才能打破或者翻越?郁闷、彷徨。但关山总要穿越,应试教育总要改革,素质教育终要实施,这是无法阻挡的。

2010 年 7 月 22 日于上海浦东

改变教育观念　实施素质教育

——赴国家教育行政学院参加第 69 期基础教育改革动态专题研修班培训有感

2009 年 10 月 15—28 日,我有幸随地区高(完)中校长赴北京国家教育行政学院参加第 69 期基础教育改革动态专题研修班培训。我们一行 24 人 16 日从铜仁出发途经湖南张家界,到北京已是午夜 12 点,休息几小时后参加了开班典礼。在为期 10 天的学习过程中,我们听了 16 场专题报告。主办单位还组织于 22 日、24 日两天分别到国家奥林匹克公园和天安门广场进行文化参观,到北京东城区史家胡同小学进行教育考察,感受了首都博大恢宏的文化氛围和首都名校的独特魅力,可谓开阔了眼界,增长了见识,收获不小。

这次研修档次高,内容丰;时间紧,任务重。从授课人员身份和数量看:有教育部官员 1 人,大学校长 1 人,大学教授 3 人,研究员 1 人,大学教师 1 人,中学校长 5 人,中学教师 1 人,小学校长 3 人,中小学校长和教师占一半以上。从授课内容看:有基础教育改革发展面临的形势与任务,学校发展规划与学校管理,学生学习管理,素质教育,课堂教学,未成年人思想道德建设,学校品牌建设,校长的历史使命,教师专业发展,校园安全,心理健康教育,校园文化,构建学习型组织,中小学教师管理的国际比较,系统思想和战略思维(科学发展观),等等。涵盖面广,涉及基础教育的方方面面。从授课针对的客体看,有校长、教师、班主任和学生。授课教师大多来自中小学教育教学一线,他们很少单纯讲理论,而重案例的分析。他们的年龄大多在六十上下,有三四十年的工作经历,都是教育界的成功人士。他们所在的学校都是名校,有骄人的办学业绩。这些学校都是实施素质教育的示范校,注重学生德、智、体、美、劳全面发展,注重培养学生的综合素质。在这些校长的报告中很少提到"升学率"之类的字眼,而他们学校的名气却很大,吸引了不少中外教育人士前往参观。我一边听报告,一边思考,与我们的办学情况进行对比,反思我们的办学行为。除了先天的差距外,就是我们在办学指导思想,教育观念方面还存在很多问题。从客观因素看,他们的学校地处首都北京,历史悠久,有厚重的文化底蕴和得天独厚的人文环境。社会的繁荣、文明的程度、市民的素质和对教育的需求这些外围因素加快了他们成为名校的步伐。近水楼台先得月,这些学校还最先获得教育教学改革前沿的有关信息、政策支持、理论指导和专业引领。学校基础条件好,教师素质高,福利待遇有保障。如史家胡同小学还是在1979 年的时候就有了校园电视台——红领巾电视台在全国率先开播,这是我们很难想象的。有三分之二的教师出过国,视野开阔,见多识广,更是我们不敢奢望的。相比之下,我们自惭形秽。落后地区的办学条件、外围环境、教师素质、学术视野和敬业精神都与都市学校有天壤之别。我们之所以还要作这样的比较,不是为我们办不好学校寻找借口,而是想找出问题,寻求出路,尽我们所能办好学校的事情。

史家胡同小学地处东城区,是北京市名校,有三个校区,学生 3000 多人,教师200 多人。校长卓立,65 岁,尚未退休。我们参观的是老校区,面积不很大,学校在规划上科学布局,充分利用土地和空间。空中、地上、地下全派上用场。楼顶铺的是塑胶,作为操场,楼上的学生做操不用下楼,地下为各种多功能教学辅助用房和学生食堂、车库。还有包括游泳馆在内的各种体育设施、场地。学校有琴、棋、书、画等专用教室多间,有科技馆、木工制作室、演播大厅、舞蹈房、音乐室等多功能室。总之,培养学生德、智、体、美、劳各项素质的所有设施应有尽有,是实施素质教育的标准学校。

这次研修和考察给我的最大感受是转变教育观念问题。观念有正确和错误之分,正确的观念指引我们走向办教育的阳光大道,错误的观念会让我们与教育的规律背道而驰。所以树立正确的教育观念至关重要。教育是教导和培育人才的工作,是科学,有其自身发展规律。我们要以科学发展观为指导,遵循教育规律,立德树人,树立以人为本,以学生发展为本的教育理念。具体地说,我们要培育学生的健全人格,有良好的思想道德修养,有良好的意志品质,有强烈的社会责任感和事业心。有良好的学习习惯和思维品质,学会学习,掌握科学的学习方法并活学活用知识。有强健的体魄,喜欢体育运动,热爱生活,敬畏生命。有一定的文学艺术审美鉴赏能力,热爱中华民族优秀传统文化。热爱劳动,积极参加社会实践活动,有创新精神。总之是让学生德、智、体、美、劳各方面的潜能得到开发。当代青少年,相当一部分是独生子女,以自我为中心,依赖性强,心理脆弱,家长过分呵护的现象比较严重,不利于他们的健康成长。因此,我们要培养学生自信、自立、自强、自尊和自爱的品质。让他们独立自主,自信乐观,自强不息;让他们认识自我,发展自我,完善自我。为他们将来成为社会主义合格建设者和接班人打下良好的基础,为他们谱写辉煌的人生奠基,为生命着色。

　　欧洲委员会前主席雅克·德洛尔代表国际二十一世纪教育委员会向联合国教科文组织提交的报告《教育——财富蕴藏其中》里指出：教育在社会发展和个人发展中起基础性作用；教育是社会的核心，是提高社会生活质量的基本手段；面对未来社会的发展和挑战，教育必须围绕四种基本学习能力来重新设计，重新组织。这四种能力是：学会认知，学会做事，学会共同生活，学会生存。通常称为"教育的四大支柱"。我们可以对这四种基本学习能力作如下简单的解读：学会认知就是，学习如何获取知识的方式、方法和手段，掌握认识世界的方法论；现代社会知识呈爆炸式增长，无论怎么加班加点都是学不完的，只能学习获取知识的方法和运用知识的方法。学会做事就是，作为社会一员要树立"天下兴亡匹夫有责"的意识，积极投身社会实践活动，承担起一个公民应该肩负的社会责任；学习知识不能死记硬背，要手脑并用，培养创新精神和实践能力。学会共同生活就是，培养学生团结协作的精神，让他们知道，现代社会分工越来越细，每个社会成员要发扬团队协作精神才能完成工作任务；人类社会的命运是联系在一起的，单枪匹马，各行其是，难以在社会立足。学会生存就是，培养适应社会的生存能力，现代社会发展迅速，需要各种各样的能力和生存技巧；只有多参加社会活动，才知道社会在如何发展，需要什么，并做出应对策略，才能适应生存。该报告还提出了终身教育的理念，认为"终身学习是打开21世纪光明之门的钥匙"，要积极创建"学习社会"。该报告内容涵盖了未来教育改革和发展的主要方面，并从理论和实际相结合的角度提出了迎接挑战的对策、建议。该报告是在广阔的国际经济、政治、文化背景上论述教育的作用及有关问题，向各国高层决策者们提供了教育革新的良好建议。世纪之交各国的新课程改革就是在"教育四大支柱"提出的大背景下开展起来的。"教育四大支柱"的理念开阔了我们教师对教育思考的新视野，让我们看到了教育的本质所在，看到了教育改革的一线曙光。就我们目前的教育状况看，在观念上、实践上还有很大的差距，很多家长，包括不少教师对教育本质的认识还很模糊，功利心太重，只重学生智育，而忽视其他素质方面的培养。只重智育，只重做题和考试的所谓教育培养出来的学生势必存在这样那样的问题。要么是人格不健全，要么是品德不良，要么身体素质差，要么是缺乏审美鉴赏能力，要么是缺乏动手、实践能力和创新能力，要么是兼而有之。这样的"人才"无法适应社会发展的需要。当今世界，快速发展的时代对人才素质和培养人才的方式提出了新挑战、新要求。我们要加强学习，关注社会的发展变化，对教育改革提出了哪些新要求，了解教育前沿的最新信息，看看国外和国内发达地区的教育在做些什么。结合学校实际，制订切实可行的教育发展规划和教育改革策略。我们要开阔视野，高屋建瓴，站在世界大潮、时代前沿和民族振兴的高度来看待教育和践行教育。树立适应时代潮流的新的教育观、人才观和质量观,摆脱功利,让教育回归本位,才能不辜负历史赋予我们的重任。

2009 年 10 月 28 日于北京大兴

教师培训　任重道远

——参加贵州省 2010 年中小学教师
继续教育培训者培训有感

在大力提倡素质教育,新课程改革向纵深推进,新一轮教师培训的号角吹响的关键时刻,我有幸受县教育局委派于 7 月 26—31 日赴贵州教师教育学校参加为期四天的贵州省 2010 年中小学教师继续教育培训者培训。在四天紧张的学习培训中感觉受益匪浅,同时也有了新的思考。现对这次培训情况做一下梳理和小结。

一、培训概况

1. 培训课程

培训举办者从我省中小学继续教育培训的实际出发精心组织,有针对性安排课程。主要课程有培训背景介绍,当前师训工作形势及有关问题思考,培训方案的有效设计及策略例谈,教师能力标准分析与研讨,指导教师做好课堂教学设计的技巧,指导教师进行课堂观察的技巧,校本教研和教师专业发展,教师培训的理念、模式和有效性,等等。课程的设置主要从培训者需要的角度来考虑,可以说比较全面而周到。课程既有理论性,又有实践性,做到了理论和实践的有机结合。

2. 培训专家

从培训主讲教师看,人员结构合理。有省厅领导,有基地学校教师,有中央教科所专家和省外专家,还有一线教师。政策层面的、理论研究层面的、实践操作层面的专家都有。

3. 培训内容

在培训内容的安排上也算全面。既有政策上的解读,也有专业的引领,更有实践经验的介绍。授课教师的课各有千秋。省教育厅罗志琳督学分析了当前教师继续教育的严峻形势,介绍了教育部“2010 年中小学教师国家级培训计划——示范性项目实施方案”的情况。据她介绍,教育部和财政部于 2010 年共安排财政资金5亿元用于中西部地区农村骨干教师培训。培训重点包括:农村中小学教师置换脱产研修,农村中小学教师短期集中培训和农村中小学教师远程培训。培训方式有:国家级培训和省级培训,骨干培训和全员培训,长期研修和短期培训,集中培训和远程培训。"国培计划"示范性项目主要包括:中小学骨干教师研修,中小学教师远程培训,班主任教师培训,紧缺薄弱学科教师培训,培训团队研修五类。通过"国培计划"——示范性项目的实施,组织万名优秀的中小学骨干教师和班主任骨干教师参加集中研修培训,组织36万名中小学教师参加远程培训,为全国中小学教师培训培养骨干,做出示范,并开发和提供一批优质培训课程教学资源,为中小学教师专业发展提供有力支持。通过对"国培计划"的介绍和政策的解读,让我们对教师培训工作有了新的认识和新的思考,也增加了危机感、紧迫感和使命感。四川省特级教师肖成全的讲座从骨干教师培训方案的有效设计及有效实施策略的角度谈了他从事教师培训的经验和做法,具有较强的指导性和可操作性。贵州师范学院李建年老师的《以学习者为中心的教学设计》讲座重点谈了"建构主义"在教学设计中的运用,介绍了国外常用的二十九种教学方法。即:学业游戏与竞争、头脑风暴、案例教学法、兴趣定位和展览、座谈会、契约、合作学习、示范、直接教学法、发现法、讨论法、练习与实践、实地参观、独立学习和指导下的学习、个别化教学、学习模块、掌握学习、口头报告、讲述或讲座、问题解决、程序教学与计算机辅助教学、方案活动或主题学习、实例分析、背诵法、角色扮演、模拟游戏、模仿、学生小组、辅导。教师教育学校王长中老师的《教师能力标准与分析》从教师需要的四项能力,即专业基础、设计和准备、教学方法和教学准备、评价和评估等方面进行讲解。采用参与式教学,让学员积极参与讨论。他列举大量案例及生活中的事例,讲课深入浅出,让人有如沐春风之感,课上得自然亲切,耐人寻味。特别值得一提的是贵阳小河二小刘秀丽校长的《为教师提供专业支持》的讲课别开生面,由做游戏和猜词语两个热身活动切入课堂,趣味横生,让人耳目一新。精心的参与式教学设计,抽教师上课示范并组织学员参与点评,可以说是现身说法,让我们对课堂观察有了切身的体会,留下了深刻的印象。整个课堂生动活泼,与传统课堂形成了鲜明的对比,是互动合作、分享课堂的典范。在听课中最让我震撼的是刘老师那种敬业精神。说实话,像刘老师这样在小学一线能对教研中的课堂观察有那样深入的研究让人钦佩。

4. 培训感受

这次培训让我更进一步认识到了教师培训的严峻形势和重要意义,学到了不少东西,理论上的,观念上的,方法上的,实践层面的都有。又一次开阔了视野,增长了见识,再一次洗脑。外出培训的次数也不少了,每次培训都能给我一些兴奋。

但回到现实,教育教学的功利犹如一只巨大的魔掌在眼前晃荡,心生寒冷,热情似乎减退不少。但责任感和使命感又驱使我必须突围。在二难选择面前,只能在新课程改革的泥淖中作困兽之斗。这次培训又再一次坚定了我的信心和勇气,必须在新课程改革的征程上奋然前行。我相信,只要坚定信心并不断实践,就会在教育改革的征程上迈进一步。

二、两点思考

1. 教师素质的问题

教师素质的提高是新课程改革的重中之重。新课程改革已历时十年,从当初的轰轰烈烈变为现在的略显冷清,并没有达到预期的效果。究其原因主要是教育的功利化太浓。新课程改革是一个系统工程,涉及教育观念更新,教材编写配套,教学方法创新,教师素质提升等多方面因素。任何方面跟不上都会影响新课程改革的推进。尤其是教师素质的提高是新课程改革的决定因素。但是由于社会发展很快,各行各业竞争激烈,就业压力加大,急功近利的思想压得人们透不过气来。整个社会看重的是升学率,是重点高中、重点大学的上线人数。教育行政主管部门对学校的评价机制尚不健全,主要从考试成绩这个单一的角度评价学校的办学业绩,看重的是每所学校的上线率和提高率。学校领导对教师的评价更是如此,关注的是每个班每个学科的平均分、及格率。教师为了职称晋升、评优晋级也是拼命提高学生成绩,加班加点做练习题,每周一小考,每月一大考,用分数排名,向学生施加压力。而应试教育恰恰满足了社会、主管部门、学校领导和教师的功利思想。因此以素质教育为主要特征的新课程改革举步维艰并不奇怪。通过实施新课程促进教师专业化发展,提升教师素质这条路显得冷冷清清也就是预料之中的事了。如果教师素质跟不上,就算国家决策再正确,教育观念再超前,教材编写再科学,教学方法再先进,人力财力物力投入再多,教育质量仍是上不去的。如果教师素质提高了,教育观念新了,教育觉悟高了,就会把教育看成是自己终身追求的事业,创造性地从事培养人才的工作。会高屋建瓴看待教育的事情,灵活地使用教材,创新教学方法。走出一条独特的教学之路。所以说教师继续教育意义重大而深远。

2. 培训的实效性问题

从国家的层面看,教师培训看似花了不少的钱,但全国教师数量庞大。要全员培训教师,涉及的人力、财力、物力惊人。加之成批成批的教师外出培训会严重影响学校工作正常运转。就庞大的教师群体而言,国培、省培顾及面实在太小。就算市级培训和县级培训开展起来,覆盖面也很有限。百分之八十的教师没有这种机会。培训的主要形式只能是校本培训。而校本培训又因为缺乏师资和理论指导,培训质量无法保证,往往流于形式。现实的情况常常是学校组织骨干教师在网上下载一些资料照本宣科讲一下内容提要,以其昏昏使人昭昭。培训者和被培训者都是囫囵吞枣。有的学校干脆组织人员下载资料复印,人手一份,抄抄提纲上交应付了事。主要是备上级检查。这样的培训效果可想而知。这是需要各级教育主管部门、各级教师培训机构认真思考的问题。如果说不摆脱功利思想,教育观、质量观、人才观不改变,科学的教育评价机制不建立起来并动真格去实施,教育改革的推进必然是异常艰难。

2010 年 7 月 31 日于贵州教师教育学校

教师素质与语文教育

自吕叔湘先生 1978 年 3 月撰文指出语文教学"少、慢、差、费"的现状以来,语文教育界掀起了轰轰烈烈的教改运动。各种教学方法和流派纷呈,语文教育名家辈出,确实给沉闷的中学语文教学带来了一线生机。但时至今日,语文教学现状仍不令人乐观,就整体而言,语文教学效率仍然不高。究竟症结何在? 人们都在苦苦思索。大致看来,研究者们在教材教法、教材编写方面的投入较多。仅就教材编写而言,全国统编教材三五年一换样,各地实验教材更是异彩纷呈。但无论是教法的研究来研究去,还是教材的编去编来,结果仍不令人满意。语文教学的研究看似越来越深入了,但现在连语文学科的性质问题仍是众说纷纭,莫衷一是。主要有三派意见:工具学科,人文学科,或二者兼而有之。这样看来,语文教学现状确实令人深思。那么,语文教学就真的难寻出路了吗? 要思考这个问题,我们不能只盯着那几种教法或那几本教材,而要从我们语文教师自身去找原因。笔者认为,语文教学效率不高,一些成功的教学方法难以推广开来,并不在于这些方法本身不对,更不在于某种教材不好,而应归咎于我们教师的素质。

应该说,语文教育的成败与否,关键在于教师素质。那么作为语文教师应该具备哪些基本素质呢? 我们认为,教师素质主要指听、说、读、写能力。从事语文教育的人应该是这方面的行家、能手。听,要善于感悟,能迅速捕捉要点。说,要用普通话,发言能清楚明白有理有据,有幽默感和艺术感染力。因为语文课内课外的表达交际、文学作品的阅读欣赏都要讲究语言艺术,教师应是运用语言艺术的导师。读,要有较强的阅读能力,且有成套的读书方法。而写,则指无论实用文体还是文学作品都能下笔成文,至少会"下水"作文。此外,写,还指书写,要规范,能写一手好字。因为要培养学生良好的书写习惯,首先要自己书写过硬,堪为学生的榜样。

除了以上这些基本素质外,作为语文教师还要以先进的语文教育理论为指导,高屋建瓴,把握语文教育规律。要有深厚的功底,有较高的悟性,有独特的气质和人格魅力,有高尚的道德品质和丰富的情感修养。这些都要靠长期的苦读修炼方能具备。

如果语文教师都具有了这些素质，那么语文教育可能就另是一番景象。但只要回过头来观察语文教师的现状却很不尽如人意，普遍的情况是：

表达能力有限，阅读能力不强，欠缺科学的读书方法，在指导学生阅读方面缺乏经验。少进取精神，惰性严重，不爱读书。不善钻研教材，对教材缺乏个性化解读能力，完全依赖教参，图解课文，没有驾驭教材的能力。教法死板僵化，思维定式，千篇一律，不重因材施教，激不起学生的学习欲望，课堂死气沉沉，无自知之明，反怪学生难教。

不会作文，不愿"下水"，"君子动口不动手"，没有亲身作文经验，指导不力，学生不得要领。有识之士呼吁过：大部分语文教师过不了写作关！教师胸无点墨，怎叫学生下笔成文？

书写基本功不过关，板书不规范，字迹潦草，对学生起不了示范作用，相反造成不良影响。虽然无法要求语文教师都成为书法能手，但至少应做到字迹清楚匀称，书写规范，可供学生效仿。

不讲普通话。语文教师应在"推普"工作中起示范带头作用。随着交际范围的扩大和交际的日益频繁，讲普通话已成为时代的潮流，语文教师应起示范带动的作用。但实际情形却相反，多数农村中学语文教师仍是用方言教学，岂非怪事？

以上现象均为语文教师素质不高的表现，虽不是概及全体，但就笔者所见的农村中学却普遍如此。俗话说：教师要有一桶水，方能给学生一杯水。社会的发展对人才素质的要求越来越高，又岂能不要求培养人才的教师要有较高的素质？可眼前的现状令人担忧。可以说，语文教学效率不高，教学现状不能令人满意，归根到底应从教师素质上去找原因。可是人们往往不这样想，而注重得更多的是这种教法，那种实验，无暇顾及教师素质。当然，这里并不是反对教法和实验，而只是说要注意主次问题。试想，各种教法、教改实验之所以只适应彼时彼地彼人，而不适应此时此地此人，并不是这种教法和实验不行。事实证明，不少教法教改极为成功。但为什么又难以推广开来，别人做起来简单，自己做起来又不灵了呢？原因还在于教师素质。他限于知识功底、教学水平、理论素养，不能站到别人的高度去看问题，没有别人那种对教学的悟性，虽心向往之，但仅能学到皮毛，不及本质，结果学得不伦不类。魏书生老师是轰动当今语文教坛的改革大家，他的语文教改成果举世公认，学习者不乏其人，但就是无人企及。其实他的那套教学法非常朴素，并不玄妙莫测，为什么我们又难学到呢？就是因为我们站不到他的高度看问题，达不到他的教学境界，没有他那种影响学生的人格魅力，因而只能望洋兴叹。要是一种教学法能够推广开来，那么魏书生教学法不失为目前最成功的教学法,如能在全国推广,岂不能大面积提高语文教育质量? 但可惜很难! 原因就在于教师素质还跟不上需要。由此看来,教师素质与语文教育关系密切。可以这样说,语文教师素质不能从整体上得到很快提高,建设一支高素质的教师队伍,那么大面积提高学生的语文水平就只能是一句空话。不难设想,要是语文教师都是听、说、读、写的能手,在语文学习的方方面面都能成为学生的典范,能把课上得出神入化,让学生陶醉于课堂的情景氛围中,觉得学语文轻松自如,而非累赘,并使他们感到学语文是人生的一大享受,其乐无穷,那还愁教学效率提不高吗? 孔子云:"知之者不如好之者,好之者不如乐之者。"这话说得多深刻。

　　这样说来,我们在研究教法和从事教改的同时,绝不应忽视教师素质的提高。语文教师素质的提高应是当务之急。

载《中国当代语文教育研究文库》(1998 年版,海潮出版社)

农村中学语文教师要树立大语文观

"语文"二字有多解性,通俗的理解是:说出来的叫语,写出来的叫文。说出来是为了让人听,写出来是为了让人读。因此,语文包含了听、说、读、写四个方面的任务。语文,还可以理解为语言与文字,语言与文学,语言与文化。可以说,语言是文字、文学和文化的载体。从这些理解不难看出语文教学的任务:一是口语的表达和倾听,二是文字的学习和运用,三是文学的鉴赏和创作,四是文化的熏陶和传承。语文核心素养有四个方面:语言建构与运用、思维发展与提升、审美鉴赏与创造、文化传承与理解。就是根据语文的内涵和教学任务提炼出来的。这样说来,语文教学肩负着引领学生学会表达交流、发展思维、审美鉴赏、传承文化的重大责任。作为语文教师,首先要深刻理解语文学科的内涵、性质、功能和作用,从提升学生素养、发展学生思维、健全学生人格、丰富学生文化的高度来建构语文教学的任务,把握语文学科的教学规律,树立"大语文观",才能提升专业发展水平,成为一名优秀的语文教师。

一、充分认识语文教育的内涵

语文是"百科之主",是学习其他各门学科的基础。新课标指出,语文是最重要的交际工具,是人类文化的重要组成部分。工具性与人文性的统一,是语文课程的基本特点。新课标还指出:语文课程,必须面向全体学生,使学生获得基本的语文素养。语文课程应激发和培育学生热爱祖国语文的思想感情,指导学生正确地理解和运用祖国语文,丰富语言的积累,培养语感,发展思维,使他们具有适应实际需要的识字写字能力、阅读能力、写作能力、口语交际能力。语文课程还应重视提高学生的品德修养和审美情趣,使他们逐步形成良好的个性和健全的人格。

语文是人类文化的载体,教师要通过语文教学让学生受到优秀文化的侵染和熏陶。优秀的文学作品能陶冶学生思想情操,铸造学生健全人格,培养学生正确的世界观、人生观和价值观。语文教师要创造条件让学生接触文学作品,通过大量的阅读实践,培养学生的人文素养。

二、农村中学语文教学存在的问题

作为语文教师要深刻理解语文教育内涵,认真学习新课标,根据语文教育规律,从学生实际出发确立教学思想,制定教学方案。可是由于长期以来的思维定式,由于急功近利思想的影响,不少农村中学语文教师在教学中偏离了语文教学的宗旨。教学思想落后,教学观念陈旧,沿袭传统教法。只重课本,忽视课外;只重练习,忽视读写;只重讲授,忽视自学。忽视学生学习的自主性和创造性,将学生视为"知识的容器",填鸭式、满堂灌仍充斥着课堂。不研究学情,忽视学生的个体需要和学习能力,不注重发挥学生的主体作用,过分相信教师在教学中的作用。走不出"少、慢、差、费"(吕叔湘语)的怪圈,教学效率低下。究其原因主要是有的教师缺乏进取心,少读书,懒思考。既不愿加强学习,又不愿反思,查找问题症结。不少教师长年累月就只读课本、教参和教辅资料,不读教育理论书籍,不读人文经典,视野狭窄,思维固化。教师不读书,当然无从指导学生读书。更有甚者要求学生只读课本,只做习题,不安排学生阅读经典名著和报纸杂志,不开展课外语文活动,以培养学生的观察思考能力、质疑思辨能力和听说读写能力。违背了教育规律和新课程理念,语文教学的路子越走越窄。

三、树立大语文观

新课程改革为语文教学指明了出路,作为农村中学语文教师要以新课标为指引,摆脱急功近利,以教育改革为己任,树立大语文教育观念。让语文走出课堂,走向生活,全面培养学生听、说、读、写能力。具体说来就是开放课堂,尽可能为学生创设读书环境,营造良好的学习氛围。引导学生多多接触报纸杂志,开阔眼界,增长见识,养成良好的学习品质和思维习惯,让学生感受到学习语文的乐趣。提出"大语文教育"思想的河北邢台八中张孝纯先生已为我们提供了成功的范例。他提出的"大语文教育",其指导思想是四句话:联系社会生活,着眼整体教育,坚持完整结构,重视训练效率。联系社会生活,就是要求"充分利用现代的条件,通过多种渠道和方式,使语文课同社会生活联系起来",打破以往封闭式课堂的格局。"大语文教育"的核心是语文教育与社会生活的联系和契合。可以说,生活是语文教育的源头活水。语文教育家刘国正先生早在1981年就提出了"生活是发展语文能力的基础"的观点。美国教育家华特指出:"语文学习的外延与生活的外延相等。"他们都道出了语文教育的真谛。可以说语文学习贯穿于生活的诸多领域,生活的领域有多宽广,语文的空间就有多大。作为语文教师要有开阔的视野,引领学生走入生活中去领悟、感受生活之美,体味语文学习之乐。"教材无非是个例子"(叶圣陶语),教学内容不限于课本,不能唯课本是教。要开放课堂,拓展学生阅读空间,让学生徜徉于书籍的海洋,以读课外书,特别是读经典名著作为他们的学习常态。指导学生课外阅读,培养学生自学能力。突破传统教学模式和固化思维,践行教学改革。根据新课程理念,变革传统教学行为,将以教材、教师、课堂为中心转到以生活、学生、自学为中心上来。创建生活化的课堂,激发学生学习动力,改变语文教学疲软乏力的状态。

首先,将语文教学生活化。语言文字是人类最重要的交际工具和信息载体。文章是对生活的反映,表达作者对生活的理解和独特的体验。教师要联系生活,深读教材,从独特的视角对教材作个性化解读,有自己的感悟,与学生进行交流分享,引领学生走进生活的现实世界和作品的艺术世界。学生就会觉得语文其实离我们很近,通过语文课走进一个多姿多彩的世界,不知不觉对语文学习产生浓厚的兴趣,变被动学习为主动学习,就能达到"教是为了不需要教"的目的。

其次,树立"享受语文"的理念。在中学各学科中,语文学科地位比较尴尬,很多学生进入了"学不学一个样"的思维误区。把语文学习看成鸡肋,用功利思想看待语文。教师要用事实启悟学生:语文学习,特别是文学作品的鉴赏,就是了解历史、认识社会、感悟人生、涵养文化和提升素养,读一篇文章就是与一位大师或智者对话,聆听他们的教诲,明白生活的真谛,陶冶情操,铸炼人格,获得美的享受。要淡化考试成绩,少用重复单调的练习题来折腾学生,挫伤学生的学习积极性,引导学生摆脱对语文学习的成见,将语文学习看成是享受生活。"知之者不如好之者,好之者不如乐之者。"当学生对语文学习产生兴趣之后,教学就会变得轻松起来。

再次,指导学生勤于读写。语文学习有两个课堂,室内课堂和生活课堂。室内课堂只是基础,生活课堂才是关键。语文学习主要靠生活课堂的历练。要让学生从以听课和做习题应付考试为主的室内课堂解放出来,留出更多的时间读文学经典。语文教学不能离开大量的阅读实践,特别是阅读经典名著和报纸杂志,能让学生开阔视野,了解世界,增长见识。可以要求学生每人订阅一种书刊或买一本文学名著,与同学资源共享,培养读书兴趣,提高阅读能力。此外,还要指导学生加强写作训练,主要是写日记,每天300字,每周一查,加强督促指导。农村学生有丰富多彩的生活,春夏秋冬,自然美景,田园风光,蓝天白云,到处都有取之不尽、用之不竭的写作素材。写日记可培养学生观察自然、了解社会、感悟人生、提炼思想、积累素材的习惯和提高语言表达能力;同时写日记作为课外练笔形式是课堂作文的补充,是学生提高写作能力的有效途径。要培养学生将课外阅读和每日一记作为学习生活的常态,勤于读写,日积月累,必有所成。

第四,开展丰富多彩的语文活动。语文教学要有合适的载体,教师要拓宽视野、营造氛围、创设平台,让学生放飞心灵,将语文学习融入丰富多彩的教学活动中,实践出真知,实践出能力。通过组织读书活动,要求学生写读书笔记或读书心得,每周安排一节课举办读书汇报会,分享读书的成果,体验读书的快乐。教师要加强督促、检查、指导和激励,确保读书活动的常态化。通过这种途径使学生尝到徜徉书海的乐趣,提高学习语文的兴趣。对听、说教学也不能放松,组织开展班级辩论、演讲和课本剧表演等活动,培养学生口头表达能力、思辨能力和艺术欣赏能力。课堂教学也要以学生的活动为主,教师要少讲精讲,重在启发点拨,留给更多的时间让学生思考和表达,体现学生的主体地位,激发学生学习的内驱力,教学就会事半功倍。

（载《语文周报》初中教研版 2014 年第 23 期）

农村中学语文教育现状与对策

摘要:农村中学语文教育长期以来存在重知识轻能力,重读写轻听说,重课内轻课外的现象,严重地阻碍了素质教育和新课程的实施。出现这些现象的原因,主要是教师观念滞后和素质偏低。农村中学要能顺利进行课程改革,根本问题是提高教师素质,加快由应试教育到素质教育的转轨,树立"大语文"观。

关键词:农村中学　语文教育现状　对策

一

语文教育源远流长,从 20 世纪初独立设科算起,已有一百年的历史。一百年来,语文教育走过了曲折而漫长的道路,而结果竟是不容乐观。正如吕叔湘先生1978 年撰文指出的那样,是"少、慢、差、费"①。为什么语文教育总是"费时多,效率低"? 这着实令人费解。也正是由吕叔湘先生那篇文章引发,语文教育界掀起了轰轰烈烈的改革浪潮。有识之士在语文教育的各个领域都做过可贵的探索,取得了不少成绩。但从总体而言,语文教育现状仍不令人乐观,而以农村中学尤为突出,主要问题表现在以下几个方面。

1. 重知识,轻能力

语文与其他学科相比,自有其独特性,是一门以培养能力为主的学科。知识的传授是手段,能力的培养才是目的,所以教学中应把着力点放在学生语文能力的培养上。作为语文教师应把握语文学科的特点,考虑如何从语文科的学习规律出发,切实培养学生语文能力。那么语文科的学习规律是什么呢? 我们认为,语文教育重在实践和环境的熏陶。说具体一点,语文的含义无非包括听、说、读、写四个方面。听说能力的培养要靠营造大量的语言环境,让学生身处其中去实践,多听,多讲;而读,要为学生推荐大量有益于培养他们阅读能力的作品并进行具体的阅读指导,同时培养学生对文本进行反复诵读、品味、揣摩的习惯;而写,则要培养学生写日记,经常练笔的习惯。听说读写能力的培养是个量变引起质变的过程,需要足够的时间,功到自然成。主要靠学生自主操作、历练、实践,教师只起参与、设计、引导、督促和检查的作用。可实际情况不是这样,很多语文教师竟意识不到这一点,固守传统的那一套,把语文课上成了纯知识性的课。上课"满堂灌",不注重激发学生的学习兴趣,不注重学生的参与,不注重挖掘学生的学习潜能和培养学生良好的思维品质,不注重学习过程和学习方法,更不注重情感态度和价值观的培养。总之是缺乏学生观,以自我为中心,习惯讲授,生怕学生不懂。讲来讲去,讲去讲来,还是字、词、句、篇、语、修、逻、文,其结果还是如吕叔湘先生所说的"大多数不过关"②。在中小学各门课程中,语文课历时长,耗时多。学生学了十多年语文,所谓基础知识,语法修辞不知听了多少遍,可实际上,说话思路不清,语无伦次,语言贫乏者大有人在。十多年学了几百篇文章,什么中心思想,段落大意,写作特点,学生的耳朵都听起了老茧,可要他们自己分析的话,不说新文章,就是学过的课文,不少人仍是说不出个一二三。语文教学有些令人费解,举两个例子:如汉字的笔画笔顺,这是在小学低年级就要求过关的,可到了高中也还未过关。1991年高考就曾有数汉字笔画的题目,可得分率却不高。又如1993年六省市高考题中有考查多用于票证、账目上的数目字大写的题目,共9个汉字,满分2分。题目很简单,可答题结果很不理想。有统计资料表明,文理科的得分率分别为20.5%和18%;而得零分率,文理科分别为70.4%和75.9%。这些情况不能不说是对语文教学的讽刺,也生动地说明了长期以来我们的语文教学重知识轻能力,其弊端之严重。不但能力没有培养起来,就连基础知识也是一塌糊涂。

语文教学固然要传授必要的基础知识,但最主要是培养能力,学生今后才能适应社会工作的需要。那么,能力的培养是否可以通过教师滔滔不绝的讲授就能奏效呢?显然不能。打个比方:学语文犹如学游泳。初学游泳的人是否只要记住游泳知识就行呢?肯定不行。游泳主要是技能,技能的获得要靠不断实践、摸索。语文教学亦然,主要靠学生的不断实践,才能培养起语文能力,而不在于教师的过多讲授。

2. 重读写,轻听说

语义,顾名思义,说出来的叫语,写出来的叫文,其内涵是听、说、读、写。作为语文教学理应全面顾及,但农村中学语文课却普遍存在重读写,轻听说的倾向,这当然不可能全面培养学生的语文能力。农村中学大多数学生语文营养不良,主要表现在口语表达能力太差,这样的学生怎能适应社会发展和生活的需要。造成重读轻写的现象,固然与教师的认识偏差有关,同时也与目前的应试教育大有关系。由于目前选拔人才的测试办法还欠科学,在语文测试中,听说测试还难以进行,因而一张语文试卷上仅有语文知识、阅读和写作几个板块。尽管有的中考试卷上出现过考查听说能力的试题,那只不过是形式上的点缀而已。这样一来,教师在考试指挥棒的挥舞下,出于功利目的,抛弃听说教学,埋头读写训练,结果是苦了学生,累了老师,语文教学陷入重重困境。而就读写而言,多数教师未能处理好二者的关系,往往是重阅读轻写作。因为在他们看来,上课文有教参可依,而作文教学却没有现成的东西可资借鉴,况且批改作文又苦又累,不如索性上阅读课清闲,即使偶或布置作文,也由于缺乏指导意识和指导方法而让学生放任自流,难有效果。其目的不过是应付校方的检查而已。我们在调查中发现,有的教师一学期只布置过两三次作文。出现以上现象的原因,是农村学校信息闭塞,教师不易呼吸到时代气息,因而缺乏忧患意识、竞争意识,导致上进心不强,惰性严重,故步自封,对语文教学缺乏理性思考。从道理上说,阅读是吸收,写作是表达,以读带写,以写促读,二者相辅相成,不可或缺。但有人却无视这一点,没有处理好阅读和写作的关系,有失偏颇。如果说重读写轻听说,语文课只算教了一半,那么重阅读轻写作,语文课只算教了四分之一。这样一来,中小学十多年语文教学的结果是"大多数不过关"也就不足为怪了。

3. 重课内,轻课外

古人学诗,强调"工夫在诗外"。这一真理却被我们有些语文老师忘却,他们热衷于"课内满堂灌,课外一身轻"。我们在调查中发现,多数语文教师没有课外指导学生读书作文的意识和习惯,有的教师要求学生写日记,但督促不力,学生根本没有引起重视,形同虚设。对课外阅读也没有强调。有的教师对学生虽有要求,但没有推荐读哪些书合适,更谈不上具体的阅读指导,学生感到课外阅读很茫然。至于课外语文活动更是少有教师去涉猎,如组织学生演讲、辩论,等等。殊不知,语文教育的宗旨在于培养学生语文能力,而能力的获得要靠大量的语文实践活动。众所周知,语文教育的最大特点是实践性,课内的吸收要靠课外去消化,方能变知识为能力。如果不注意课外练功,只知永无休止的课内灌输,其结果必然是无效的重复劳动。因此,课外练功不可忽视。作为语文教师除了搞好课堂教学外,还要把精力投入到学生的课外学习指导上,研究如何有针对性地指导学生读书作文,开展必要的语文实践活动,营造良好的语文学习环境,切实培养学生语文能力。直到学生基本具备了听、说、读、写的本领,语文教学方可告一段落,而不是上完几篇课文就算完事。

二

以上列举的三种情况,是目前农村中学语文教学中普遍存在的问题。这些问题长期困扰,导致语文教学跟不上教改的步伐,只能在艰难曲折中缓步前进。人类已进入21世纪,未来社会需要的是高素质人才,而语文教育对培养高素质人才负有不可推卸的责任。因此语文教育正面临着新的挑战。在严峻的现实面前,有关部门、学校领导和语文教师都要唤起忧患意识,积极采取对策。

首先,积极开展校本培训和校本教研,提高教师素质。

在语文教改的呼声中,有关观念更新、教材改革、教法改革的喊声要响一些。仅就教材而言,全国统编教材是三五年一花样,各地实验教材更是异彩纷呈;而各种教法流派纷纷登台,又给沉闷的中学语文教坛带来了几许生机。相对而言,语文界对提高教师素质还提得不够。毋庸讳言,当前农村中学语文教师素质不尽如人意。从道理上讲,语文教师本应是听说读写的能手,但实际情况正如有识之士所指出的那样:大多数语文教师过不了写作关! 尤其令人不解的是,语文教师应是运用语言的典范,但农村中学语文教师中不少人仍是用方言教学,岂非怪事? 语文教改搞了二十多年,不乏成功的范例,学习者不乏其人。但为什么别人的成功经验自己学起来就不灵了呢? 这令很多人困惑。其实细究起来,原因还在于教师素质。从思想素质来说,农村教师普遍缺乏忧患意识和进取心,缺乏教师的责任感和使命感;从业务素质和个人修养来说,他们囿于知识功底、理论水平和气质修养,不能站到别人的高度看问题,缺乏他人那种影响学生的人格魅力,因而只能学到皮毛。语文教育完全是创造性劳动,只有高素质的教师才能完成这一艰巨的任务。可以说,教师素质事关学校兴衰和发展;学校兴衰在于教师,教师素质决定学校走向。十几年前就已提倡的素质教育和近年的新课程改革之所以举步维艰,主要原因是教师素质跟不上。观念的滞后,业务素质的低下使得不少教师在素质教育和新课改面前或无动于衷,或束手无策。严重地阻碍了教育改革的发展。为此,语文界应把提高教师素质的口号提得更响亮些,同时采取有效的措施提高教师素质。

提高教师素质这个问题说起来容易,做起来很难。农村学校人力、财力、物力有限,严重地制约了这项工作的开展;而这项工作又势在必行,刻不容缓。笔者认为可从以下两方面为突破口开展此项工作:一是开展校本培训。现代社会人才流动加剧,农村中学不仅难以留住优秀教师,光是教师数量就成问题。教师普遍任务重,学校很难抽出多余的教师脱产进行学历提高和业务培训。况且这种培训人数有限,周期又长,根本满足不了教师进修培训的需要。笔者认为最好的办法是搞好校本培训。我们在调查中发现,农村学校年轻教师居多,工作经验不足,教学业务能力不强,整体素质不高。因此,学校要盘活现有的人才资源,充分发挥高、中级教师的示范辐射作用,采取"一帮一"(即高、中级教师分别带中、初级教师,中老年教师带年轻教师)的形式促使青年教师的迅速成长。学校要把这项工作纳入议事日程,抓好教师的继续教育工作。要把培训青年教师作为中老年教师的硬性任务,把青年教师的业务水平和教育教学能力的提高与中老年教师的业绩考核结合起来。应该说只要措施得力,方法得当,培训到位,在短期内就能取得一定成效。二是结合当前新课程的实施搞好校本教研。教学可以理解为教学生如何学,教研可以理解为教学中如何研究,两者的关系非常密切。搞好教学离不开教研,搞好教研的目的是为了教学质量的提高。有人把教和研比喻为一对孪生,是有一定道理的。传统意义上的教研是教研人员或专家的事情,与普通教师不怎么搭边,这成了一般教师的思维定式。他们认为教研是高不可攀的事情,人为地割裂了教学与研究的关系。为了解除教师对教研的误解和畏难情绪,让普通教师也走上教学研究的道路上来,切实改进教学中的问题,提高教学质量,新课改提出了校本教研这一策略。目的是揭开教研的神秘面纱,让普通教师走进教研,提升专业水平。教育部基础教育司副司长朱慕菊指出,以校为本的教研,是将教学研究的重心下移到学校,以课程实施过程中教师所面对的各种具体问题为对象,以教师为研究的主体,理论和专业人员共同参与。强调理论指导下的实践性研究,既注重解决实际问题,又注重经验的总结、理论的提升、规律的探索和教师的专业发展,是保证新课程改革实验向纵深发展的新的推进策略。有的专家认为,所谓校本教研,也就是教师为了改进自己的教学,在自己的教室里发现了某个教学问题,并在自己的教学过程中以追踪或汲取他人的经验解决问题。也有人把这称之为"为了教学""在教学中""通过教学"。"为了教学"是指校本教研的主要目的不在于印证某个教学理论,而在于改进、解决教学中的实际问题,提升教学效率,实现教学的价值。"在教学中",是指校本教研主要是研究教学之内的问题而不是教学之外的问题;是研究自己教室里发生的教学问题而不是别人的问题;是研究现实的教学问题而不是某种教学理论假设。"通过教学",是指校本教研就是在日常教学过程中发现和解决问题,而不是让教师将自己的日常教学工作放在一边,到另外的地方做研究。我们认为,校本教研是教师以自己为研究主体,着眼于自己课堂中的具体教学问题,进行实践—反思—实践—提升。既有专业引领又有同伴互助,简便易行,效果明显,在农村中学不难推广开来。校本教研还强调学校特色,学校领导如能认识到位,加强领导和管理,不难走出一条适合本校的教研之路。这对营造教研空气,提高教师的教研水平、业务能力和整体素质意义重大,可谓有一石三鸟之效。从目前的情况看,开展校本教研不失为提高教师素质的最有效途径。否则,教改难以推行,大面积提高语文教学质量也只能是一句空话。

其次,加快由应试教育向素质教育转轨,树立"大语文"观,全面培养学生语文

能力

中华民族要能立足于 21 世纪,实施素质教育已是刻不容缓。现还正处于应试教育向素质教育的转型期。素质教育虽然越来越引起人们的关注,但应试教育至今仍大有市场,因此要实现由应试教育向素质教育转轨谈何容易!要加快这种转变,国家有关部门还要加大宣传力度,各级教育行政主管部门也应着手拟定新的教育评估标准,制止片面追求升学率的做法。作为语文教师更要摆脱功利,以教育改革为己任,树立"大语文教育"观念,还语文教育以自由。让语文走出课堂,走向生活,全面培养学生听、说、读、写能力。具体说来就是开放课堂,变革现行语文教育的不利因素,尽一切可能为学生提供最佳的读书环境,营造良好的学习氛围。引导学生多多接触充满时代气息的书刊,开阔眼界,增长见识,养成良好的学习品质和思维习惯,让学生感受到学语文的乐趣。提出"大语文教育"思想的张孝纯先生已为我们提供了成功的范例。美国教育家华特也指出:"语文学习的外延与生活的外延相等。"这句经典名言一直印在《语文学习》的封面昭示读者。他们都道出了语文教育的实质。可以说语文学习融于生活的各个方面,含义丰富。作为语文教师要有开阔的视野,引领学生走入生活中去领悟、感受生活之美,体味语文学习之乐。要大胆打破课本的束缚,摈弃单一的课堂授课方式,采取多样化的教学模式,不断进行教学改革。根据新课程理念,变革传统教学行为,从以教材为中心、教师为中心、课堂为中心转移到以生活为中心、学生为中心、自学为中心上来。创建以生活为依托,以课外读物为主要教材,以自学为主要学习方式的新型语文学习模式。这样,语文教育才能恢复其本来面目,获得新生。但农村中学的语文教学现状却普遍不是这样。多数教师仍是沿袭传统方法,观念落后,只重课本,习惯讲解,教法单一,年年岁岁简单重复,恶性循环,教学效果可想而知。有的教师感到困惑,却又苦于找不到出路,或不愿去找出路,只在传统的教学死角中作困兽之斗,苦不堪言。其实,这些教师只要高屋建瓴,就会眼前一亮,发现语文教学的新天地。他们不愿穷则思变,不愿做观念的更新。殊不知,当我们穷途末路之时只要思想开窍,另辟蹊径,就能拨开迷雾,重见天日。笔者就曾在语文教学之路上苦苦探索。执教之初的几年,也曾误入传统教学的误区,愈教愈苦恼,愈教愈无味。后来忽发奇想打起了教改的主意。首先是摆脱教参的束缚,对教材作个性化解读,领略些滋味后与学生进行交流,紧密联系生活实际对课文的丰富内涵作深入浅出的讲解,学生觉得语文课是一个丰富多彩的世界,不知不觉中对语文学习产生了浓厚的兴趣,变被动学习为主动学习。在课堂教学中我提出了"享受语文"的理念,用事实告诉学生:语文学习是最有趣的事,学一篇文章就是与一位精神富有的大师或智者对话,倾听他们的心声和教诲,从中能使我们认识生活的真谛,陶冶情操,铸炼人格,获得美的享受。"知之者不如好之者,好之者不如乐之者。"当学生对语文学习产生兴趣之后,教学就会变得轻松起来。在语文教学中课堂教学只是基础,要能真正培养学生语文能力,还得靠课外的工夫。因此我的教学基本指导思想是课内打基础,课外练功夫。具体的做法有两点:一是指导学生写生活日记。农村学生有丰富多彩的生活,有取之不尽,用之不竭的写作源泉。通过写日记可培养他们感悟生活、提炼思想、积累素材和语言表达能力,而且写日记作为课外练笔是课堂作文的最好补充,是学生提高写作能力的有效途径。二是读课外书。农村中学图书资料有限,人均图书量少得可怜,根本满足不了学生课外阅读的需要;而学生自行买书订书又受到经济条件的制约,多数学生只能想书兴叹。针对这种情况,我和学生商量,在班上建立图书角,要求每位或几位学生订阅一种书刊或买一本文学名著,全班凑起来就是二三十种,由专人承包借阅,建立赔偿制度。学生借阅图书不像图书室那样受开放时间的限制,他们可以见缝插针,随时借阅,这种做法深受学生欢迎。他们投入少量的钱读到大量的书,实现了资源共享。在读书过程中我要求学生写读书笔记,内容是好词好句好段;同时还要求他们写读书心得,我随时进行督促、检查。农村学生信息闭塞,通过这种途径使他们尝到了徜徉书海的乐趣,学习语文的兴趣陡增。以上两种做法解决了语文教学中读写两大问题。对听说教学我也没有放松,不时对学生进行口语训练,如组织学生进行问答、讨论、辩论、演讲等活动,有效地培养了他们的口头表达能力。

总之,农村中学语文教育虽然有诸多客观因素的制约,但也有我们自身的特点和优势。只要我们紧跟时代,转变观念,积极实施素质教育和新课程理念,树立"大语文"观,就能走出困境,迈向"柳暗花明"的境地。

注释:
①②全国中语会.叶圣陶、吕叔湘、张志公语文教育论文选[M].北京:开明出版社1995.

2004 年 12 月 15 日
(赴贵州师范大学参加省级骨干教师培训研修论文)

培训的盛宴　学习的大餐

——参加"国培计划"（2015）贵州省乡村校园长培训项目苏州大学乡村高中校长高级研修班培训见闻感受

有幸参加"国培计划"（2015）贵州省乡村校园长培训项目苏州大学乡村高中校长高级研修班培训，获益匪浅。这次培训与以往的很多培训有明显不同：一是培训院校为 211 学校；二是时间跨度长（11 月 18—12 月 2 日），历时 15 天；三是课程安排合理，既有高校专家的引领，也有基层学校成功校长的现身说法，还有名校实地参观考察的真实见闻。高校专家的引领有理论高度，名校校长的现身说法既有理论深度又有实践经验，名校实地考察有"百闻不如一见"之感。总之是开阔了眼界，增长了见识。现作如下小结。

一、总体收获

1. 学习了新理念

没有理念的实践是盲目的实践，没有实践的理念是空乏的理念。这次培训安排的内容有：校园文化的实践与思考，薄弱学校实施成功教育的探索，管理语言与沟通艺术，学校精细化务实管理，办学特色的思考，让校长成为推动教师成长的动力，校长把握课程的能力务实，基于课程视野的教学转型的哲学思考，校长的公共关系意识与能力提升，校长标准与校长素养，等等。从课程结构看，有校园文化，有学校管理，有新课程理念，有校长专业发展，有校长的公共关系。课程结构合理，紧紧围绕校长的组织管理及能力提升，领导力培养等方面来设置。通过学习培训，对校长的职能职责、管理、协调、组织、领导力、执行力、专业成长及校园文化等有了新的理解和新的认识。

2. 开阔了视野，增长了见识

这次培训的亮点多多。不仅有专家的引领，还有名校实地考察。我们去了张家港市梁丰高级中学、苏州市第十中学、吴中区木渎高级中学、西安交通大学苏州附属中学、苏州中学等五所名校。五所学校各有特色，或体现在硬件建设，或体现在校园文化,或体现在学校管理,或体现在历史人文,各有千秋。通过学习考察我们看到了东部发达地区教育的有利因素,主要是政府领导重视,教学设施先进,人文积淀丰厚,教师爱岗敬业。这些学校的办学经验虽然不可复制,但对我们大有启发,对教育的认知有了更加清晰的思路。

3. 对学校文化,即以文化人有了更明晰的认识

培训中既有江波教授的理论课《校园文化建设的实践与思考》,也有苏州市第十中学和苏州中学的历史文化参观。清朝苏州织造署文物留存于苏州十中校园,亭台楼阁,红墙黛瓦保存完好,俨然一座历史文化博物馆,是对学生进行优秀传统文化教育的最好材料。特别是柳袁照校长提出的"诗性教育"从文化内涵的角度打造了"最中国式的学校",体现了校园文化的特色。而苏州中学在文化立校方面更胜一筹。建校1000多年,从宋朝名相范仲淹创办府学至今,薪火相传。上千年的文脉成为学校发展的不竭动力。进入校园犹如进入历史博物馆,让人穿越了时空隧道来到了圣贤的身旁,谆谆教诲萦绕耳际,让人流连忘返。

4. 缓解了职业倦怠

由于各种复杂的原因,参加培训的大多数校长都有共同的感慨:学校难办,校长难当,社会和家长对学校的苛求过多,校长不堪承受之重。任职三五年的校长都有通病——职业倦怠。但通过这次培训,我们看到花甲之年的上海闸北八中校长刘京海矢志不移硬是在薄弱学校实施了成功教育,蜚声海内外。无锡锡山高级中学校长唐江澎从民办教师起家创造了教育的奇迹。两位校长的敬业精神,对教育的那份执着让人肃然起敬,也让我们这些有职业倦怠感的校长汗颜。名校长的创业热情和敬业精神将成为我们工作的不竭动力。

5. 结识了更多的朋友

这次培训参训校长100人,来自贵州各地,能力素养各有千秋。我们在听课、参观之余不时做些交流,彼此分享听课的心得和参观的感受,结合自己的办学实践找些差距,互相启发,取长补短。特别是"一所好学校与一个好校长"学术沙龙的举办,更是让人受益匪浅。通过学习观摩,我看到了自身在心理素质、理论素养、办学实践、组织协调、表达能力等方面的不足,找到了学习的榜样和努力的目标。

二、精彩回放

2015年11月24日,苏州大学教育学院组织我们赴张家港市梁丰高级中学进行跟岗研修。我们对这次跟岗研修充满了期待。长期在落后山区从教办学,限于各种条件的限制有些力不从心,精疲力竭。无论硬件设施,还是软件管理都跟不

上,办学倍感艰难。任职九年明显感觉到职业倦怠。我期望这次跟岗研修能目睹名校风采,取些经回去,能帮助学校走出困境。我们一行 100 人在夏骏老师和雷曼曼、王明明两位助理的带领下,于早上 7:20 出发前往张家港市梁丰高级中学。虽然阴雨绵绵却正好符合我心目中阴雨江南的印象。由于堵车路滑雾大,我们于 8:50 抵达梁丰高级中学。王柳军校长在门口迎接我们并带领我们参观了校园,然后安排我们按学科组听课。我听了语文课,是高三复习课《炼字》。单从课堂上看,与我们当地教学模式并无本质区别,基本是传统教学加了些新课程教学。主要是教师牵着学生鼻子走,采用讲解和问答式教学,参与发言学生不很多,课堂气氛略显沉闷。应验了闸北八中刘京海校长的话:其实江浙上海所谓发达地区仍是传统教学,追求升学率。开始我有些不信,这次目睹真实的课堂才相信这话不假,我感到些许纳闷。可见传统教育是何等蒂固根深!课改的艰难不只是我们西部学校的处境,教育的功利无处不在,无论是东部发达省份,还是西部欠发达地区概莫能外,这一现象还真值得教育工作者深思。摈弃教育功利,实施素质教育,培养学生创新精神和实践能力任重道远。

11 月 25 日,我们在夏老师和两位助理的带领下来到了最中国的学校——苏州市第十中学观摩学习。苏州十中就在苏州大学东吴饭店附近,步行几分钟就到了。苏州十中因为某些缘由于今年六月与我们学校结为友好学校,柳袁照校长一行 9 人还亲自到访我校并作了一场报告,让我校教师开了眼界。有了这份缘,我对参观苏州十中倍感兴趣,一直期待。特别是听说与当年曹雪芹家世相关的“江南三织造”之一的苏州织造署(另有江宁织造、杭州织造也与曹家有关)就在苏州十中校园,我兴奋不已。因为我曾经喜欢过《红楼梦》,并对曹雪芹家世很感兴趣,所谓织造府一直留存在我脑海中,是何等神秘和神圣,而今能一睹历史文化风采,我倍感兴奋。带着这种期待我们去了十中校园。面对古朴古香的校园建筑,亭台楼阁,太湖石,花草树木,曲径通幽,古朴优雅,我犹如置身梦中。我们先到报告厅,听柳校长的报告。柳校长在开讲之前和我们招呼互动,特意问沿河官舟中学的陈校长来了没有?我当时深感意外,非常吃惊,我还未来得及与他打招呼他就这样亲问,可见其平易近人。柳校长介绍了校情,播放了校情宣传片,然后以“飞往我的梦寐以求”为题,用大量鲜活的图片和包含哲理的事例,用诗歌体 PPT 介绍了“最中国式学校”和“诗性教育”,让人受益匪浅,饱尝了一顿精神大餐。他的报告不搬弄术语,不讲高大上的教育理念,而是从诗人的角度,从小事入手,以小见大,深入浅出阐述教育的深刻内涵,让人感到视角新颖,理念独特,耳目一新。其校其人,名副其实。他的办学思想古朴、典雅、厚重,不带俗气,聆听他的报告,如饮醇酒,如沐春风。

11 月 26 日,我们在夏老师和两位助理的带领下赴位于吴中区木渎古镇的江苏省木渎高级中学跟岗研修。木渎古镇,别名渎川,胥江,雅称香溪,位于江苏省东南部,苏州古城西部,地处太湖流域,是江南著名的风景名胜区,素有"吴中第一镇""秀绝冠江南"之誉。木渎古镇是与苏州城同龄的汉族水乡文化古镇,已有2500 多年历史。相传春秋末年,吴越纷争,越国战败,越王勾践施用"美人计",献美女西施于吴王。吴王夫差专宠西施,特地为她在秀逸的灵岩山顶建造馆娃宫,又在紫石山增筑姑苏台,"三年聚材,五年乃成",源源而来的木材堵塞了山下的河流港渎,"木塞于渎",木渎之名便由此而来。此行既能参观名校,又能感受历史文化风采,不用说有多兴奋。我们参观了校园校貌,听了一节物理课,聆听了王海纠校长的报告。物理课我是外行,只能看热闹,从教学过程看,基本是沿袭传统,新课改理念体现不够,教师上课缺乏激情,学生反应也不怎么热烈,课堂比较沉闷。这也可能是理科教学的特点使然。听课感觉收获不大,没有深刻印象。王海纠校长的报告也比较随意,介绍了木渎的地理、历史和人文景观,似乎与教育关系不大。对学校的情况介绍也比较简略,半小时的报告有蜻蜓点水之嫌。其实我们老远跑来,是想听听人杰地灵、钟灵毓秀的江南名校是如何办学,引领时代潮流的。倒是参观校园让大家都惊叹不已,强烈震撼。据王校长介绍,学校 500 多亩新征地依山而建的新校区,只有学生不到 2000 人。这在贵州学校是不可思议的。参观校园用了半小时,整个校园有山有水有树有湖,布局合理超前,青山绿水,流水潺潺,鸟语花香,环境优雅,空气清新,仿佛人间仙境,世外桃源。大家都不敢相信,世上竟有这样的学校,犹恐相逢是梦中!不少人感叹:这才是学校!要是我们当地的教育局长和政府官员来参观就好了。大家深有感触:这里的政府重视教育,舍得划地投资,办教育首先要有必要的硬件设施和办学环境。大家除了感叹还是感叹:我们的学校离这样的学校还有多远? 这次参观看见了东西部地区教育环境的真正差距,政府投入的力度,官员的重视,人文的熏陶,教师的敬业,都可圈可点。办教育离不开必要的保障,像我校人均班额 75 人,4600 名学生挤在仅 80亩的校园。温饱问题都解决不了,谈何办好教育?感叹之后只有努力前行,因为再不好的路还得走下去。借用屈原的诗句来表达此刻的心境:"路漫漫其修远兮,吾将上下而求索。"

2015 年 12 月 1 日于苏州大学东吴饭店

浅谈学生在班级管理中的主体作用

　　班级管理是整个教育工作的重要组成部分,是科学,也是艺术,如何搞好班级管理很值得研究。传统的班级管理模式是:班主任是班级的领导者,学生是被领导者,师生之间是领导和被领导的关系。班主任总是把自己的观念、意志强加给学生,要求学生无条件地接受。而学生,特别是中学生正处于青春叛逆期,敢于挑战权威,对家长和老师的管教往往不以为然。他们在生理上正在快速成长,性别特征完全凸现出来,心理上正在断奶,想摆脱家长和老师的束缚。他们的自主意识越来越强烈,角色意识越来越清晰,喜欢出风头,标新立异,体现自己的独立性,追求成就感。面对这样的学生群体,如果不认真分析他们的身心特点,因势利导,而是摆出家长制作风,简单粗暴实施管教,必然导致学生不遵守纪律、师生之间关系紧张、班级秩序难以维持等情况的发生,会出现教师抱怨,学生逆反等不良情况。更有甚者会出现教师体罚或变相体罚学生而导致学生走极端的现象,这也是不争的事实。近年来,暴露出学生服毒自杀、跳楼轻生的个案屡屡见诸媒体,社会一片哗然,将教师师德推向了舆论的风口浪尖。教师不但没有达到教书育人的效果,倒把自己弄得一身骂名。究其原因,是由于教师违背了教育规律,不了解学生在特定年龄阶段的心理特征,不顾客观实际,主观臆断,唯我独尊,因而很难达到教育的目的。

　　青少年时期身心发展呈快速增长趋势,好奇心重,表现欲旺盛,好胜心强。他们正处于世界观、人生观和价值观的形成时期,教师的引导和教育方法正确与否对于学生能否形成正确的认识至关重要。因此,班主任在管理工作中,要注意教育的方式方法。根据学生身心特点和成长规律施以教育。根据笔者多年的经验,我认为放手让学生自主管理班级,充分发挥他们的主体作用是一种行之有效的方法。我的具体做法是:按报名注册顺序将学生分成若干小组,每组三人,轮流值周。三个同学的分工依次是班长、学习委员、劳动委员。班主任将班级学习、纪律、劳动卫生及其他日常事务全权交给学生,让他们分工合作,协调管理。班长负总责,学习委员负责收发各科作业,向科任教师反馈班上学习情况,劳动委员负责安排和督查班级卫生。每周班会课也主要由值周学生主讲,先是由上周值周的三位同学做工作小结,然后由本周值周的三位同学发表就职演说,最后是班主任做简要总结。这样管理班级的好处是:

首先,培养了学生的自信心和责任感。学生从小就处在家长和老师的监管之下,多数时候都是按老师和家长的意志行事,他们本人的意志很难得到体现,感到压抑和委屈,更有甚者产生逆反心理,导致与父母、老师的关系紧张。在这种情况下对他们施以教育,其效果可想而知。如果教师研究一下青少年学生的心理特点就会发现:他们有较强的求知欲和好奇心,有浓厚的民主意识、平等意识和自主意识,好表现自己的个性和展示自己的才华,想在众人面前表现存在感,有的学生甚至想通过自己的表现获得异性的好感。作为班主任,要研究学生的身心发展规律,根据青少年的心理特点,因势利导,肯定他们,相信他们,及时鼓励和赞扬他们,学生力所能及的事情放手让他们去做。他们就会因为老师的这份信任而尽力,发挥他们的主观能动性和潜能做好自己的事情,做到尊重他人,团结协作,助力班集体建设。在班级管理中我还引入了竞争机制,让每届班委在工作上展开竞赛,在班委换届期间由全班同学对上届班委的任务执行情况进行量化考核评价,一学期结束后对每届班委的量化考核结果进行评比,评出一定的名次在班内进行表彰,并将成绩显著的上报学校作为校级优秀学生干部或优秀学生进行表彰。学生的好胜心强,都不示弱,在班级管理中你追我赶,争先恐后。他们的表现欲得到满足,从而增强了自信心和责任感。他们的管理能力、协调能力、组织能力和自主意识都得到充分的发展。

其次,增强了学生的合作意识。现代社会已进入快速发展轨道,社会分工越来越细,每一样工作,每一件事情都不可能像农耕时代那样可以靠个人的单打独斗就能完成。现代社会越来越依靠集体的力量,越来越需要团结协作。联合国教科文组织1996年提出教育的四大支柱:学会求知,学会做事,学会共处,学会做人。从未来社会的发展需要和人的可持续发展对教育工作提出了新的要求,对整个世界的教育发展产生了深远影响。学会求知就是学会学习,也就是掌握认识世界的工具,学会迅速、有效地获取信息、处理信息和运用信息的能力。学会学习是生存之本。学会做事就是学会在一定环境中工作的能力。要善于应付各种可能出现的情况,不仅要学会实际动手操作的技能,更要具备一定的综合能力,包括如何处理人际关系的能力、培养与他人合作的意识、发挥主观能动性、培养管理能力、提高解决矛盾的能力和敢于承担风险的精神。学会共处,就是在人类社会活动中,要学会与他人一起参与。现代社会既充满竞争,也离不开合作。既要尊重多样化的现实,又要尊重价值观的平等,增进相互了解、理解和谅解,加强对相互依存关系的认识。学会做人,也就是学会生存,学会适应环境以求生存,改造环境以求发展的能力。每个人若要求得有价值的生存和发展,就必须充分开发潜能,发展个性,提高素质,增强自主性、能动性、创造性和责任感。学会认知、学会做事、学会共处、学会做人四个方面是互相联系、互相渗透、不可分割的一个整体,是打造学习型社会的四种策略。这对我们的教育工作提出了新的挑战、新的要求。这"四个学会"是现代公民必备的素质,这些素质在中学阶段就要着力培养。让学生参与班级管理可以培养学会做事、学会共处和学会做人,特别是学会共处,也就是合作意识。学生自主管理班级为培养学生的合作意识提供了很好的平台。传统的班级管理模式中,班委都是由学生选举产生,有时选出的班委得票不是很多,这就意味着有的学生并不支持他们当班干部,当班委给这部分学生布置任务时,他们不一定愿意配合,出现班委"指挥"不动学生的状况,班委的工作显得被动。而让学生自主管理班级,这种现象得以避免。学生都能意识到与人合作的重要性,他们觉得与人合作就会"双赢",否则就会"两输"。他们都会产生这样的心理:别人当班委如果我不配合,那么我当班委时,别人也可能不配合,这是好没面子的事情。而在班委成员之间,他们也懂得彼此合作的重要性,既分工又协作,有事找伙伴商量,充分发挥集体的作用。学生明白了相互依存的重要性,都会积极主动地与别人合作,支持别人的工作,班级工作就会显得有生气,有活力,出现良性互动的局面。

再次,提高了学生的口语表达能力。学生自主管理班级,不只是要做,还要说。每周的班会课,都由六名学生主讲。学生好胜心强,跃跃欲试,互不示弱,都想把口才展示出来得到同学的认可和好评。他们加强学习,研究演讲技巧。我们班上订的二十种期刊中,《演讲与口才》是最抢手的刊物。为了激发学生的演讲兴趣,提高他们的演讲才能,在每周的班会课演讲中,我要求同学们轮流当评委打分,当场评出演讲优胜者,发小礼品一份(如笔记本、钢笔之类)。青年学生有较强的表现欲和面子观,人人都不想在同学面前丢脸,事前对发言作充分的准备。每位学生都充分利用每次上台的机会展示自己,从而提高了他们的口语表达能力。

总之,学生自主管理班级是新课程背景下的一项改革尝试。它遵循教育规律、人才培养规律和以人为本的理念,符合学生的身心特点。使学生实现了从被动接受的角色到自主、合作的角色的转变,充分发挥了他们的主观能动性,培养了他们的自我管理能力和团结协作能力。学生摆脱了教师过多说教的束缚,以主人公的责任感和心态积极主动投入班级管理,倍感轻松、新鲜、刺激。他们的心理品质、行为习惯、语言表达和其他素质都得到很好的发展。可见,放手让学生自主管理班级,充分发挥他们的主体作用,既解放了班主任,又给予学生更多的自主空间,促进了学生的全面发展。

2007 年 8 月

（获铜仁地区首届中小学班主任优秀论文评选三等奖）

如何处理教师职业道德与私德的冲突

　　教师职业道德,又称"教师道德"或"师德",是教师在从事教育劳动中所遵循的行为准则和必备的道德品质。是知识分子的职业道德之一,也是社会职业道德的有机组成部分。它从道义上规定了教师在教育劳动过程中以什么样的思想、感情、态度和作风去待人接物,处理问题,做好工作,为社会尽职尽责。它是教师行业的特殊道德要求,是调整教师与教师,教师与学生,教师与学校领导,教师与学生家长以及教师与社会其他方面关系的行为准则,是一般社会道德在教师职业中的特殊体现。教师职业道德主要由教师职业理想、教师职业责任、教师职业态度、教师职业纪律、教师职业技能、教师职业良心、教师职业作风和教师职业荣誉八个要素构成,这些因素从不同方面反映出教师职业道德的特定本质和规律,同时又互相配合,构成一个严谨的教师职业道德结构模式。

　　私德是私人生活中的道德规范。指个人品德、修养、作风、习惯以及个人生活中处理爱情、婚姻、家庭问题、邻里关系的道德规范。私德通常以家庭美德为核心。

　　教师职业道德和师德在本质上有一致性,都是群体和个人应该遵循的道德规范,但有范围和价值取向上的不同。教师职业道德的范围和指向是教师群体应共同遵守的道德准则,私德的范围和指向是教师个人。两者在本质上并不矛盾,但在实际生活中常常会出现两难抉择的情况。那么当教师的职业道德与私德发生冲突时,该如何选择呢? 先看一个案例:

　　参加工作的第3年,郑聪发现自己怀孕了,而且是对双胞胎。这对于喜欢孩子的她来说更是意外之喜。然而高兴之余,郑聪却陷入了痛苦的选择中。

　　当时她担任着初中二年级3个班的英语教学,还是一个班的班主任,同时兼任教研组长。尤其是她担任班主任的那个班的孩子即将进入初三,她实在不忍心因为生孩子而耽误他们。

　　郑聪想到两年前刚接初一新生的第一次家长会的情形:"我能教你们的孩子

说明我们有缘分,这也是我的荣幸,我将与家长一道陪伴孩子们走完这3年,见证他们的成长与成功。请你们相信我……"这是她当年对家长掷地有声的承诺。

而今,如果要了这对双胞胎,就意味着要放弃自己的第一届学生,同时意味着学生们在进入初三时要重新适应新老师——而如果不能适应则势必影响学生的前途,家长和学生3年的期望便会化为泡影;更意味着当初对家长的承诺将化作儿戏!然而,如果放弃肚里的孩子,对一个母亲来说是一件多么残忍的事情!

这两难选择的矛盾心理折磨了郑聪一个多月。为此,她和爱人经过无数次的沟通。终于,为了兑现当初对家长的承诺,郑聪作了一个残酷的选择——放弃肚子里的孩子!①

读罢此文,掩卷沉思,心痛不已!郑聪老师的敬业精神令人敬佩。关爱学生,信守承诺,精神可嘉,但其行为不值得称道。首先,为了生命而放弃生命,本身就意味着不道德。其次,学生没有郑聪老师上课自会有其他老师去上,其他老师执教未必就会影响学生的前途,家长和学生的期望未必会化为泡影,郑老师在这里犯了"想当然"的错误。再次,一边是剥夺两条生命,一边是可能对学生产生不利影响,即使用英国功利主义哲学家杰里米·边沁追求"最大幸福"的功利主义观点来看也不可取。教师也有追求幸福的权利,不能为了学生的幸福而剥夺自己(家人)的幸福。为了避免"想当然"的影响学生前途,就放弃自己子女的生命,是有违做人的良知和道德伦理的。

以上案例涉及如何处理私德和教师职业道德的关系问题。热爱生活、珍惜生命是私德的表现形式,爱岗敬业、关爱学生、教书育人、为人师表是教师职业道德的表现形式。两种道德可以兼顾,可以并行不悖,不是非此即彼。正确的做法是找到教师职业道德和私德的一致性并进行调节后认真选择。

郑聪老师的错误有其社会历史根源。由于教师职业的特殊性,教师被誉为是太阳底下最光辉的职业,教师与生俱来就是为人师表。在中国人的信仰中,将教师与天、地、君、亲排在一起,成为中国传统社会崇奉和祭祀的对象,表现了中国人对于苍穹、大地的感恩,对于国家、社稷的尊重,对于父母、恩师的恩情;表现了中国人敬天法地、孝亲顺长、忠君爱国、尊师重教的价值取向。这几个字是中国人的精神寄托和心灵安顿之处,也是中国传统社会中许多伦理道德取得合法性和合理性的依据,它们就像柱石一样支撑起中国传统社会的大厦。过去人们总乐于歌颂教师要有蜡烛精神,曾几何时教师被赋予了很多光环,被人为捧得老高。在传统

---

① 李镇西. 郑聪:爱的放弃与追求. 中国教师报[J]. 2012-2-15(10).

的教师观中,说教师是春蚕,是蜡烛,他们只需要播种和耕耘,不需要索取和回报。将教师看成"奉献""牺牲"的代名词,漠视教师的生命已经成了社会的集体无意识。同时把教师职业神圣化,将教师定格在追求精神层面,忽视了教师的物质需求,忽视了教师的个体需要。殊不知,教师不是神而是人,是人就有鲜活的生命,是生命就需要尊重,需要敬畏。

时至今日,师德需要重新考量。社会要恢复教师的本来面目,要将教师还原成"人"来尊重。教师也要解放自己,转变观念,要珍惜生命,敬畏生命,懂得追求自身的幸福,满足自己的个体需要。要现身说法,以身示范,给学生传递尊重生命、尊重个体需要、追求自身幸福的价值观。让学生从老师的身上看到生命的可贵,这对学生是刻骨铭心的教育。试想:如果一个女性选择了教师,就要放弃做母亲的权利,付出牺牲两个生命的沉重代价,来换取爱岗敬业的美名。这种价值观对她的学生将会产生什么样的影响可想而知。也许郑老师的学生本来对教师职业有一种向往,但是看到老师为了学生而要失去自己的孩子,对教师职业就会敬而远之了! 舍己为人的道德高标是强加在教师身上的紧箍咒。教师也是人,是普普通通的人,他拥有作为一个人应有的权利,更没有理由剥夺未成形的孩子的生命! 再说,教师如果连自己的孩子都不爱,又谈何爱别的孩子呢? 自己的孩子和学生同样是生命,为何要厚此薄彼呢? 牺牲自己奉献他人的行为固然令人感动,但在郑聪老师遇到的这个具体问题上不值得提倡和践行。因为生命是无价的,人的生存权是神圣不可侵犯的。她奉献给学生的爱是建立在牺牲两个生命的基础之上的,为了遵守教师职业道德却要牺牲生命为代价,近乎残忍。母爱是与生俱来的人世间最伟大的爱,爱自己的孩子是母亲的天性,也是母亲的正当权利,神圣不可侵犯,特别是在不损伤别人利益的情况下。作为人类灵魂的工程师,作为为学生生命奠基的郑老师应该明白这个道理。她更应该明白,爱自己的孩子是一种本能,更好地照顾自己,追求自身幸福,才能让学生懂得什么是真正的爱,才能让学生懂得要如何正确地爱自己,爱他人。千古圣人孟子尚且说过:"老吾老,以及人之老;幼吾幼,以及人之幼。"意思是:在赡养孝敬自己的长辈时不应忘记其他与自己没有亲缘关系的老人。在抚养教育自己的小孩时不应忘记其他与自己没有血缘关系的小孩。说的是推己及人,出发点是自己,然后才是他人。作为教师爱护好自己的孩子是对关爱生命的现身说法,是对学生润物细无声的教育。如果连自己的孩子都不爱,还说爱别人的孩子,是不是显得有些苍白和矫情? 郑聪老师担心"势必影响学生的前途"完全是多余,她过高估计了自己的作用。"家长和学生3年的期望便会化为泡影"说法过于武断。"当初对家长的承诺将化作儿戏"的想法也是小题大做,信守承诺固然重要,但具体问题还要具体分析。殊不知,个体的力量微不足道,不能自我感觉良好。事实上,没有你地球照样转,换成了其他老师照样可以教好,甚至可能教得更好。在这种情况下,郑老师要向学生及家长讲明自己的特殊处境,动之以情,晓之以理,人心都是肉长的,儿女都是母亲的心头肉,相信他们是完全能够理解的。或许学生理解老师的良苦用心之后会加倍努力,学得更好;同时也教育了学生尊重生命的道理,培养学生生命至上的价值观,何乐而不为? 教育好学生为何要以牺牲自己的孩子和家庭幸福为代价呢? 再说,老师为了学生牺牲了自己的孩子,这是多么残忍的事情,难道在老师心中就没有遗憾吗? 当她在梦里听到孩子的呼喊声:"妈妈,不要丢下我⋯⋯"她不揪心吗?再往最坏处想,如果因为这一次人流而留下了做不成母亲的后遗症又怎么办? 她的学生是不是得终生背负着一种对老师的愧疚? 对学生这样的"爱"不是真正的爱,是漠视生命,让人窒息!

美国教育家诺丁斯一生著述颇丰,她有许多孩子,教学业绩也不错,她既没有违背职业道德,也没有放弃自己的价值追求,很好地平衡了私德与职业道德的关系。如此说来,教师职业道德与私德不是水火不容的关系,更不是非此即彼的选择,而是可以有更好的办法来解决,那就是两者的兼容。

2014 年 10 月

他山之石可以攻玉

——赴大连开发区第八高级中学
参加"影子"培训见闻感受

    2014 年 5 月 10—30 日,我有幸参加市教育局组织的"农村中小学学科专任教师和校长赴大连金州新区短期集中培训"。我们一行 35 人(7 名校长,28 名教师),来自全市 29 所中小学校。11 日从铜仁出发,途经重庆,于 12 日中午到达大连。受到了大连民族学院的热情接待。我们被分到七所中小学校(两所高中、两所初中、三所小学)学习培训。我和来自铜仁二中的张吉娣、铜仁八中的蒲君洪、江口中学的代建昌、沿河官舟中学的杨剑四位教师被分到大连开发区第八高级中学。12 日下午我们与所在的学校联系,受到学校领导的热情接待。于荣副校长率领部分班子成员亲自来大连民族学院学生宿舍 3131 室接我们到酒店为我们接风洗尘,大开八中全体班子成员到场。13 号早上,于校长亲自派车来大连民族学院接我们到大开八中,赵军校长早在大门等候,寒暄之后,到四楼会议室参加见面会。会后于校长带领我们参观校园,熟悉学校环境,并陪我们在食堂就餐。八中领导班子给人的感觉是热情、好客、真诚、细心、团结、和谐。能在这样的学校学习是一种幸福。在接下来的 18 天时间里,我们的主要任务是听课、研讨、参观校园各项活动、与学校领导和师生交流。有时也到其他学校参观学习。具体情况是:听课 15 节(语文 6 节,物理 3 节,化学 2 节,地理、政治、英语各 1 节,综合性学习展示课 1 节),参加 2 次班级学习交流会,1 次同课异构研讨会,2 次座谈会,1 次家长会,参观学校 2 所。写了 2 万多字的学习笔记。现对本次学习培训的见闻感受梳理如下。

一、独特的人文环境

    走进大开八中,首先给人的感觉的是优美的校园环境。校门,楼梯,走廊到处散发出浓浓的书香气息。校门内面书写:"自强不息,厚德载物。"以及"格物、致知、诚意、正心、修身、齐家、治国、平天下"等名言警句。教学楼一楼大厅正面上方书写"近闻书香,远离浮躁"八个显目大字。走廊文化、教室文化内涵丰富,有体现学校办学内涵和人文精神,彰显办学特色的标语和书画。特别是走廊,环境雅致,宽敞明亮,一尘不染,光明可鉴。每层楼楼梯平台爽朗洁净,摆设大排书橱和桌椅,书橱里面陈列很多图书,有领导提供的,也有师生提供的,没有管理员,师生可以随便取阅,可以就地阅读,也可带走阅后归还。每个班门口都设置班训、班徽、班歌和班主任寄语。学校于2014年获全市人文教育特色学校称号,当之无愧。

二、办学理念先进,办学特色鲜明

大开八中的校训是:"祖国、责任、目标、奋斗。"办学理念是:"尊重科学、以人为本、公平教育、多元发展。"让每一个学生都能享受教育的幸福,找到自己的成才之路。学校践行"信心、责任、感恩、养成"四大教育工程,让每一个学生都能健康成长,终生发展。八中的办学口号是:"走进八中,走向成功",这是每一个选择八中的学生成才的保证。学校办学特色鲜明。德、智、体、美全面发展,其中尤以培育美术特长生见长。我们在参观中发现除了美术展室外,另有四间100平方米以上的大画室,几乎占了一层楼,便问陪同参观的于校长是怎么回事。于校长介绍:八中每年高考美术上一本线在60人以上。从去年看,文化考生上一本线80人,美术、体育、音乐考生上一本线70人,其中美术最多。美术教育成了八中名副其实的特长教育。于校长还说,八中是二流学苗,拼文化拼不赢一类学苗的学校,只能拼学生的特长。2014年高校自主招生中,八中特长生,播音主持专业类,美术专业类110多人上一本线。大开八中办学特色形成较早,2004年和2008年就分别获得教育部"全国体育后备人才示范中学"和中国教育学会"全国高质量特色办学单位"等荣誉称号。

学校注重学生全面发展,同时也扬长避短,突出文科优势。实行文科优先发展战略,以文科优势见长,突出人文教育特色,高考文科二本以上录取率名列大连市前茅。八中的办学目标是:"卓越八中,人文八中,精致八中。"八中校长赵军善于健谈,很有思想,办学思路清晰,对教育很有研究,见识高远,对教育有独特的理解和价值追求,是用心在办教育。他说教育其实很简单,就是玩,带领和引导一群孩子玩。话虽朴实,但内涵深刻,揭示了教育的真谛。

三、教师爱岗敬业

在八中校园内,没有教师打堆说闲话的现象。教师埋头备课,批改作业,约学生谈话,相互听课是常态。八中的教师功利意识淡薄。他们将工作看得很重,对待遇问题很淡定。据介绍,在大连开发区和金州区合并前,开发区的教师工资较高,合并成金州新区后,工资降了两三千。这是很难接受的现实,但大开八中的教师却显得比较淡定,泰然处之。他们对学校有强烈的归属感,无论领导还是老师,在交谈中常常流露出"咱们学校""咱们家""孩子们"这样的称谓,说得是那样的自豪。有一种无形的文化在引领教师们的言行。学校管理有几种境界,从低到高依次是:人为管理,制度约束,文化引领。大开八中达到了最高境界,也就是文化的引领。办学能做到文化引领这个层面难能可贵。

四、学生良好的养成教育

在大开八中,感觉男生都是绅士,女生都是淑女。显得文雅,有教养,有生气,有活力。学生上课精神饱满,勤于动脑,学习主动,发言积极,举止文雅,落落大方。课后进出有序,无追逐打闹和高声喧哗的现象,见老师就问好,主动让路,彬彬有礼,很有教养。无论是上下课或课间操,还是到食堂就餐,每个年级每个班级走哪条线都是约定俗成,没有插队现象,很快各就各位,体现了学生良好的养成教育。

五、社团活动丰富多彩,研究性学习落到实处

大开八中注重学生的多元发展。学生自主意识强,个性张扬,学校为学生发展兴趣爱好提供广阔的平台。学生根据兴趣爱好,自发组织五类社团,即:艺术器乐类,体育健康类,实践服务类,学术科学类,能力拓展类。下设心悦团、广播站、摄影社、义工社、文学社、电声乐队、晨读社、音声社、诗社、影视编导、棒球社、茶艺社、韩语社、配音社、动漫社、桥社、话剧社、棋艺社、模联社、手指滑板社、演讲协会、魔方社、书法协会、街舞社、健美操社、足球社、篮球社、乒乓社、轮滑社、悠悠社等30个社团。每周三下午第四节课为社团活动时间。5月21日下午我们参观了学生的乒乓球室,电声乐队,桥社,模联社,动漫社,社团联合会,美术展室,美术教室,棋艺社,心悦团,魔方社,书法室,手指滑板。我们边参观边和学生做些简单交流,所到之处都有学生活动,多少不一,少则三五人,多则一二十人。学生根据各自的兴趣爱好组建不同社团,充分发挥他们的兴趣特长,促进个性发展。参加社团活动,既能发展兴趣爱好,开发多项智能,又能调节繁重的文化课学习带来的疲劳,释放和缓解学习的压力,可谓一举两得。

大开八中还注重培养学生创新精神和实践能力。5月19日下午,我们听了高一(8)和高二(8)班合上的一节研究性学习汇报课。七个学习小组分别展示了他们的研究性学习成果。有关爱聋哑儿童,学生心理健康,中学生消费情况调查,高中生睡眠时间与学习效率的关系,中国娱乐节目现状分析等课题。每组展示10

分钟左右,展示结束后由指导老师对每组选出的代表进行提问,然后答辩。老师提出的问题有:(1)你在研究过程中遇到过什么困难;(2)你在研究中作了什么工作;(3)你的课题完成情况怎样;(4)怎样理解合作学习的重要性;(5)谈谈你们小组的研究过程;(6)你认为你们小组中谁做的贡献最大,谁的收获最小;(7)你认为七个小组中哪个组做得最好,请你对今天的研究性学习情况进行总结。七个问题各异,针对性强,学生回答思路清晰,表达流畅,分析有深度。最后教师总结:研究要注意过程,做了什么,是怎么做的,你有什么收获,发现了什么问题,有何建议和反思。在做中提升能力,加强团结协作,帮助别人的同时也提升了自己。如关爱聋哑儿童就体现了你的社会责任感和使命感。

六、办学行为规范

据于荣副校长介绍,大开八中周末不补课,走读生周五下午五点半离校,晚自习十点熄灯,早上六点起床,学生有充足的睡眠时间。晚自习不安排教师下班讲课,每层楼只有一名教师值班,住校生都在教室自学,学校把课堂真正还给了学生。于校长说,对于教学内容,学生懂的知识,学生能学会的知识教师不讲,这样可省时间,减少无效劳动。规范办学行为在大连是一种常态。在大开一中,我们也看到同样的情况。访谈中得知,晚自习完全由学生自学,教师不准进教室,只能在室外走廊陪学生。可进行室外个别辅导。在教育急功近利的当下,大连开发区的教育能固守教育的游戏规则,坐而不乱,实属少见。难怪大开八中2007年能获得"全国学校规范化管理示范性单位"称号。

七、课程改革动真格

新课改提倡了十多年,由于学校领导和教师教育观念陈旧,思维定式,同时担心影响升学率,对新课改总是"犹抱琵琶半遮面",大多是雷声大雨点小,很少有学校愿意放开手脚,将课程改革落到实处,只做做样子来应付检查的居多。大开八中敢于摆脱急功近利,在课程改革上动真格,勇气令人佩服。他们已在高一高二实施导学案,改革力度大,高二年级尤其做得好。具体操作顺序是:先学后教,小组合作,课上展示,当堂检测。即课前下发导学案,先让学生预习,课上进行小组合作探究,然后汇报学习成果,教师评价总结。整个课堂体现了教师为主导,学生为主体的教学原则,师生互动,生生互动,教师只是"平等中的首席"。学生获得了学习的自主权,教师也从繁重低效的教学中摆脱出来。学生有更多的成就感,教师也有更多的轻松感。学校注重教育科研,每周出版一期《教科研通讯》,助力课程改革的推进和教师的专业发展。2010年学校荣获"全省普通高中课程改革先进集体"荣誉称号。

　　感受:本次"影子"培训与以往的很多培训不一样,以往参加的培训多是听一些高端的前沿理论,可望而不可即,如同隔靴搔痒;也参观过不少名校,如上海华东师大一附中、二附中、格致中学、大同中学、进才中学,北京史家小学、通州潞河中学,但都是走马观花,只了解一些皮毛,对学校的课堂教学,教育管理,办学行为缺乏了解。而本次培训能深入学校与领导、老师、学生零距离接触,观察、了解、学习、访谈。学校管理、课堂教学、校园活动见得真切,感觉实在,反思更多。加之学校领导的关心,师生的热情,让我们感觉很温馨,学习虽很辛苦,但我们体验的却是无穷的乐趣,从心底里感谢这次培训,感谢大开八中!

2014 年 6 月 3 日

校园广播站访谈专栏"人物风尚"访谈录

访谈时间:2017 年 3 月 24 日(周五)17:30—18:00

播音员:佘慧娴　宋银艳　　　嘉宾:陈谋韬

(进入纯音乐 50 秒)

佘:聆听声音的态度,传播时代的能量。

　　分享他们的故事,启迪我们的成长。

宋:各位亲爱的听众朋友,大家下午好!欢迎收听校园广播站访谈专栏——"人物风尚"。

合:我们是"娴妍钥"组合

佘:我是播音员佘慧娴

宋:我是播音员宋银艳

佘:时间是让人猝不及防的东西,晴时有风,阴时有雨;岁月是一场有去无回的旅行,好的坏的都是风景。

宋:今天我们有幸请到了学校党支部书记、特级教师、省级教育名师陈谋韬老师。我们准备就我校学生最为关心的一些话题对他进行采访。

佘:陈老师,您好!我们学校自搬迁以来,已有半年的时间了,新学校比原学校好很多,每天都有热水提供,操场也不是以前的泥巴操场。新学校的操场是橡胶的,想必花费不少,那么请问修建这所学校是由谁出资的?共投资多少呢?

陈:沿河第三高级中学前身是沿河官舟中学高中部,是县人民政府投资按省级二类示范性普通高中兴建的全寄宿制普通高级中学,投资 4 亿多元。

宋:学校的宗旨是什么?未来又打算怎样发展呢?

陈:学校地处农村,办学宗旨是立足山乡,以农村孩子的成才为己任,将他们培养成为适应未来社会发展的合格建设者和接班人。学校下一步的打算是创建省级示范性高中,办成全市乃至全省农村窗口学校,实现我校的华丽转身。

佘:自迁校以来,就有很多学生反映学校食堂里的饭菜、油水不好,价格又贵,吃饱后饿得快等问题,对此,你有什么看法呢?

陈:学生正处于长身体的黄金年龄,活泼好动,每天体力消耗较大,饿得快也属正常。至于食堂饭菜的质量和价格问题可以有组织地向学校学生服务中心反映,以便与食堂承包方协商解决。但我要强调一点,勤俭节约,艰苦朴素是中华民族的传统美德,作为学生要继承和发扬厉行节约的优良传统。《朱子家训》里说:"一粥一饭,当思来之不易;半丝半缕,恒念物力维艰。"意思是衣食来之不易,劝诫人们讲求节约,大力弘扬勤俭节约的美德。我们学校食堂冠名为"感恩园"就是告诫同学们要吃水不忘挖井人。是父母为我们提供了衣食来源,是国家提供了生活补助,让我们衣食无忧,快乐成长,大家要心怀感恩。平时在与同学们的交流中发现部分同学对吃饭有挑剔行为,喜欢吃垃圾食品,既不经济,又有害身体健康。这是一种不良行为,需要改正。

宋:学校有很多学体育、音乐、绘画、舞蹈的艺体生,前三者学校都有老师,然而,唯独学舞蹈的学生需要跑到校外上课,那么,学校是否有意向招聘舞蹈老师呢?

陈:学校创办伊始,各方面都有不尽如人意的地方,软件硬件都亟待完善。学校目前还有很多困难,需要全体师生理解和克服。学校正在朝着创办省级示范性高中的目标努力,逐步完善各类硬件设施,配齐教学所需的各学科教师,学校会积极向上争取,招聘办学所需的紧缺学科教师,包括舞蹈教师,让在这方面有特长的学生得到良好的发展。

佘:您如何看待一部分学生早恋问题?请冒昧问一下,您在学生时代有过早恋吗?

陈:人的身心发展有一定规律,我校学生主要集中在15—18岁,正值青春期,身体的发育正迈向成熟,对异性产生好奇和好感是正常现象。自制力差的学生出于好奇心理,可能出现早恋行为,也无可厚非。但早恋是不好的,不是中学时代应该出现的行为,学校规章制度也是不允许的。对学生的身心发育,健康成长都是不利的。有早恋倾向的学生要学会克制,理性对待自己的早恋行为,将注意力转移到学习上来。中学时代,异性交往必须有度,不能跨越某种界限,早恋的果实必然是青涩的,产生不良后果。请同学们要慎之又慎!至于你说我在学生时代是否有过早恋,我可以坦率地告诉你,早恋现象在我们那个时代被认为是羞耻的行为,只有极个别的同学有早恋现象,我属于绝大多数吧。

宋:自古以来,崇尚百善孝为先,学校也总是倡导学生要孝敬父母,那么,您在繁忙的工作中,抽出了多少时间陪您的家人呢?

陈:尊老爱幼,恪守孝道是中华民族的传统美德,每一个炎黄子孙都必须遵循,继承我们的优良传统。但是自古以来,忠孝不能两全,我作为一名教师,工作任务繁重,工作责任心强,投入的精力太多,对家人的顾及不够,实属无奈,有些过意不去。特别歉意的是陪父母的时间太少,父母于十年前先后离我远去,留下了"子欲养而亲不待"的遗憾,愧疚终生。父母养育子女不容易,可怜天下父母心!在此我希望同学们要珍惜父母都健在的日子,多尽孝心,让父母为养育我们成人成才而感到欣慰。

佘:您认为一个学生,是学习成绩重要,各方面能力重要,还是品德重要? 倘若本校学生虽然年年考年级第一,但是偷室友的东西,您对这个学生有什么看法?

陈:学校教育的终极目的是立德树人,学校工作是德育为首。我们国家的教育方针是让学生在德、智、体、美、劳各方面都得到发展,其中"德"是放在第一位的。品德是一个人安身立命的基础,是做人的根本,是评价人才的首要条件。作为学生首先要养成良好的品德。学生哪怕成绩再好,但是品德不修,有偷窃等不良行为,就不是合格学生。希望同学们加强修炼,养成良好的道德品质,培养正确的世界观、人生观和价值观。我们学校教学楼冠名为"格物楼""致知楼""诚意楼""正心楼""修身楼",源于《礼记·大学》,就是告诉同学们来学校读书的目的是探究事物原理,获得科学知识,养成诚信品质,保持良好心态,提高道德修养。我希望男同学都做德行高尚的谦谦君子,女同学都养成懿行丰厚的淑女风范。

宋:每个家长教育孩子的方式都有所不同,那么你教育自己的子女是否和教育学生一样呢?

陈:作为教育工作者,爱生如子是其基本品质,关爱学生,呵护学生成长是每一位教师的职业良知。作为教师,在对学生的思想道德、习惯养成和为人处事方面的教育与对待自己子女的教育是一样的。所不同的是,作为家长,对自己的子女多了一份亲情和哺育的责任。

佘:在您看来,应该怎样做一个成功的人? 人又是怎样才算成功? 或者说您的人生观、世界观和价值观又是怎样的呢?

陈:评价一个人是否成功没有绝对的标准。我认为,人的先天素质,成长环境,教育背景,兴趣爱好千差万别,加之行业差别,人生际遇,理性认知,处事方式各有不同,评价一个人的成功标准也就不同。我认为,一个人不管他处在哪个行业,从事什么工作,只要爱岗敬业,尽职尽责,做出一定业绩,得到社会的认同,无愧于自己的职业道德和做人的良知就算是成功的。至于我的"三观"嘛,我认为,一个人来到世间是上天的眷顾,是幸运之神的恩赐,是冥冥中修来的福分,每个人都要倍加珍惜,只争朝夕,好好生活,努力学习,潜心工作,积极有为,实现人生价值,不枉来人世走这一遭。不因碌碌无为而羞耻,不因一事无成而悔恨,就是莫大的幸福!

宋:人生的路上难免有很多事是相互对立的,但又不得不在两者之间做出艰难的抉择,比如当家庭和工作相互矛盾时,您又是怎样进行调节的呢?

陈:生活中每个人都会遇到两难抉择的情况。凡事不能两全其美,在某些关键时刻必须做出选择。这个问题可以这样来理解:家庭重要,工作也重要。维护好家庭的稳定是做好工作的保证之一,只有家庭的事情顺利,才能在工作上不分心;如果家庭的事情处理不好,工作起来必然心猿意马,影响工作效率。而工作又是一个人安身立命之本,不做好工作,一家人的衣食住行又怎能有保障,再说也违背了作为人的职业道德良知和职责使命。因此,家庭和工作只能兼顾。实在无法兼顾的情况下就要按照先后原则,将急需处理的事项放在优先考虑。

佘:您心目中的学生应该是个什么样子的呢? 您对本校的学生又有什么话要说? 或者说有什么建议和要求吗?

陈:学生是祖国的未来和希望,承担着建设祖国,继往开来的重任。伟大领袖毛泽东同志曾说:"你们青年人朝气蓬勃,正在兴旺时期,好像早晨八九点钟的太阳。希望寄托在你们身上。"这是对青年人的殷切希望和谆谆告诫。我希望沿河第三高级中学的学生志存高远,树立远大理想,明确职责使命,刻苦攻读。培养科学精神和人文素养,继承和弘扬中华民族优秀文化传统,记住古圣先贤的谆谆教海,认真领会格物、致知、诚意、正心、修身这些古训。做德、智、体、美、劳全面发展的人。胸怀祖国,放眼世界,登高望远,锁定目标,励志前行。平静的湖面练不出精悍的水手,希望同学们做时代的弄潮儿,乘风破浪正当时,直挂云帆济沧海!

合:好了,今天的访谈马上就要结束了,感谢大家的收听,感谢陈老师给我们带来的精神大餐! 下期我们将会邀请到哪位嘉宾呢? 请继续关注我们的访谈栏目——"人物风尚"。

佘:我是播音员佘慧娴。

宋:我是播音员宋银艳。

合:下星期我们不见不散!

(播放纯音乐,结束。)

新课程改革推进障碍成因探析及对策

摘要:新课程改革闹了七八年,至今仍是举步维艰,主要表现为雷声大雨点小。这场教育改革之所以难以推进,自有其客观原因。本文从传统观念对教育的影响,大众对教育的急功近利,教育评价机制的陈旧和教师素质的低下等方面对新课程改革推进障碍成因作些剖析。本文认为要想改变新课改推进难的现状,必须有积极的应对策略,那就是:建立新的教育评价机制和努力提高教师素质。

关键词:新课程改革 障碍 成因 对策

引言

教育作为人类社会的一种特有现象是随着社会的发展而发展的。社会的发展越来越快,农业社会过渡到工业社会用了几千年,由工业社会过渡到信息社会用了几百年。人类进入 21 世纪,社会的发展突飞猛进,作为促进社会发展的重要因素——教育也必然随社会的发展而发展。从教育自身发展来说,到了一定阶段后,它会不满足于已有的现状,必然会寻找出路。大约从 1998 年开始,世界上很多国家和地区陆续进入新课程改革,这次课改是一场全球性的改革。其主要特征是:谋求课程的基础性、多样性和选择性的统一,将学术性课程与学生经验和职业发展有机结合,适应时代的要求,增设新的课程,赋予学校更多的课程自主权,倡导学生自定学习计划,实行学生选课指导制度,实行学分制。这些特征综合起来就是:开放、综合、创生、互动、转化。

从工业时代到信息时代,新的生产和生活方式对教育提出了新的要求。工业时代与信息时代相比,工业时代最重要的技能是操作,信息时代最重要的是自我指导的学习(self – directed learning),要求人要学会学习。托夫勒认为:"未来时代的文盲不是那些不会阅读的人,而是不知道怎样学习的人。"信息化社会教育的显著特征是能力比知识重要,过程比结果重要,方法比结论重要,强调个别化的教学和个性化的培养,创新意识和实践能力的培养。

就中国大陆、香港和台湾而言,台湾和香港同于 1998 年掀起新课程改革,但到 2004 年和 2005 年先后走向了低谷。中国大陆稍晚,从 2000 年起掀起改革运动,到 2007 年走向低谷。这场变革的命运可用"短期的大逆转"几个字来概括。

课改在刚掀起时,有识之士是抱以很大希望的,似乎此举可以一改教育的命运。但几年过去了,反对和质疑的声音不断,主要表现为:实验的表面化、极端化和僵化,师生不适应,家长不理解,各学科内容本身的科学性不严密,各学科领域课程与教学的目标与重点不明确,课程改革总体定位、性质和策略模糊。《人民网》就曾发表时评:《新课改加大了教育的两极分化,做成了一锅夹生饭》《新课改最大误区——课堂教学的形式化》《课改:不宜使教师负担过重》《一线教师与课程改革:课改,你让我无所适从》。

新课改进行了这么多年,就绝大部分地区和学校而言,还是"轰轰烈烈搞素质教育,扎扎实实搞应试教育"。雷声大,雨点小;说得多,做得少;形式多,内容少;培训多,实践少。为什么会产生这种怪现象,值得深思和探讨。本课题的研究旨在揭出问题,引起大家的关注和深度思考。

一、新课程改革推进障碍成因探析

1. 传统教育观念蒂固根深,束缚了人们的思维

纵观中国教育史,从孔子开私人讲学风气开始,教学的目的主要是读书,明理,处事,然后才是走入仕途。也就是"修身,齐家,治国,平天下"。读书一开始虽然都带有功利,但并没有像我们今天这样严重。教育究竟是什么,值得每一个人去思考和玩味,1996 年,联合国教科文组织在《教育——财富蕴藏其中》中提出"学会学习、学会做事、学会与人相处、学会生存"的现代教育观念。这是符合当今社会对人的全面发展的要求的。按我们中国人的说法,教育,应该是德、智、体、美、劳全面发展。可是只要看看我们今天的教育现象就会发现,我们的教育行为大大偏离了教育的根本宗旨,片面强调了知识的教育而忽视了其他方面。在教学的三维目标中,对知识和方法强调得多,而对能力要求,教学过程,情感态度和价值观等都有不同程度的忽视倾向。对学生创新精神的培养显得更为薄弱。教育走向了一个极端,逐渐演变成了一种畸形的教育。教育的根本宗旨是以育人为本,全面发展人的各项素质,也就是要求受教育者德、智、体、美、劳全面发展。教育不仅要培养学生高尚的思想品质和健全的人格,科学素养和人文精神,还要培养学生良好的身体素质、健康的心理素质和思维品质。可是由于受过去"读书做官论"的影响,过分的注重教育的功利色彩而忽视了真正意义上的育人功能,从而让教育严重偏离了正确的轨道。久而久之,竟然形成了这样一种认识误区:读书就是做题,做题就是为了考学校,考学校就是为了找工作。其他什么都不重要了,

思维定式,越来越僵化。成了新课程推进的最大障碍。

2. 考试指挥棒使大众追求急功近利

由于受传统习惯思维的影响,思想僵化,多数人都认为,读书只是为了考试,为了升学,为了捞取饭碗。因此,从教师到家长都把目光盯住了这一点,而无暇顾及其他。教师为了自己一时的奖金和名誉,家长为了子女的分数,都不约而同强迫学生拼命做试题,考高分。结果把教育演变成了做题。"题海战术"一词便应运而生。当然这也不能完全责怪教师和家长,考试指挥棒也应负有很大责任。由于中国目前的考试制度还不够健全和完善,还很难用更恰当的方法对学生的全面素质进行有效的测评,加之部分人办事往往人为因素很浓,规则意识淡薄,诚信意识较差,很难杜绝舞弊现象的发生。报载某地省级三好学生加分都为教师子弟或有背景的家庭子弟,引起了社会对教育公平性的质疑。相对而言,一张试卷更能体现考试的相对公平。于是一卷定终生的考试获得普遍的认同,形成了固定的考试模式,并最终形成了一根无形的指挥棒,主宰了所有学生的命运。但是在考试指挥棒的挥舞下,学生的个性得不到张扬,兴趣得不到发挥,人格得不到健全,身体得不到锻炼,全面素质得不到提高。个别考高分的学生成为教育的畸形儿和怪胎也就不足为怪了。如清华大学"高才生"刘海洋用浓硫酸泼熊以试其反应的灵敏度,云南大学学生马加爵杀死四名同学,他们的漠视生命和杀人的悲剧是让人十分惨痛的。两个案例虽然有些极端,但从某种程度上说明了我们目前的教育是有问题的。他们的问题说明了我们选拔人才的视野太单一,太片面,没有对人才进行全面的考察,考试指挥棒只重分数,忽视其他。教育的功利蒙蔽了人们双眼,背离了教育的本质。在这种情况下,进行新课程改革谈何容易!

3. 教育评价机制显得陈旧

新课改难以推行,与现行考试评价有很大关系。教学评价分过程性评价和终结性评价,它们是不同的维度,只有将两种评价结合起来才能对教学进行客观、准确的评价。可是,现行的教学评价都只重终结性评价而轻视过程性评价。虽然有人已认识到过程性评价的重要意义,但因为过程性评价有很多不易操作的地方,且难免产生人为因素,导致评价的不公平,引发很多矛盾。而终结性评价相对比较好操作,且能做到相对的公平、公正而倍受人们的青睐,一直沿袭至今。凡事都有两面性,终结性评价固然比较公平,但也有很多问题存在。那就是教师、学生和家长都只重结果,引发教学的严重偏差,教学上的"满堂灌",练习上的"题海战术"成了最热门的教学方式。这样也就忽视了学生的创新精神和实践能力的培养,思维习惯的培养,品质、人格和价值观的培养,人文精神的培养。而正是这些恰恰是教育的根本。做题和考试只是知识学习的一种必要过程和手段,并不是教育的全部,更不是本质,可是却被作为教育的唯一手段。这样培养的学生必然是不全面的。新课程改革之所以举步维艰,教育评价方式陈旧是最大的绊脚石。我们认为,只要教育评价手段不更新,新课改的推行是难上加难的,素质教育的实现也会遥遥无期。所以,国家在制订课改政策的同时,一定要配套制订出新的教育评价机制,并以切实可行的方式落实下去。在新的教育评价机制没有落实之前谈课改是收效甚微的。而就我国目前的情况看,要让人们改变教育观念,摆脱思维定式,远离功利色彩,接受新的评价机制,还有一个相当长的过程。教育行政部门和教育界还有很多事情要做。

4. 教师素质有待提高

教育改革涉及的范围很广。涉及全体大众(主要指教师)的认同度,教育观念,教材革新,教学方法,考试评价,师资水平等各个方面,哪一个环节都缺一不可,而尤为重要的是教育观念的更新和师资水平的提高。两者之中首推师资水平,它是制约教育发展的根本因素。因为教育观念,教材革新,教学方法,考试评价这些都要通过教师去理解、落实和实施。如果教师素质跟不上,对教育的本质理解不透,观念陈旧,机械使用教材,教学方法死板,提高教学质量还不是一句空话? 高素质的教师他有对教育的独到理解和深入的思考,有对教育改革的超前意识,有振兴教育的主人公精神和责任感,会把自己的生命投入到教育事业中去。他会在没有行政督促和干预的情况下主动投入教育改革,敢为人先。"教材无非是个例子"(叶圣陶语),他会用好教材,变革教学方法,能创造性地开展教育教学工作。相反,低素质的教师没有教育的眼光和智慧,亦步亦趋,步人后尘,习惯传统,思维定式,迈不出教改的步子。最终很难走出低谷,很难投身教育改革。那么,新课改对教师素质有哪些要求呢? 一般说来,一名高素质的教师应该具备以下特点:有文化判断力,有幽默感,善于"授人以渔",有创新精神,心理健康,有平等意识,是"自来水",有能力,有独立人格,有批判精神,能更新观念,有科学精神,崇尚民主,把爱洒向学生。这些特点是根据人的全面素质提出的要求。新课程改革要培养的就是学生的全面素质和适应未来社会所需要的各种能力。首先要求我们教师要具备这些素质和能力,不然怎么去教学生。可现实情况是:根据有关资料,目前我国1000多万中小学教师中,在师德师风,教育水平,职业理想等方面,合格、基本合格、不合格的教师比例各占三分之一,这样的教师队伍很难适应教育改革发展的需要,没有整体合格的教师队伍,新课改的实施显然是难上加难。

二、新课程改革推进障碍应对策略

上文从四个方面分析了新课程改革推进障碍的成因,我们认为最关键是教育评价机制落后和教师素质偏低。下面就这两方面谈点看法。

1. 建立新的教育评价机制

目前的教育评价体制是只重结果,不重过程,也就是只重终结性评价,不重过程性评价。这种单一的评价方式显然是不科学的,片面的,很难正确地评价教师的教育教学水平和学生的学习水平。新课改力图创新教育评价机制,而且作了一些有益的尝试,但还不能被相当一部分人所接受,他们已经习惯于用分数来衡量学生的学习状况,因为只有成绩是看得见的。而新的评价机制着眼于学生的考试分数之外的其他方面,如学习习惯,学习能力,思维品质,思维方式等是很多只看重一时分数的教师看不见,摸不着的。他们只知急功近利,要看到学生的分数心里才踏实,他们有无成就感主要取决于学生分数的高低,至于学生未来怎么发展,发展情景如何,却不愿意去思考。在他们看来,这些隐性因素对"我"来说并不重要,因为与"我"的成就、名誉和奖金没有任何关系。这是一叶障目的行为。以这种责任心来对待教育事业,怎么不出问题。好在我们国家已经认识到了这一点,允许部分重点高校尝试自主招生,用特别的命题,特别的考试来检测考生的全面素质、个性特长、创新能力,相对比较科学。但数量还相当有限,还不能大面积推广开来,还无助于问题的根本解决。我们太多习惯于用陈旧的方式,太注重功利,这是实施新的教学评价机制的大敌。新的教育评价机制难以实施既有主观原因,也有客观原因。中国是世界上第一人口大国,两年前高考考生数量已逾千万,有人将我国高考戏说为全世界的第一大考,人数多,摊子大,范围广。由于过程性评价的人为因素很难避免,监督机制也还不健全和完善,在这样的情况下难免产生评价的不公平、不公正等问题,容易引发社会矛盾,导致社会的不和谐,影响社会的安定。这些原因导致新的评价机制难以推行。但无论如何,这项工作还得要做,教育才有希望。这是一个世纪难题,笔者限于水平,只能看出病症,还不能开出药方,只能是望洋兴叹。

2. 努力提高教师素质

这次基础教育课程改革浪潮是随着信息化社会的到来应运而生的,其声势之大,势头之猛超过以往任何一个时代。辩证唯物主义认为:万事万物都是发展变化的,教育亦然,它也是随着社会的发展而发展。追溯历史,"文革"之后,中国教育恢复它的生机和活力,在之后的十几年里,由于"文革"十年动乱造成的人才需求量很大和人们对教育理解的误区,千军万马齐上阵,大搞应试教育,以解人才缺乏的燃眉之急。随着时代的发展和对人才要求标准的提高,人们已越来越感到应试教育在培养人才方面的弊端。于是认识到要推行素质教育,发展人的全面素质,这是时代的要求。进入新世纪以后,随着国际政治的风云变幻,有识之士认识到,当今社会竞争激烈,归结起来是人才的竞争。一个国家一个民族只有培养大批高素质的人才,才能使自己立于不败之地。欧美等国家早都敏锐地认识到了这一点。从1998年开始,英、法、德、美、日等国掀起了一场轰轰烈烈的新课程改革,我国已于2000年参与了这场改革。这场改革从人才培养模式,教育观念,教材编写,教育教学方法和教师素质的要求等方面进行了全面的思考。可以说这次教育改革是一次全方位的改革。教育的改革是多维的,哪方面都缺一不可,无论缺哪方面都会影响教育改革的顺利进行。但我认为,在这几方面,最关键因素是提高教师素质。因为人才的培养,教育观念的更新,新教材的编写,教育教学方法的改进和变革,虽然说都很重要,但最终都要靠教师去贯彻、实施和落实。2002年世界经合组织(OECD)的一份报告认为:"教师是影响学校教育质量的关键因素,并直接决定着教育的成败:这一点,无论如何强调都不过分。"可以说切中肯綮。20世纪60年代以来,随着国际教育界的改革日趋频繁,人们对于"什么因素决定着学校教育的质量"的问题开始有了更深入的思考。这一时期对教师的研究增加,也使教育界逐渐认识到教师在整个教育活动中扮演着其他的教育因素无法替代的决定性作用。人们越来越认识到,教师对于学生发展的实际影响力巨大,提升教育质量,必须提高教师素质。我国倡导"新基础教育"的教育家叶澜说:"在学校中,没有教师的发展,难有学生的发展;没有教师的解放,难有学生的解放;没有教师的创造,难有学生的创造;没有教师的转型,难有学校的转型。"随着教育本身的发展,现代教育的复杂程度比历史上任何时期都高,教育工作对从业人员提出了越来越高的要求。日益频繁的教育改革不断重新诠释"好教师"的标准,迫使教师必须寻求不断更新和提升。社会生产和生活方式的变化,也对教育提出了新的要求,同时也提供了新的可能。这就需要教师调整自己的教育观念和教育方法,做一名高素质的教师,才能应对教育改革中的一切困难和问题。如果教师的素质和水平跟不上去,相对滞后,他根本意识不到改革的意义和重要性,没有水平和能力去投身改革,对改革有抵触情绪。那么哪方面的推进都无从谈起,都会变成一场空。我们认为,一个高素质的教师自然会高屋建瓴来看待教育,教育的境界高了,他自然会更新他的教育观,树立正确的人才观,自然会领会新教材的编写意图和精神实质,能与时俱进改进教育教学方法。教师素质提高了,教育教学境界提升了,改变教育观念,灵活运用新的教材和先进的教育教学方法对他来说就顺理成章了。如果教师素质没提高,相对低下,那么先进的教育观念也好,教材也好,方法也好,要他接受就相对困难,只能通过某种外力"要他接受",他被动接受,甚至有抵触情绪也就不难理解了。如今新课程改革虽然闹了七八年,但仍是雷声大雨点小就是这个道理。剖析原因主要是由于教师的认识水平和自身的素质跟不上。

在这种情况下要推行新课程改革何其艰难。如果教师素质提高了,就会变"要我改"为"我要改"。高素质的教师会站在一个较高的平台或制高点上认真审视教育教学,会有对历史和社会的责任感和使命感,有对教育的危机感和紧迫感。以一种主人公的积极心态和精神对待教育教学工作和新课改。他会主动接纳这些新事物,创造性地开展教育工作,推行课改也就顺理成章了。因此从这个意义上来说,搞好教师培训,提高教师素质是搞好教育教学改革和实施新课程的关键。既然如此,我们认为,在这次新课程改革中,要把教师的培训工作放在重中之重。而国家在培训教师,提高教师素质方面虽然花了大量人力、财力、物力,做了大量工作,形式虽多,实质内容还显得不够。省、地、县各级培训搞了不少,但获益是少数教师,大部分教师还没有这种机会。只能依靠校本培训。而校本培训由于缺乏有力的指导和监督,基本没有开展起来或开展流于形式。多数教师对培训没有认识到位,重视不够。教师的整体素质还没有明显提高,新课程改革只能是举步维艰了。这不能不引起教育部门的高度重视了。

2008 年 11 月

参考文献:

1. 教师专业发展的理论与实践/王建军.—上海:华东师范大学培训讲座PPT,2008.10

(赴华东师范大学参加贵州省教育名师高级研修班研修论文)

04

专题讲座篇

古诗文教学浅谈

众所周知,语文学科在基础教育阶段是最受争议的一个学科,从上世纪初语文独立设科开始,仅就学科性质是语言还是文学,抑或二者兼有,就一直没有停止过争论。至于教学内容、教学方法、教学效果更是仁者见仁,智者见智。直到1978年,吕叔湘先生还撰文指出语文教学是"少、慢、差、费"。特别是从1997年底《北京文学》发表了三篇质疑语文教育的文章开始,引发了一场关于"误尽苍生是语文"的大讨论,在全国引起了强烈的反响。一时间,语文教育成为全社会的众矢之的,这对语文界来说无异于一场地震。一下把语文教育教学问题推到了舆论的风口浪尖,让语文教师颜面尽失。虽然接着而来的新课改暂时转移了人们的视线,以为看到了新的希望。但直到现在,很多问题一直还是说不清,道不明。真有剪不断,理还乱的感觉。就连语文学科内容是语言还是文学,学科性质是工具性还是人文性都还是众说纷纭,莫衷一是,工具性和人文性的官司还在继续上演。2011年版《语文课程标准》对语文学科性质作了新的界定:"语文课程是一门学习语言文字运用的综合性、实践性课程。""工具性与人文性的统一,是语文课程的基本特点。"语文学科性质属于高大上的层次,自有专家学者探讨。作为一线语文教师,我们还是谈谈身边的教学问题,理清一下教学思路,探讨一下可供操作的教学方法,才不流于空谈。这里主要探讨文言文教学的几个主要问题:文言文教学现状;文言文教学的争论;为什么要学习文言文;怎样学习文言文;最后介绍一个课例,赏析三首诗词。力图通过交流探讨对文言文教学勾勒一个轮廓,以期达到抛砖引玉的效果。

一、文言文教学现状

曾经听说过学生对语文教学有过这样的调侃:一怕文言文,二怕写作文,三怕周树人。可见文言文教学不受欢迎。

学生为什么怕文言文? 请看来自网络的说法:

1. 有多方面的原因,从大的社会背景到中国的教育体制都注定了古文的失宠,当今的社会节奏在逐渐变快,大量的俗文化腐蚀了青少年的心灵,使他们越来越不会静下心来,去读几卷书,就更别说古文了。在现行的教育体制中,语文都已不再如英语重要了,更何况高考只占10多分的文言文了,从老师到家长那里都不太容易得到重视。现在充斥在他们身边的都是些网络小说,明星传记之类的书。

2. 首先,古人说文,咬文嚼字,现代的孩子已经被流行冲昏头脑。其次,小孩子没有学习古文的语言环境,周围人都在说白话文。

3. 其实嘛,并不是不喜欢读,每个人都想读很多古文来增加自己的内涵呀。只是觉得,难背,难懂。

4. 难懂,枯燥,不切实际。

5. 离我们的生活很远。

6. 我高二了,我不喜欢的原因很简单,怎么说呢,文言文太麻烦了。古今异义,通假字什么的搞得头很晕！特别烦。更痛苦的是,当今的教育模式让我们必须去背这些东西,啰唆。而且老师若是教到文言文的课就会变得很呆板,根本不可能出现我们想要的某些比较有新意的教学方法;加上课文枯燥,每次都有趴在课桌睡一会儿的冲动。简而言之几个原因:一是课文枯燥;二是较复杂;三是教学缺乏新意,没有兴趣。

7. 一是和兴趣有关,二是文言文的确有点枯燥。但是,只要你读懂了就觉得很有意思的。我觉得文言文很简洁的,我也蛮喜欢学的,不喜欢的可以慢慢培养这方面的兴趣啊！

将以上讨论的问题梳理出来就是:教学方法古板,教学缺乏新意,学生缺乏兴趣,课堂缺乏氛围,师生追求功利,课文枯燥乏味。有文言文本身的原因,有教师教学方法有待改进的原因,也有追求急功近利的原因。文言文与现代生活有距离,这是客观事实,学生排斥可以理解;但教学形式古板、课堂枯燥乏味、学生缺乏学习兴趣这个责任应该在教师,是主观原因;至于追求功利,师生都有责任。作这样简单的调查分析是为了明白改进文言文教学方法的必要性。关键还是在教师。提高认识,改进方法,摈弃功利势在必行。

二、关于文言文教学的争论

《义务教育语文课程标准(2011年版)解读》关于文白之争有这样一段话:

五四前后的"白话文运动"提倡白话文,反对文言文,最终迫使文言退出了历史舞台，1920年白话文进入语文教材，关于大众语文的论战使白话文得到全面推广。而在21世纪的今天，当新课程语文教材普遍试用之后，发生了文言和白话之争，也就是关于文言在中小学语文教材中应该占到多大的比例等问题的讨论。有反对现有教材中过多选用文言文者，其理由是：语文教育应着力培养学生的现代语文素养，而文言文在某种程度上已经与鲜活的生命脱离，又不能有效提高学生应用现代语文的能力。有的学者认为，当代中学生首先应具备现代语文的读写能力，把文言与白话等量齐观，是与时代发展相违背的，还会造成学生语文生活分离等负面影响。有的学者指出，中小学生适当学一些优秀的古代文言作品，目的在于初步感知优秀的传统文化，这有必要。但在中小学不能文白并重，中小学主要学好现代文，具有现代观念。

也有学者持相反的意见，认为文言是白话的根基，没有文言便没有现代语文生活，甚至会"找不到回家的路"，所以要学文言文。他们认为，在中小学语文教材中，文言和白话应当并驾齐驱，目的在于建设现代人的文化根基，奠定现代人运用白话的根底。

多数老师的意见还是认为，在小学与初中阶段有必要适当学习文言文，这是文化传承的需要，也是培养汉语语感的需要，奠定现代语言读写的根底。至于文白比例，在小学与初中还是应当以现代语文为主，文言学习不宜过重，但可以要求学生多背诵一些古代诗文。

针对目前社会上儿童读经现象，也有不同看法。多数人认为倡导儿童读经是"历史的倒退"，甚至认为是迂腐的表现。传统文化有精华也有糟粕，四书五经的内容和观念有很多不能适合现代生活的需要，对传统文化和古代经典必须批判地继承，而不能让儿童笼统地接受。现在更需要的是以儿童为本位的现代教育观念。还有的认为，让儿童全盘死背读经，也是错误的，这违背了开蒙、发蒙、启蒙最起码的原则。

关于文言文教学的争论已逾百年。文白之争始于五四新文化运动时期，围绕白话文与文言文的论争，形成了两大阵营。当时为了开启新文化运动和切合文学革命的需要，包括胡适、陈独秀、钱玄同、刘半农等大师级别的学者都是主张废除在中国传承几千年、作为传统文化载体和主干的文言文。他们与林杼、黄侃等旧派学者展开了针锋相对的论战。关于文言文教学的争论，至今仍是众说纷纭，莫衷一是，口水战还在继续。可见问题的复杂性，不能将其简单化。文言文作为几千年文化传承的载体，对中华文明的发展功不可没，毫无疑问要继承和发扬，不能走虚无主义的极端。站在实用主义的角度和本着功利目的来看待文言文，似乎无足轻重;但是站在文化的高度和凝聚民族精神的纽带作用这个角度来看待文言文,情况就会大不一样。语言和文化是凝聚民族精神的重要纽带,能提升民族自信心和自豪感,增强文化自信。一个民族一旦割断历史,抛弃延续本民族生命的文化,将找不到回家的路,甚至会亡国灭种,这在历史上是有深刻教训的。从这个角度来讲,重视文言文教学是毫无疑义的。随着中华民族伟大复兴的高歌猛进,国家正从顶层设计加大文化建设的力度。复兴文化,传承文明,重视文言文,广大语文教师责无旁贷,任重道远。

三、为什么要学习文言文

浙江大学曾对已毕业的大学生进行过一次调查,其中有一个问题是:你觉得大学中文课程中最有用的是哪一门? 结果出人意料,"古代文学"高居第一。绝大部分毕业生认为:"古代文学"能够提高他们的情操和气质,甚至直接影响到他们的工作成绩。这项调查从实践层面更说明了重视文言文教学毋庸置疑。

学习文言文的作用,主要表现在以下几个方面:

1. 获得美感和情感的熏陶。以文言文为载体的古代典籍是中华民族几千年历史长河大浪淘沙留下来的珍品。中华民族源远流长,历史悠久;诸子百家,群星灿烂;文人墨客,人才辈出;精神文脉,历久弥新。博大精深的中华文化至今仍在滋润着中华民族的心灵,激发我们这个伟大民族奋斗的动力,让世界刮目,纷纷投来赞许的目光。随着中华民族的崛起,以学习中华文化为标志的中国热正在升温。此举让中国人越来越自信。文言文作为中华文明的重要标志和中华文化的重要载体理应受到高度的重视。无论是凝聚古圣先贤独特精神的哲理论文散发出来的理性光辉,还是浓缩文人墨客思想情感的文学作品流露出来的感情色彩,无不让读者心动神移,思接千载,视通万里,"吟咏之间,吐纳珠玉之声;眉睫之前,卷舒风云之色"(刘勰《文心雕龙·神思》),获得无穷的理性认知或心灵共鸣。文言文教学能引领学生穿越千年时空与古圣先贤对话,与文人墨客交流;分享他们的智慧,体会他们的情感;得到文化美感的熏陶,提高气质和修养。中学语文课本中的一些文言文(包括古诗词),都是千古传诵的名家名篇,无论是思想内容、理性精神、感情色彩,还是艺术技巧、语言形式、情趣理趣都具有典范性和代表性,都能陶冶中学生的修养,净化他们的灵魂,提高他们的文化素养,培养他们的艺术鉴赏水平。

从文学鉴赏方面说,每个民族都有自己特有的文化心态和审美趣味,不同的民族对事物的感受各有差异。例如日本人对樱花的感情,中国人对荷花的钟爱,都是其他民族难以感受到的。而中国的诗文,特别是诗歌中大量的景物(意象)蕴含了中国人的文化心态。如王安石《泊船瓜洲》"春风又绿江南岸"句中"绿"字是经过反复推敲才定稿的。先后用过"到""过""入""满"等字,感觉都不满意。"绿"字极具表现力,是描写颜色的形容词作使动用法,化静为动,使全句活了起来,表现了春到江南的勃勃生机,描绘出"暮春三月,江南草长,杂花生树,群莺乱飞"(丘迟《与陈伯之书》)的美好意境,让人身临其境,欣喜之情溢于言表。而"到""过""入""满"等字则索然寡味,只是客观交代春天来了,缺乏表现力,无法唤起读者的联想和美感。如果进一步探究,王安石在这里选用了这个"绿"字表现了什么样的心态呢?这就要拓展思路。我们可以从《楚辞》里"王孙游兮不归,春草生兮萋萋"(淮南小山《招隐士》)和唐诗中"春草明年绿,王孙归不归"(王维《送别》)"晴川历历汉阳树,芳草萋萋鹦鹉洲。日暮乡关何处是,烟波江上使人愁"(崔颢《黄鹤楼》)等诗句展开联想。这几句诗说的是他乡的游子,看到异地的芳草绿了,自然就会思乡怀远,产生浓浓的乡愁,这是中国人的一种文化心态。还有"青青河畔草,绵绵思远道"(汉乐府《饮马长城窟行》)写思妇目睹河岸郁郁青青的春草而思离人。在古人的意识里,春和秋是最易引发情思的季节。特别是远游的人对春花秋月特别敏感,这种场景已经成为游子思乡的触发点。而远道游学、外调迁徙、征伐戍边是古人生活的常态,古诗里伤春悲秋的句子比比皆是。游历在外的王安石面对江南的春景,特别是以绿为主色调的满目春光不能不情思绵绵,所以在"春风又绿江南岸"句中选用了这个"绿"字。草绿了,树绿了,想要回家是情理中的事了。读者倘若不懂这种心态,不懂中国的游子文化,也就无法理解诗境,与诗人发生情感的共鸣,体味不到艺术的趣味。台湾诗人余光中有一首思念故乡的诗《蟋蟀吟》,其中写道:"就是童年逃逸的那一只吗?一去四十年又回头来叫我?"海峡这边的流沙河读了,非常激动,写了一首诗《就是那一只蟋蟀》。他对余光中说:"就是那一只蟋蟀/在《豳风·七月》里唱过/在《唐风·蟋蟀》里唱过/在《古诗十九首》里唱过/在花木兰的织机旁唱过/在姜夔的词里唱过……"流沙河能听出余光中心里的蟋蟀声。为什么呢?他说:"中国人有中国人的心态/中国人有中国人的耳朵。"如果不了解这种心态,就感受不出余光中的心声,即使有所感受,也不会有流沙河的那样真切。而要了解中国人的文化心态,非有中国古典文学的修养不成。

2. 增加语言的积累。学习文言文能使学生提高积累语言的能力,提高阅读能力和表达能力。通过文言文了解古今词汇的关系,拓展语言知识,丰富汉语词汇。现代汉语和古代汉语一脉相承,学习文言文可以了解现代汉语中仍然沿用的几千个成语的来源出处、确切含义和演变过程,丰富自己的语言积累。准确使用成语,能使语言表达简洁明快。随便翻阅文言文,我们都能发现现在仍在使用的大量成语。如《鸿门宴》中就有"秋毫无犯""劳苦功高""项庄舞剑,意在沛公""人为刀俎,我为鱼肉""大行不顾细谨,大礼不辞小让"等成语。《廉颇蔺相如列传》中有"价值连城""完璧归赵""渑池之会""布衣之交""负荆请罪""刎颈之交""怒发冲冠""白璧微瑕"等成语。这些成语言简意赅,内涵丰富,表现力强。积累成语是语言修炼的重要手段。阅读浅易文言文,有助于积累词汇,提高现代汉语水平,提高语文修养,学习前人智慧。吕叔湘先生说,辨析现代汉语中的语素,要有古汉语的修养,了解现代汉语词语的语素义,能够帮助我们理解和运用这些词。可谓经验之谈。

3. 学习写作技巧。古人吟诗作文特别严谨,对待语言十分认真,流传下来很多文坛佳话。我们来看几位唐代诗人的句子:"为人性僻耽佳句,语不惊人死不休。"(杜甫《江上值水如海势聊短述》)"两句三年得,一吟双泪流。"(贾岛《题诗后》)"吟安一个字,捻断数茎须。"(卢延让《苦吟》)反映了诗人们对待文学创作严谨的态度。至于大文豪韩愈与贾岛关于"推敲"的故事更是传为文坛佳话。曹雪芹《红楼梦》的创作是"批阅十载,增删五次"。相传《吕氏春秋》写成后用"一字千金"悬赏高人更改,结果无人能更改一字。可见古人创作严肃认真的程度。一字一句都要经过反复推敲,具有高超的表现力和无穷的艺术魅力。学习文言文能使学生借鉴古代名家写作技巧和锤炼语言的一丝不苟的精神。古代作家所写的诗文,无论是立意、构思、取材、剪裁、用典、谋篇、布局、遣词、造句以及叙事、写景、记人、抒情、析理、言物等方面都各有特色,古代作家尤其十分重视文章的意境、结构和语言,通过文言文学习,揣摩取法古代名家,对提高自己的文学修养和写作能力大有裨益。中国现代有影响的文学大家和人文学者无一不受过中国古代文学的滋养。从篇章方面来说,文言作品经过历史的筛选,留下了许许多多精美的作品。这些作品布局严谨,行文简洁,多读这样的文言作品,对提高现代文的写作水平是有帮助的。

4. 继承文化遗产。任何民族的文化都有根基,而中国文化的底蕴始于古代文学,文言文记载了我国古代文化遗产。学习文言文,能切实接触中国文化的博大精深。读不懂文言文,也就读不懂古代文献,所谓继承、吸收和发展也就无从谈起。文化的继承和发展迫使我们要重视古代诗文的学习。学习文言文能延续中华民族的文化命脉。中小学语文教材历经多次编排,逐步加大了文言文(特别是诗歌)的比重。旨在弘扬中华民族的优秀传统文化,留住我们的民族之根,否则我们将找不到回家的路。

具备阅读浅易文言文的能力,有助于继承祖国的文化遗产,重塑民族精神。在中国经济腾飞,国力日渐增强,物质文明高度发达的今天,我们发现要想实现中华民族伟大复兴的中国梦,必须加强精神文明建设,践行社会主义核心价值观。而继承和发扬中华民族优秀的传统文化就是践行社会主义核心价值观的重要表现。只有这样才能凝聚中华民族的向心力,实现中华民族的伟大梦想。在这种背景下,江泽民总书记提出了"三个代表"重要思想,其中有:中国共产党要始终代表中国先进文化的前进方向;十七届六中全会通过了《中共中央关于深化文化体制改革推动社会主义文化大发展大繁荣若干重大问题的决定》;十八大提出了"五位一体"建设(经济建设、政治建设、文化建设、社会建设和生态文明建设)。都旗帜鲜明地将"文化建设"提到了重要议事日程。文化建设是灵魂,是核心,是维系一个民族生存发展的动力之源和精神力量,是实现中华民族伟大复兴的不竭动力。从贵州来说,贵阳孔学堂的建设就是复兴文化的壮举。2012 年 9 月 28 日即孔子诞辰 2563 周年纪念日落成揭幕,孔学堂建设成为研究、传承、弘扬中国优秀传统文化的重要基地。是弘扬中华民族优秀传统文化的有力举措,是打造优秀传统文化的重要品牌。

具备阅读浅易文言文的能力,有助于提高现代汉语水平,有助于继承祖国的文化遗产。我国是一个文明古国,历史留下了浩如烟海的古籍,社会科学的,自然科学的,文学艺术的,其中有很多精华值得我们吸收。如果不继承这份遗产,就会割断我们民族的历史,就会犯虚无主义的错误。我们就会迷失前进的方向。培养学生阅读浅易文言文的能力是中学语文教学的重要任务,也是语文教师的重要职责。

学生时代形象思维好,抽象思维已形成,机械记忆能力很强,正是学习文言文的最佳时期,我们千万不能追求急功近利,让学生错过学习文言文的黄金阶段。否则就会愧对历史,愧对祖先。

四、怎样学习文言文

1. 古代诗文阅读如何定位

《义务教育语文课程标准(2011 年版)》对古代诗文阅读作了这样的定位:

诵读古代诗词,阅读浅易文言文,能借助注释和工具书理解基本内容。注重积累、感悟和运用,提高自己的欣赏品位。

《义务教育语文课程标准(2011 年版)解读》作了这样的阐释:

这一目标的表述,除了继续强调诵读要求外,对文言文阅读也提出要求,即难易度定在"浅易",目标定在"理解基本内容"。而古诗文学习的根本目的,是"注重积累、感悟和运用,提高自己的欣赏品味"。

什么是浅易?一般是指语言文字的障碍较少而显得较为浅近,结构层次简单而篇幅较短,典故较少而阅读时无须借助丰富的文化积累,内容比较贴近学生的认知水平因而易于理解,如常被选为课文的陶渊明《桃花源记》、郦道元《三峡》、周敦颐《爱莲说》等,都应属于浅易文言文。

"理解基本内容",就是通过阅读文言文,能够知道文章表达了什么意思,比如写了一件什么事,描写了一个(或几个)什么人,表达了一个什么道理,仅此而已,无须作深入的分析和评价。例如《桃花源记》描写了一个平等、安宁的美好社会,《三峡》描写了长江三峡的四时景色,《爱莲说》歌颂了莲花君子一样的高洁品格。

古诗文阅读的根本目的,是培养文言语感,加强语言和文化的积累。古诗文中的精彩句段、格言警句、成语典故、优美情景、人物故事等,还有对文言词语和句式的激活和运用,这些都可融进学生的语文生活,使其欣赏品位有所提高。

2. 古代诗文作品教学要领

古代诗文作品教学可从以下四个方面进行:激趣、诵读、积累、鉴赏。

(1)激趣。兴趣是最好的老师,是学生学习的动力。古代诗文作品无论是写人叙事,还是写景状物;无论是托物言志,还是借景抒情都是作者对特定的人、事、景、物有感而发,教师要适时介绍作者所处的社会背景、人生经历,也就是知人论世,从而吊起学生学习的胃口。也可以通过下载诗词朗读音频视频播放给学生听,或者教师声情并茂的示范朗读让学生体会到诗文作品的直观美感。激发学生的学习兴趣。

(2)诵读。选入中学语文课本的诗文作品都是传统的经典名篇,难易适度,文质兼美,行文流畅,朗朗上口。诗歌具有音乐性,和谐悦耳;散文语言整散结合,参差错落,抑扬顿挫。教师要加强示范朗读,读出回肠荡气,声情并茂;要求学生反复吟咏,熟读成诵,体会语言的音韵之美,培养文言语感,增加对文意的理解。"读书百遍,其义自见"就是这个道理。

(3)积累。主要是对文言文词法句法的梳理、归类和总结,悟出文言作品的语言结构规律和使用习惯,从而增加对文言文知识的积累。特别是对通假字、古今异义、词类活用、词语的特殊用法、常见虚词的用法、文言句式特点等知识的积累和掌握。熟悉文言文的行文习惯。

(4)鉴赏。鉴赏是对诗文作品的鉴定和欣赏。是对诗文艺术形象进行感受、理解和评判的思维活动及过程。人们在鉴赏中的思维活动和感情活动一般都是从诗文艺术形象的具体感受出发,将感性认识上升到理性认识。欣赏诗文作品要根据自己的思想感情、生活经验、艺术观点和欣赏趣味对形象加以补充、丰富、完善和创造。运用自己的阅读体验、过去已经有的生活经验和文化知识对诗文作品进行感受、体验、联想、分析和判断,获得审美享受。简单说来就是对诗文作品的语言、形象、思想内容和艺术特色进行赏析和评价,提高学生的鉴赏水平和审美能力。

3. 诗词鉴赏要点:

(1)了解诗歌的特征。语言精练、韵律和谐、感情充沛、联想丰富。

(2)了解诗歌源流与发展演变。诗歌发展经过了六个阶段:风(以国风为代表的《诗经》)、骚(以《离骚》为代表的楚辞)、赋(汉赋)、诗(唐诗)、词(宋词)、曲(元曲),了解每个阶段的诗体特征。

(3)了解诗歌的基本题材。通常有:战争(《秦风·无衣》)、爱国(《示儿》)、友情(《赠汪伦》)、爱情(《诗经·邶风·静女》)、思乡(《静夜思》)、怀古(《永遇乐·京口北固亭怀古》)、送别(《送元二使安西》)、咏物(《咏柳》)。

(4)了解诗歌意象的特定内涵。所谓意象,就是打上诗人感情色彩的客观具体物象。把握意象的特征及内涵有助于理解诗歌的寓意和思想感情,体会诗歌的艺术感染力。诗歌常见意象有:

月:思乡、怀人。例:"举头望明月,低头思故乡。"(李白《静夜思》)"露从今夜白,月是故乡明。"(杜甫《月夜忆舍弟》)"但愿人长久,千里共婵娟。"(苏轼《水调歌头·明月几时有》)"此时相望不相闻,愿逐月华流照君。"(张若虚《春江花月夜》)

菊花:清高人格的写照。例:"朝饮木兰之坠露兮,夕餐秋菊之落英。"(屈原《离骚》)"不是花中偏爱菊,此花开尽更无花。"(元稹《菊花》)

梅花:高洁人格的写照。例:"零落成泥碾作尘,只有香如故。"(陆游《卜算子·咏梅》)"墙角数枝梅,凌寒独自开。"(王安石《梅花》)

松:孤直傲岸,岁寒三友之一。例:"岂不罹凝寒,松柏有本性。"(刘桢《赠从弟》其二)

莲:爱的象征。"莲"与"怜"谐音,所以可借以表达爱情。例:"采莲南塘秋,莲花过人头。低头弄莲子,莲子青如水。"(《西洲曲》)

梧桐:凄凉悲伤。例:"梧桐更兼细雨,到黄昏,点点滴滴。"(李清照《声声慢》)

杜鹃:凄怨哀伤、乡愁乡思。相传,蜀王杜宇(即望帝),因被迫让位给他的臣子,自己隐居山林,死后灵魂化为杜鹃,到春天,杜鹃会一直啼叫到满口是血。另外,杜鹃的啼叫好像在叫:"不如归去,不如归去。"也叫子规,常唤起游子思乡之情。例:"又闻子规啼夜月,愁空山。"(李白《蜀道难》)

秋蝉:高洁,悲凉。秋后的蝉是活不久的,一番秋雨后,蝉只剩下几声若断若续的哀鸣了。例:"寒蝉凄切,对长亭晚,骤雨初歇。"(柳永《雨霖铃》)

鸿雁:思乡怀亲,羁旅之悲。是古代诗歌中传书的信使。例:"雁字归时,月满西楼。"(李清照《一剪梅》)

杨柳:离情依依。例:"今宵酒醒何处? 杨柳岸,晓风残月。"(柳永《雨霖铃》)

长亭:送别之所。例:"何处是归程? 长亭更短亭。"(李白《菩萨蛮》)"长亭外,古道边,芳草碧连天。"(李叔同《送别》)

芳草:离恨。例:"青青河畔草,绵绵思道远。"(汉乐府《饮马长城窟行》)

芭蕉:孤独与忧愁。例:"何处合成愁? 离人心上秋。纵芭蕉不雨也飕飕。"(吴文英《唐多令·惜别》)

羌笛:凄切之声。例:"羌笛何须怨杨柳,春风不度玉门关。"(王之涣《出塞》)

乌鸦:衰败荒凉之兆。例:"斜阳外,寒鸦数点,流水绕孤村。"(秦观《满庭芳·山抹微云》)

夕阳:愁绪。例:"夕阳西下,断肠人在天涯。"(马致远《天净沙·秋思》)

流水:忧愁。例:"问君能有几多愁,恰似一江春水向东流。"(李煜《虞美人·初花秋月何时了》)

(5)了解诗歌常用的艺术手法。

①抒情方式:直接抒情("低头思故乡")

间接抒情:借景抒情("杨柳岸晓风残月")

托物言志(《石灰吟》)

怀古伤今(《念奴娇·赤壁怀古》)

②表现手法:起兴(《卫风·氓》)、衬托(《孔雀东南飞》)、卒章显志("安能摧眉折腰事权贵")、用典(《永遇乐·京口北固亭怀古》)、修辞(比喻:"忽如一夜春风来,千树万树梨花开";比拟:"我歌月徘徊";夸张:"白发三千丈")。

五、课例介绍:三首梅花诗比较阅读

1. 梅花

王安石

墙角数枝梅,凌寒独自开。遥知不是雪,为有暗香来。

2. 卜算子·咏梅

陆游

驿外断桥边,寂寞开无主。已是黄昏独自愁,更著风和雨。无意苦争春,一任群芳妒。零落成泥碾作尘,只有香如故。

3. 卜算子·咏梅
毛泽东

风雨送春归,飞雪迎春到。已是悬崖百丈冰,犹有花枝俏。俏也不争春,只把春来报。待到山花烂漫时,她在丛中笑。

思考与练习

1. 说出三首诗中梅花的形象并比较它们有何不同?

2. 诗言志,说说三首梅花诗表现了诗人的什么情感? 分析一下同题材的作品为什么会有这种差异?

3. 这三首诗的抒情方式有何不同?

4. 背诵这三首诗。

教学方案

教学目标:教给学生诗歌鉴赏的方法,培养诗歌鉴赏的能力,主要是把握诗歌鉴赏的要领,品味诗歌的语言(意象)的丰富内涵,分析梅花的形象特征,学习诗词的表现手法。

教学重点:诵读要领,诗歌的意象,梅花的形象,借景抒情(托物言志)

教学难点:意象内涵,梅花的形象

教学过程:导语激趣,诵读指导,学生自读,师生互动

1. 导语激趣:同学们,时维九月,序属三秋;秋高气爽,丹桂飘香;秋天过后,大地萧索,严冬不期而来,万物纷纷凋零。因为它们禁不住凄风苦雨,霜雪交加的逼迫。可大自然并不沮丧,因为有一种花不畏严寒,傲雪凌霜,为萧索的自然平添了几许生机。同学们知道这种花的名字吗? (生:梅花!)——对,梅花! 梅花,花中四君子之首,傲骨迎风雪,高贵显清雅。自古以来,成为中华民族独特的文化符号,受到了历代文人墨客的青睐。群星灿烂的诗人在梅花的身上寄寓了人世的悲欢和丝丝的情愫,有人借梅花表达了固守节操的高洁人格,有人借梅花抒发了坚强乐观的高尚情操。今天我们就来学习以梅花为题材的三首诗词。它们是王安石的《梅花》,陆游的《卜算子·咏梅》和毛泽东的《卜算子·咏梅》。我们要通过三首诗词的学习来破译解读诗歌的密码。

诗歌,顾名思义,既有文学色彩,也有音乐成分。鉴赏诗歌首要任务是诵读,

因声求气,吟咏诗韵。通过感受诗歌语言的节奏来把握作品的精神,即通过声情并茂的朗读,吟咏,掌握其节拍、用韵等诗律特点,领悟诗歌的韵律感和音乐美,体会诗歌的思想感情。下面请同学们朗读这三首诗。

2. 学生自读。教师画出表格,写出横竖各栏目名称。

作者	身份	意象(环境)	形象(情态)	言志(抒情)	手法
王安石					
陆 游					
毛泽东					

3. 抽学生读。3 人每人一首。

4. 师生纠正读音。教师作诵读指导,强调诗歌既是文字运用的艺术,又是声音运用的艺术。读诗要把握节奏、韵律和感情基调,才能读得声情并茂。抽学生 2 人对同学的朗读进行点评。节奏划分如下:

梅花

王安石

墙角/数枝/梅,凌寒/独自/开。

遥知/不是/雪,为有/暗香/来。

卜算子·咏梅

陆游

驿外/断桥/边,寂寞/开/无主。已是/黄昏/独自/愁,更著/风/和雨。无意/苦争/春,一任/群芳/妒。零落/成泥/碾作/尘,只有/香/如故。

卜算子·咏梅

毛泽东

风雨/送春/归,飞雪/迎春/到。已是/悬崖/百丈/冰,犹有/花枝/俏。俏也/不争/春,只把/春来/报。待到/山花/烂漫/时,她在/丛中/笑。

5. 教师小结后范读:朗读古典诗歌时,除了应该掌握作品的声律特点(节奏和韵律),更要细心揣摩诗句声音上的感情色彩和作者的情绪变化,在缓急、曲直的语调中,融入自己的情感,声情并茂地朗读、吟咏,感受作品的音乐美、情韵美。古代诗歌创作,大多是因情选词,按词定韵。作者用什么样的韵脚对诗词情感基调影响较大。一般说来,韵脚开口度大者,容易表现激昂之情;开口度小,音阻大者,则易与凄婉之情吻合。如王安石诗中的"开""来",毛泽东词中"到""俏"

"报""笑"等表现的就是激昂之情;而陆游词中"主""雨""妒""故"表现的就是凄婉之情。朗读时要通过声音的快慢、强弱和抑扬顿挫传达出诗人特定的感情。

6. 分组诵读。每组一首,第四组抽 3 个同学点评。

7. 全班齐读。

8. PPT 展示思考与练习,课堂讨论,教师总结,形成板书。

朱自清先生认为:"作文便是以文字作画。"这就告诉我们鉴赏诗歌要置身诗境,缘景明情。置身诗境,就是要借助联想和想象,将诗中的意象和画面一一再现到自己的脑海中,使整个心灵沉浸在一个想象之中,得到美的享受。缘景明情说的是一切景语皆情语,字字写景,句句关情,情景交融。诗歌贵在含蓄,诗人的感情含而不露,而是融入景物的描写中,耐人寻味。下面我们就从诗句着眼分析梅花所处的环境及梅花在这种环境中的表现,同时从意象分析入手把握梅花的形象和寄寓的情感。

要求学生找出诗中意象,抽三五个学生说出这些意象内涵,分析三位诗人笔下梅花的形象有什么特点,诗人们通过梅花的吟咏抒发了什么情感(一边分析,一边填充如下表格)

作者	身份	意象(环境)	形象(情态)	言志(抒情)	手法
王安石		墙角(冷落)	芳香四溢 自信乐观	坚持理想	
陆　游		驿外(偏远) 断桥(荒凉) 黄昏(昏暗) 风雨(凄清)	寂寞悲苦 孤芳自赏	固守节操	
毛泽东		风雨(清冷) 飞雪(天寒) 百丈冰(地冻)	坚强华美 乐观开朗	笑对生活	

通过分析我们看出,同样的事物,在不同诗人的心里留下了不同的印记,行诸笔端成了不同的文字,传递出不同的心声。同学们知道是什么原因吗?

(学生有难色,教师点拨)

著名学者王国维在《人间词话》里说:"以我观物故物皆著我之色彩。"不同遭遇不同心境的人看待同样的事物会呈现出不同的色彩。同样是鸟鸣,人在高兴时感觉鸟在唱歌,人在悲伤时感觉鸟在哭泣,就是这个道理。鉴赏诗歌我们还要以意逆志,知人论世。也就是用我们的想法去揣摩诗人的心理,了解诗人所处的时代背景和身世遭遇,因为时代风云和人生际遇会在诗人的心里留下烙印。下面我们结合作者身份、地位和社会环境来体会诗如其人的特点和同题材作品的差别。归纳抒情方式的特点(表现手法)。

作者	身份	意象(环境)	形象(情态)	言志(抒情)	手法
王安石	宰相	墙角(冷落)	芳香四溢 自信乐观	坚持理想	托物言志 借景抒情
陆　游	诗人	驿外(偏远) 断桥(荒凉) 黄昏(昏暗) 风雨(凄清)	寂寞悲苦 孤芳自赏	固守节操	
毛泽东	领袖	风雨(清冷) 飞雪(天寒) 百丈冰(地冻)	坚强华美 乐观开朗	笑对生活	

9. 总结:通过这节课我们可以总结出赏析诗歌的要领:从诵读入手,因声求气,吟咏诗韵。从语言(意象)和形象入手,置身诗境,缘景明情。结合作者的身份、经历,以意逆志,知人论世。

板书:因声求气,吟咏诗韵。置身诗境,缘景明情。以意逆志,知人论世。

10. 背诵这三首诗。

2015 年 8 月 17 日

(沿河县初中语文骨干教师培训讲课稿)

教育再认识

一、什么是教育

教育是永恒的话题，几千年来经久不衰。1985 年北京版《新华词典》是这样表述的："按照一定社会、一定阶级的要求培养人的工作。它对受教育者的身心发展施以影响，使他们形成一定的思想品德，获得一定的知识技能，锻炼出健康的体魄。教育一般指学校教育，但也包括社会教育和家庭教育。"对"教育方针"的表述是："一定的阶级根据政治经济的要求，为实现一定的教育目的所规定的教育工作总方向。"我国《教育法》规定："教育必须为社会主义现代化建设服务、为人民服务，必须与生产劳动和社会实践相结合，培养德、智、体、美等方面全面发展的社会主义建设者和接班人。"1979 年版和 2002 年版《现代汉语词典》均表述为"培养新生一代准备从事社会生活的整个过程，主要是指学校对儿童、少年、青年进行培养的过程"。2004 年北京版《现代汉语规范词典》对教育的表述是："指以影响人的身心发展为直接目的的社会活动；主要指学校对学生进行培养的过程。"美国教育家杜威说：教育即生活，教育即生长，教育即经验的改造。学校即社会。德国著名哲学家雅斯贝尔斯在《什么是教育》中写道："教育的本质意味着：一棵树摇动另一棵树，一朵云推动另一朵云，一个灵魂唤醒另一个灵魂。"马克思曾经说过："教育决非单纯的文化传递，教育成为教育，正是在于它是人格心灵的唤醒，这是教育的核心所在。"苏联著名教育家苏霍姆林斯基对教育也有过精辟的论述。对于教育目的，他提出要培养"共产主义建设者""全面发展的人""幸福的人""合格的公民"等。根据以上工具书的解释和教育名家的理解，我们可以提炼出有关教育的关键词：身心发展、知识技能、文化科学、全面发展、生活生长、经验改造、合格公民、灵魂唤醒。

二、令人困惑的现象

1. 刘海洋、马加爵事件。清华大学电机系大四学生刘海洋，为了证实"熊的嗅觉敏感,分辨东西能力强"这句话是否正确,他先后两次把掺有火碱、硫酸的饮料,倒在 5 只北京动物园饲养的狗熊的身上或嘴里将其烧伤。云南大学学生马加爵因与同学发生矛盾而将四个同学杀害。"天之骄子"对生命的漠视让痛心疾首。

2. 奥数金牌 VS 诺贝尔奖。截至 2008 年,491 名诺贝尔获奖者仅 7 位华人科学家(李政道、杨振宁、丁肇中、李远哲、朱棣文、崔琦和钱永键等),这与华人所占世界人口比例极不协调,且中国本土无一人获得过此殊荣。1901—1997 年,美国获诺贝尔奖211 人。2007 年诺贝尔奖(物理学、化学、医学、经济学、文学、和平奖)获得者11 人,其中,美国6 人,英国2 人,德国2 人,法国1 人。2008 年诺贝尔奖获得者16 人,其中美国5 人。到 2008 年为止,日本已有16 人获诺贝尔奖,其中4 人是在 21 世纪最初三年中获得的。日本计划50 年内有30 人获诺贝尔奖。诺贝尔奖获奖人数的多少反映了一个国家的科研水平,同时也反映了一个国家的教育水平。中国学生在国际奥赛上屡获金牌,处于国际领先水平,但为何不会获诺贝尔奖? 中国人在本土拿不到诺贝尔奖,为何到美国能拿到? 有人意识到是奥数金牌在惹祸。上海已率先采取行动,禁止举办奥数竞赛,北京已下发类似文件表示禁止。

3. 1978 年开始招生的中国科大少年大学班的"神童"教育受到质疑。

宁铂出家:1964 年,宁铂出生在赣州市一个普通的知识分子家庭,两岁半便能背30 多首毛泽东诗词,3 岁时就能从 1 数到100,4 岁时认得400 多个汉字。宁铂看什么会什么,6 岁的他看完《中医学概论》就能替人开药方,看完围棋书后就可以与高手对弈,看完唐诗宋词,便能吟诗作对,宁铂的一系列行为让父亲宁恩意识到,这个孩子不寻常。1978 年 3 月宁铂来到中国科技大学,开始在第一期少年班学习。是中国大学少年班的"第一人",非常聪明伶俐,又很听话。中国人心中一个完美儿童的种种要素,他都有了。他成了记者们追逐的对象。他们让这孩子出名,让这孩子成为"神童",让这孩子放射出一种既神秘又炽烈的光彩,让这孩子成为全国儿童学习的榜样,也成为父母们教育子女的新模式。但是在校期间,宁铂很少做物理学科的研究,却把大量时间用于围棋、哲学和宗教。1982 年,宁铂本科毕业留校,19 岁的他成为中国最年轻的讲师。1988 年结婚之后,他练习气功,与常见的生活习惯渐行渐远。2002 年,宁铂离开中科大前往五台山出家,被校方找回;2003 年,38 岁的宁铂再次出家,这次他成功了。据媒体报道:宁铂入校一年后告诉班主任汪惠迪:"科大的系没有我喜欢的。"汪惠迪打了一份报告给学校,希望学校根据宁铂的兴趣转至南京大学天文系。学校的答复是,既来之,则安之。宁铂被安排选择了自己在赣州八中时就不喜欢的理论物理专业。在中国科大任教期间,宁铂并没有将时间花在物理研究上,而是开始了对宗教、气功的研究。1993年,他开始学习佛教。1998年,宁铂参加中央电视台《实话实说》栏目一期有关神童教育的讨论,针对神童教育,他表达出不予肯定的态度。这期节目,被传为是宁铂向神童教育开炮。

江西省社会学学会会长王明美谈到,"神童教育"在本质上是违反教育规律和人的智力发展规律的。一般情况下,人的受教育过程都要经历幼儿园、小学、中学到大学的过程,这是正常的一般的教育规律,而"神童教育"却贸然提前了学习时间,导致违背教育规律。人在违背规律的情况下,受到来自各方的压力,在沉重的压力和过高的外界期望之下是难以取得较好的学习效果的。

但也有不同观点者。江西师大的李教授说,著名画家李叔同是在出家后,方才找到艺术创造的崭新天地的。宁铂何以不能成为第二位李叔同?或者成为一名高僧呢?

在教育方面,宁铂坚持认为,决不应该设计孩子的未来,应任其自由发展,哪怕孩子最终只能做个普通的人。他对孩子唯一的教化是,不以自我为中心,要真正地去爱人,关心人。

4. 孙云晓报告文学《夏令营中的较量》:1992年,中日两国小学生在内蒙古夏令营比拼,日本人公开说:"你们这代孩子不是我们的对手!"曾经在中国教育界,思想界引发过一场强烈的震动。

5. 比尔·盖茨读到大二就辍学创业,成为世界首富。

6. 山西榆社高考大滑坡,县委常委会开会研究六小时,最后决定通过电视台向全县人民道歉,并且将榆社中学领导班子全体停职待岗,并向全国招聘校长。(2005年07月15日 来源:中国青年报)

7. "南京高考现象"的思考——南京素质教育之痛。2004年南京一家有影响力的晚报以一篇《追问南京高考之痛》的报道及其一系列的"追问"引发了一场南京要不要坚持推进素质教育的论争。一些市民通过打电话、写信、上访等方式向教育部门和学校表达自己的困惑、担忧和指责。报道称:南京2004年高考有26105人参加高考,上本科线的考生为4700人,由此可推断出其本科上线率为18%。而江苏当年本科录取的全省平均比例为35%左右,南京本科上线率之低可见一斑,甚至应为全省倒数第一。当时,南京一家电视媒体更是准确地说,近10年来,南京取得最好的高考成绩是全省第九(江苏以前有11个省辖市,后来增为13个省辖市)。消息传出,不少家长联名投书给南京教育部门,认为素质教育误人子弟,强烈要求学校和教育部门推行应试教育,多给学生补课,要让作业占满学生的生活空间。

8. 南方一名学生到东北读大学,其父母一周去学校两次为其料理生活。上了大学连鸡蛋都不会剥,不知道怎么到食堂打饭。更不用说洗衣服。

9. 一个10岁的小女孩获器乐演奏大奖,其父亲接受采访时,痛哭流涕地说:"为了拿到大奖,我打过女儿四百耳光,如果时光可以倒流,绝不让女儿学琴。"

10. 某小学生将自己手指头割断,避免忍受弹琴之苦。

11. 武汉某小学生不堪课外辅导重压欲与母亲断绝关系。

12. 对多数学生而言,假期补课无异于受罪,但一小学生放暑假了却想到学校补课,她说在学校还有小伙伴可以玩耍,而在家却被父母叫去上各种培训班。

13. 11岁男孩5年参加30余培训班发白如雪。一头苍白的短发,一双空洞的眼睛,这些形容词一般用在老人身上。有谁能相信,这是一个11岁男孩的真实面容!

从6岁开始被家长送入"兴趣班"的湖南宁乡男孩陈子豪,5年间参加了30多个培训班,学习小提琴、硬笔书法、奥数、英语……从一个天真孩童变成琴棋书画皆通的"天才少年"。但也正是这5年的"填鸭战",使得承受巨大压力的他身心疲惫,小小年纪就成了"白头翁"。

天没亮就起床,夜深了还在做作业,一天要学习十五六个小时,就连上厕所和上学路上也要背英语单词,晚上还要参加3个培训班的学习——这就是11岁少年陈子豪紧张"战斗"的一天。

陈子豪的母亲显得很无奈,"别人的子女都报了培训班,我总不能让儿子落后啊!"当问她"孩子能理解你这样逼迫他? 在他的心里,你是天使还是恶魔"时,她说:"一催孩子去兴趣班,他就总是对我发脾气。我想当孩子心中的天使,但这很困难了。"

陈子豪瘦弱的肩膀承载了5年"爱心"与"魔鬼"同在的训练,父母的无限期望与孩子的快乐童年,到底孰轻孰重? 谁该为造就白头天才少年反思?

14. 南非一教授在澳大利亚教书,不强迫儿子上大学而支持他去开店——注重学生的自立自强,培养生存能力和生活本领,不代替不包办。尊重孩子的选择。

15. 2005年,中国社会生活中出现了一个可能会被载入人类史册的新名词——"啃老族"。据中国老龄科研中心公布的一组调查数据,我国有30%左右的成年人依靠父母为其支出部分甚至全部生活费,有人戏谑地称他们为"啃老族"。

据报道,"啃老族"可分几类。

(1)约20%为高校毕业生,对就业过于挑剔,总认为找不到满意的工作。

（2）约10％是以工作太累、太紧张、不适应为由自动离岗离职的。

（3）约20％是"创业幻想型"的青年人，虽有强烈的创业愿望，但没有目标，缺乏真才实学，总不成功，又不愿"寄人篱下"当个打工者。

（4）约10％是频频跳槽者，跳来跳去最后"漂"到无事可做。

（5）约10％是下岗的年轻人，习惯用过去轻松的工作与如今的紧张繁忙相对比，越比越不如意，干脆不就业。

（6）30％是文化低、技能差，只能在中低端劳动力市场上找苦、脏、累工作，因怕苦怕累索性躺在家中"啃"父母。

——见周其俊：《据调查目前我国约30％成年人由父母供养，年轻"啃老族"谁之过》，《文汇报》2005年7月8日第9版。

"啃老族"是道德上"我惟优"、性格上"我独行"、言行上"我说算"、技能上"我没有"的"四我"新人，在生活中无力自理，社会中无力自立，就业中常遭淘汰，不得不依赖长辈，不得不"啃噬"父母。

以上众多事例令人困惑，都直接或间接与教育有关。中国教育问题多多已是不争的事实，究竟原因何在？如果我们将中国教育与国外教育的一些案例稍作比较就能看出一些端倪。中国家长望子成龙、望女成凤心切，浮躁不安，一味急功近利，揠苗助长，忽视人的成长规律，违背教育常识。学校也是功利至上，只重知识的传授，热衷应试教育，只顾追求高分，不管能力的培养，缺乏人格的建构，漠视生命教育，不关注心理健康，忽视个性发展。社会更是推波助澜，用实用主义和功利评价捆绑学校领导和教师，束缚教育的手脚。等等。学生从小被家庭和学校剥夺了玩耍的权利，剥夺了好奇的童心，让他们视学习为畏途，变得自我封闭，感情日益淡漠，导致心理畸形。最终虽然考上了梦寐以求的大学，却找不到方向和目标，迷失自我，精神空虚，百无聊赖，自杀屡见不鲜，让人揪心。稍有教育常识的人都明白这样一条规律：小学教育重在养成良好的生活方式和行为习惯，中学教育重在养成良好的学习方式和思维品质。奈何在如今的社会，这一法则被人为地颠倒：小学中学专注于知识教育，到了大学后却不得不为身体素质的贫乏、行为习惯的缺位、道德信仰的缺失、精神危机的加深买单。实在是教育的悲哀。教育的本意是启蒙，优化人的性情。可是很多现实的情况却恰恰相反。将清纯孩童的性情弄得很糟，甚至近乎恶搞。

有人在问：为了年轻一代不再"一直无业，二老啃光，三才没有，四肢简单，五马乱跑，六亲不亲，七分任性，八方逍遥，九（久）座不动，十分无用"，教育现在可以做什么？为了不再出现"啃老族"，教育该怎么办？

三、教育问题反思

　　教育教学,应该是由多姿多彩的各项活动组成的。可是,我们稍作观察就不难发现,课堂被教师的讲解充斥着,课外被成堆的习题包围着,思想被教师和家长控制着。很多教师和家长甚至认为,学生的任务就是听课、背书、做题、考试,而以提高学生素质为目的的开展有益于学生身心发展的有益活动被认为是不务正业。不少教师注重的是学生是不是专心听课,会不会做题,能不能考高分;而对如何教学生读书做人却很少思考和实践。作为教育工作者,我们应关注学生现在的分数还是未来的发展?识记知识和掌握技能哪方面更重要?中国基础教育普遍存在重知识,轻能力;重结果,轻过程;重分数,轻情感态度和价值观的培养。这对学生的未来会产生什么样的影响呢?中国的基础教育做得扎实,这是举世公认的,国际奥赛的奖牌多为中国人囊括,这就是明证。但为什么诺贝尔奖偏不青睐中国人呢?现在的高等教育为什么出不了大师?钱学森之问带给我们什么样的反思?这和我们的教育制度、教育观念、教育手段和对追求教育的功利是否有某些关联呢?时代已进入了信息社会,信息时代最重要的是自我指导的学习(self-directed learning)。美国著名未来学家阿尔文·托夫勒说:"未来的文盲不再是不识字的人,而是不会学习的人。"联合国21世纪教育委员会提出的21世纪教育的四大支柱,也把学会学习作为未来教育的首要目标。只重分数和文凭的教育已经行不通了,终身学习必将成为21世纪的通行证。我们的教育是不是正在培养未来的文盲呢?2008年9月30日温家宝总理在接受美国《科学》杂志主编艾伯茨专访时说:"培养我们自己的大批的创新人才,首先要从孩子做起,使他们从小就养成独立思考的能力,在他们进入中学、大学后,使他们能够在自由的环境下培养创造性、批判性思维。我常讲:提出问题、发现问题比解决问题更为重要。我们正是需要这样的人才。"可是我们的中小学,甚至大学的自由的环境又在哪里。我们的中小学在轰轰烈烈提素质教育,扎扎实实搞应试教育的时候,美国的中小学却在组织学生搞研究,写论文。在美国有这样一个故事:有两个老婆婆比较中美教育,有个说美国教育好,连小学生都会搞发明,有个说不好,中国小学生会做题。这是对中国教育的褒扬还是讽刺?这个故事不知是真是假,但故事背后的道理让人深思。苏霍姆林斯基早就说过:"不能把小孩子的精神世界变成单纯学习知识。如果我们力求使儿童的全部精神力量都专注到功课上去,他的生活就会变得不堪忍受。他不仅应该是一个学生,而且首先应该是一个有多方面兴趣、要求和愿望的人。只有让学生不把全部的时间都用在学习上,而留下许多自由支配的时间,他才能顺利地学习……这是教育过程的逻辑。"著名教育家陶行知也说过:"先生不应该专教书,他的责任是教人做人;学生不应该专读书,他的责任是学习人生之道。"著名教育家张伯苓也说:"作为一个教育者,我们不仅要教会学生知识,教会学生锻炼身体,更重要的是要教会学生如何做人。"这些至理名言对我们教育工作者是否应该有所启示?

最近在网上读到一篇文章:《美国中学生眼中的中国教育:一切只为考试》。

他们的整个教育都是为了记住一切有可能在考试中出现的东西。

我是美国私立小学教育和公立中学教育的产物,因此我习惯于非常喧闹的教室。如果教师能在这样的课堂上不维持纪律而上完45分钟课,就被认为有本事。与此相比,北京一家中学的课堂气氛在我看来是沉闷的,那里也根本没有不守纪律的问题。

不过,让我真正惊讶的是,尽管我在波士顿拉丁学校上课时,学生不受管束,闹闹哄哄,但是,我感觉从拉丁语老师那里学到的东西好像比在北京这所中学学到的多得多。

中国的学生整天背诵和独自做无声的书面练习,或者齐声做口头练习。他们的整个教育都是为了记住一切有可能在考试中(首先是中考,然后是高考)出现的东西。这可以理解,因为中国公立中学和大学的招生完全看分数。在这个世界人口最多的国家里,进入顶尖学校所要面对的竞争让一个发誓要上哈佛的美国学生感到相形见绌。

中国学生功课的严格程度超过所有美国学生,这种状况在大城市和富足的郊区以及县城尤其严重。这些学生所承受的压力超过了绝大多数美国学生的想象。

不仅如此,对于习惯于在历史和英语课上自由辩论和在数学课上自由讨论不同解题方法的美国学生来说,中国学生的功课看起来空洞和过于受约束。中国学校每个班平均约有45名学生(波士顿学校班级的规模限制在28人,至多超出3名至4名学生),这严重限制了教师对每一名学生的关注度。

中国学校的课程自由发挥的空间很小。数学题只有一个好的解题方法,计算机课只有一个编程方法,完成家庭作业只有一个好方法。每个班的家庭作业——薄薄的卷子——都是一样的,很少要求写论文。课上不讲小说,老师鼓励课外阅读历史类书籍,而不是小说。课上讲的唯一的小说是中国古典四大名著的节选,还有古诗。上课的目的是在尽可能少的时间内向学生灌输尽可能多的知识,完全是为入学考试做准备。

学生缺少讨论和消化所学知识的机会,更少有人在课外参与政治讨论。在被美国人看作是教育组成部分的决策和审慎思考方面,中国的中学生几乎没有任何经验。中国的学校有许多长处,可是它们不培养哲学家。(美国《波士顿环球报》)(2009 年 06 月 11 日 01:58 金羊网 - 新快报)

　　文章描述的美国和中国中小学教育的不同面貌。不同的地域,不同的国度,不同的文化背景,不同的价值取向,教育也应该有所不同。但不同应该只是形式上的,教育的本质和规律应该是一样的,至少是很相近的。例如,教育的根本宗旨在于促成人的全面发展,培养体格健全、人格完善、心理健康、有良好的行为习惯、有优秀的思维品质、有实践能力和创新精神、有强烈的社会责任感和担当意识的合格公民。这已成为现代教育的目标,被广泛认同。可是,综观我们身边的教育现象,却不是这么一回事。听课、做题、考试、上大学成了中小学教育的唯一目标,读书的主要任务就是做题。"题海战术"一词应运而生,制造了无数高分低能的所谓"人才"。大学毕业找不到工作的"人才"遍地都是,除了国家就业岗位有限外,是否还有我们培养出来的"人才"在对待就业问题上眼高手低有关呢? 目前的教育包含了太多的利益驱动和功利色彩,越来越走入死胡同。

　　中国教育的出路在素质教育,可是素质教育折腾了这么多年却依然在岔路口徘徊。

　　校长的感受:

高考后一位校长的真实生活:走不出迷雾和困境

　　6 月 25 日,高考成绩揭晓,分数线、达线人数、状元郎、落榜生……各类消息如潮水般涌来。正所谓年年岁岁"考"相似,岁岁年年人不同。锦上添花雪中炭,几家欢乐几家愁。

　　捧着连夜从招生办取回的高考分数册,一夜之间我愁白了头。数了一遍又一遍,我校文理科硬两类达二本线人数真的就只有 32 名! 比去年增加了 3 人。体育、艺术类达二本线的有 33 人,比去年增加了 7 人。可是,社会上只关注文理硬两类达线的人数,而体育、文艺特长生却不包括在内,700 名学生参考,这"硬两类"百分之四的达线率如何向师生、向社会交代呢? 我把自己关在校长办公室,一连几个小时,沉浸在茫然的麻木中。心痛、委屈、羞愧凝聚成涩涩的两行苦泪,这样的高考成绩,不仅对不起学生,对不起家长,也对不起就就业业、一腔热血的自己啊! 真不知道这所积弱积难的三类中学,这艘"千疮百孔"的"破船",何时才能"轻舟已过万重山"呢? (http://www.sina.com.cn2007 年 08 月 21 日 17:49 中国

教育报)

学校的常态:

有多少示范性普通高中使用魔鬼训练方式

早上5时10分起床,5时40分晨跑,6时早自习,7时吃早饭,中午老师的监督下,三千多名学生齐刷刷地趴在课桌上,50分钟午睡,任何人不许说话,不许走动,22时晚自习结束,22时50分全体关灯睡觉;取消节假日,每个月放假两天,学生在校期间实行全封闭管理,没有班主任签字不许出校门……(人民网强国论坛蒋和平2008年11月27日20:47:45)

学生的苦恼:

一名高三学生说烦恼:4个月做了375张卷子

暑假休息五天就开学,四个星期放一天假。6:20进教室早自习,7:35吃早饭。8:00英语听力,上午四节课。12:00午休,吃中饭,12:35进教室做作业。下午四节课。5:30吃晚饭,6:00晚自习,一上就是4节。除了上课,就是不停地做题,考试。我数了一下抽屉里的试卷,从暑假补课到现在4个多月,共做了375张:语文115张,数学34张,英语88张,物理45张,化学69张,生物24张。另外,每科的辅导书也要啃,一共15本,其中包括两本试卷集。我想学会交流,学会玩。但我会的东西很少,从没跳过舞,会唱几首歌但五音不全,偶尔上网但打字不快。十七八岁,非常宝贵的时候,可我高三学一年,学的只是怎么做题、怎么考试、怎么考更好,我不甘心。我不是厌恶学习,我生长在农村,不管怎样苦我都不会太在意。学还是要学,可我想老师应该更多教动手能力,教我们多接触社会上的事。班主任严禁看报,杂志、课外书,都不允许看。老师说,到了大学想怎么看就怎么看。现阶段就是要学会考试。(http://edu.QQ.com2007年11月28日08:08武汉晨报)

四、教育改革的曙光

新华网北京2008年8月29日电:中共中央政治局常委、国务院总理、国家科技教育领导小组组长温家宝主持召开国家科技教育领导小组第一次会议,听取教育部关于制订《国家中长期教育改革和发展规划纲要》工作情况的汇报,审议并原则通过规划纲要制订工作方案。会议强调,《国家中长期教育改革和发展规划纲要》是进入 21 世纪以来我国第一个教育规划纲要,是指导教育改革和发展的纲领性文件。制订这个规划纲要,是一项十分复杂的社会系统工程。要加强领导,精心组织,广泛听取专家学者、社会各界、学生及家长的意见,重大问题在社会公开讨论,使规划编制过程成为发扬民主、集思广益的过程,成为统一思想、凝聚共识的过程,力争制订出一个人民群众满意、符合中国国情和时代发展要求的高水平规划纲要。从 2009 年 1 月 7 日到 2 月底教育部就纲要包含的 36 个课题向社会各界公开征求意见。截至 2 月 6 日,国家教育改革纲要已征集意见建议 110 多万条。教育部宣布《国家中长期教育改革和发展规划纲要》再次就 20 个问题征集意见,这 20 个问题是从 36 个子课题中提炼出来的,是民众关注度高的重大关键问题,主要涉及教育体制改革、加强农村教育、解决教育突出问题、高中取消文理分科的必要性和可行性、减轻中小学生学业负担的办法措施、如何改革招生考试制度、高等教育发展与改革、高校毕业生就业、促进教育公平等。

五、走进新课程

1. 各国课程改革的现状

(1)日本。日本 2002 年实施新课程,在教育指导思想上突出四个方面:鼓励学生参与社会和提高国际意识;提高学生独立思考和学习的能力;为学生掌握本质的基本内容和个性的发展创造宜人的教育环境;鼓励每所学校办出特色和标新立异。

(2)韩国。韩国于 1997 年 12 月揭开了第七次基础教育课程改革的序幕。改革的基本方向是:培养主导 21 世纪世界化、信息化时代旋律的富有创造性的韩国人。改革目标是:培养富有健全人性和创造性的人。人才培养规格是:在全面发展上追求个性的人;以基本的能力为基础,发挥创造能力的人;以丰富的教养为基础,开拓前进道路的人;在对韩国文化理解的基础上,创造新价值的人;以民主的市民的意识为基础,为共同的发展做出贡献的人。

(3)美国。1991 年提出的《2000 年美国:教育战略》及 1994 年的《2000 年目标:美国教育》指出:所有的学生在四、八、十二年级结束时,要证明有能力在英语、数学、自然科学、外语、公民和政府、经济学、艺术、历史和地理学科内容方面应对挑战;美国的每一所学校要确保所有的儿童学会合理地用脑,以使他们为做有责任感的公民进一步学习,以及为在美国现代经济中从事生产性职业作准备;美国的学生在自然科学和数学方面的成绩要达到世界首位;2002 年,美国政府推出《不让一个孩子掉队法案》,试图解决美国中小学教育质量低下的问题。

(4)英国。1999年,英国颁布新一轮国家课程标准,强调四项发展目标和六项基本技能。四项发展目标是:①精神方面的发展:自我成长,发展自己的潜能;认识优缺点,具有实现目标的意志。②道德方面的发展:明辨善恶,理解道德冲突;关心他人,具有正确行动的意志。③社会方面的发展:理解作为集体和社会一员的权利和责任;为了共同利益,与他人协作。④文化方面的发展:理解文化传统,具有理解和欣赏美的能力。六项技能是:交流、数的处理、信息技术、共同操作、改进学习和解决问题。

各国课程改革的关键词语提取出来有以下这些:国际意识、独立思考、学习能力、个性发展、自我成长、全面发展、学校特色、健全人性、创造能力、丰富教养、开拓进取、文化理解、挑战意识、责任意识、发展潜能、明辨善恶、关心他人、与人协作、美学欣赏等。基本涵盖了教育的应有之义。他山之石可以攻玉,这对我们进一步认识教育的本质提供了帮助,也为我们的教育思考提供了多维参考。虽说国情不同,各有侧重,但还是有很多共同点。

各国课程改革的共同特点:①在价值追求上,各国都力求体现课程上的机会平等,构筑走向终身教育的课程系统;课程富有弹性,加强综合实践和研究性学习课程;课程内容现代化、全球化;综合化课程更关注学生的个性发展。②在具体策略上,各国都调整培养目标,使新一代国民具有适应21世纪社会、科技、经济发展必备的素质;改变人才培养模式,实现学生学习方式的根本变革,使现在的学生成为未来社会具有国际竞争力的公民;课程内容进一步关注学生体验,反映社会、科技最新进展,满足学生多样化发展的需要;发挥评价在促进学生潜能、个性、创造性等方面发展的作用,使每个学生都具有自信心和持续发展的能力。

2. 转变教育观,走进新课程

新世纪初,新中国成立以来的第八次基础教育课程改革在党中央、国务院的直接领导下,正以令人瞩目的迅猛之势在全国强势推进。这次改革步伐之大,速度之快,难度之大,都是前七次改革所不可比拟的。这将实现我国中小学课程从学科本位、知识本位向关注每一个学生发展的历史性转变。成千上万个教育工作者正以高度的历史责任感和极大的热情投入到这场改革潮流中,相信它必将对我国基础教育乃至整个教育产生深远影响。

教育正面临挑战,在新课改背景下我们要树立怎样的教育观、人才观、质量观?

现代人才观的内涵正在发生变化。社会对人才的需求也正在发生变化。社会越来越欢迎有较强的交流能力、组织能力、自学能力、团队合作精神、探索创新能力(研究和发明)的人。人才的需求对传统教育发起了挑战——不仅要培养数量,更要培养质量和综合素质。教育又回到它最初的教育理想中来:使人的身心全面、充分、自由地发展。

正规教育的资格受到挑战。传统的教育证书制度正在逐步削弱乃至退出,教育证书的价值将是浮动的,而不再是一种特权,不再是一个人身份与地位的象征。文凭与水平,孰轻孰重,不言自明。社会希望人们在传统的课程、教室、校园之外"经验或技术地学习";通过学校培养的人在实际社会中的贡献来判断学校的价值,而不是仅仅凭获得的文凭。学校被迫回到它最基本的定位:把学生作为人来教育。学校不能把学生看成用来加工的原材料,强加给他们知识与技能。

学校的功能正在发生变化。学校不再作为一个人力的筛选者或最终资格的提供者,而是终生学习的起点;学校不再是信息的主要提供者,其满足信息的职责已经降低;学校为学习的发展提供延续的服务;学校的生命不再仅仅是一些考试科目,而是努力扩展到课程之外或校园之外;中小学负责学生终生学习过程中核心能力的获得;教师的角色将从信息的提供者和考试的推进者变为学生发展的良师益友;学校机构中,正规、非正规以及私立、公立之间的界限将变得模糊。

教育的功能正在发生变化。当今世界,教育正在进行一场影响人类的革命。雅克·德洛尔代表国际 21 世纪教育委员会向联合国教科文组织提交的报告《教育——财富蕴藏其中》指出:教育在社会发展和个人发展中起基础性作用;教育是社会的核心,是提高社会生活质量的基本手段;面对未来社会的发展和挑战,教育必须围绕四种基本学习能力来重新设计,重新组织,这四种能力是:学会认知(learning to know),学会做事(learning to do),学会共同生活(learning to live together),学会生存(learning to be)。其核心是学会生存。这四种能力是对教育本质的概括,被看作是教育的四大支柱。

教育承担着培养人才的重任,人才是国家兴旺发达的标志,我们要培养什么样的人才才能让人类的文明之花得以绽放? 是反思教育、纠正偏颇、回归正统,还是随波逐流、顺其自认、追功逐利? 是培养人格健全、体魄强健、全面发展的人,还是制造心理残缺、体质衰弱、畸形发展的考试机器? 人是社会的人,教育的目的是促成人的完美和全面发展,适应社会发展的需要。"七十二行,行行出状元",道理通俗,已为更多的人认同。社会行业,名目繁多,没有高低贵贱之分,更无高下优劣之别。能在各行各业干得出色就是人才。人不能面面俱到。正如唐代文学家韩愈所说:"术业有专攻。"面对严峻的形势,我们的教育观、人才观、质量观必须重新建构。

教育,就是教书育人,这是众所周知的道理。我们国家制定的教育方针是:使学生在德、智、体、美、劳各方面都得到发展。这句话可以说对教育的内涵作了高度的概括。如果我们作进一步的诠释就是:教育要使学生养成良好的思想品德和行为习惯,懂得真善美,辨别假恶丑;会做人,善处事,有做人的良知和社会责任感;有良好的学习愿望,思考习惯和思维品质,掌握较丰富的科学文化知识,有科学素养和人文精神;有健康的心理,强健的体魄;有正确的世界观、人生观、价值观和审美观,热爱劳动;有生存的本领和实现自身价值的能力。《教育——财富蕴藏其中》提出的教育的四大支柱是对教育内涵的高度概括,很全面准确地道出了教育的本质特征。完全符合现代社会应有的教育目标。现代社会已进入信息化时代,发展迅速,各种竞争,特别是人类生存的竞争日趋激烈。掌握学习、处事、做人的本领是人才培养的核心内容。传统意义上的教育是偏重书本知识的教育。单纯重视书本知识的学习而忽视品德教育、体育与健康教育、审美观的教育和劳动技能的教育,这是对教育的肤浅理解,是一种畸形的教育观。这种教育出来的学生往往有人格的缺陷和心理的畸形,往往缺乏道德伦理观,心智不健全,漠视生命,而给社会造成危害。如马加爵和刘海洋的悲剧。他们由天之骄子变成了社会的罪人。如果说这两个例子只是个案,那么社会上不时传出大学生犯罪和跳楼这些案例又作何解释呢? 这不能不说是对我们教育的极大挑战和讽刺。由于我们长期以来对人才的概念理解上有些偏颇,只从知识教育这一个维度上去理解和培养,而忽视了品德教育、做人教育和心理健康教育,才导致学生的畸形发展。作为家长在竞争日趋激烈的社会压力下,急功近利,昏了头,对教育缺乏正确的理解,我们不必过多责怪。但作为教育工作者,我们应该进行深刻的反思。如果对这些现象熟视无睹,听而不闻,我们就失职了。我们要深入研究教育的本质规律,将这些现象背后复杂的教育问题暴露出来,找到病根,对症下药,以期恢复教育的生机。作为教育工作者,要以国家和民族的振兴为己任,摒弃功利,本着对人民高度负责的态度,推进教育改革,培养优秀人才。要以强烈的社会责任感,树立正确的教育观和人才观。注重学生的全面发展,努力实施素质教育,全面贯彻国家的教育方针,为社会培养合格人才。才能不愧对我们的良知,才能不辜负时代寄予的厚望。

转变教育观,走进新课程,我们别无选择。

2009 年 7 月 23 日

参考文献:

1. 陈旭远. 新课程推进中的问题与反思[M]. 北京:首都师范大学出版

社,2004.9

2. 教育部基础教育司. 走进新课程——与课程实施者对话[M]. 北京:北京师范大学出版社,2002.9

（沿河自治县第二批县级骨干教师培训讲课稿）

明理知耻　崇德向善
努力打造学校精神文明建设高地

—— 在 2014 年沿河官舟中学道德讲堂暨
师德培训会上的发言

老师们:大家好!

我们今天召开 2014 年道德讲堂暨师德培训会。目的是通过集中学习,让老师们充分认识建设道德讲堂的背景、内容和重要意义,并身体力行,加强师德师风建设,进一步推动我校的精神文明建设。

一、开设道德讲堂的背景和意义

开设道德讲堂是文化建设的重要内容,党的十八大提出"五位一体"中国特色社会主义总体布局,即经济建设、政治建设、文化建设、社会建设和生态文明建设。文化建设属于精神文明建设范畴。文化是民族的血脉,是人民的精神家园。文化能凝聚人心,对于全面建成小康社会,实现中华民族伟大复兴具有巨大的推动作用。在我国五千多年文明发展历程中,各族人民紧密团结、自强不息,共同创造出源远流长、博大精深、光辉灿烂的中华文化,为中华民族发展壮大提供了强大的精神力量,为人类文明进步做出了不可磨灭的贡献。几千年来,炎黄子孙恪守"天下兴亡,匹夫有责"的古训,弘扬"舍生取义,杀身成仁"民族精神,延续了中华民族的命脉,经久不衰,让世界刮目。近代以来,中华民族虽然沦为半殖民地半封建社会,但仍有无数志士仁人高举华夏民族文化旗帜呐喊,激励着中华儿女抛头颅洒热血奋勇前进。1915 年以陈独秀创办《新青年》为标志的新文化运动引进民主和科学,对中国传统文化进行革新,开辟了中华民族文化的新纪元。在旧文化到新文化的嬗变中,伟大的中国共产党诞生了。她从成立之日起,就既是中华优秀传统文化的忠实传承者和弘扬者,又是中国先进文化的积极倡导者和发展者。我们党历来高度重视文化引领、凝聚奋斗力量,团结带领各族人民不断以思想文化新觉醒、理论创造新成果、文化建设新成就推动中国人民伟大事业向前发展,文化工作在新民主主义革命、社会主义建设和改革开放各个历史时期都发挥了不可替代的重大作用。

中国共产党已有近百年的辉煌历史,带领着中国人民从东亚病夫变为今天的东方巨人,屹立于世界民族之林。但同时我们也要看到,改革开放36年来,我国先后进行了经济体制改革和政治体制改革,取得了重大成就。但由于社会全方位改革还不配套,特别是文化体制改革没有跟上,物质文明上去了,精神文明建设却显得相对落后了。出现了一手软一手硬的局面。导致社会有些方面出现了畸形发展的趋向。特别是受西方文化的影响,中华传统文化有被削弱的趋势。部分人出现了信仰危机,集体主义思想淡化,个人主义思想泛滥。非主流文化大行其道,中华民族优秀文化正在受到前所未有的冲击。大公无私,舍生取义,忧患意识,尊老爱幼,仁义道德,诚实守信,文明礼仪,勤俭节约等传统道德正在被人们淡化。拜金主义,享乐主义,自私自利,不讲诚信,尔虞我诈已严重地浸染了人们的灵魂和社会主义的道德准则。在物欲横流的今天,很多人特别是年轻人在多元价值观面前容易迷失自我。由于主流价值观的正确引导乏力,不少青年学生在人生价值取向上误入歧途。今后不能担当建设祖国的重任。文化是一个民族的命脉,一个民族一旦没有了维系自身生存发展的灵魂,将会是一盘散沙。当今非主流文化肆意蔓延,严重侵蚀着社会主义大厦的基石。作为社会而言,经济是物质外壳,政治是核心,文化是灵魂,是民族生存发展的根基和不竭的因子。如果一个国家出现信仰危机,一个民族出现文化衰退,主流价值观受到冲击,人心涣散,世风日下,道德沦丧,就有亡国的危险。中国共产党在改革开放进入深水区之际,看到了文化建设对于深化改革和振奋民族精神,对于凝聚人心搞建设,聚精会神谋发展,由社会主义大国变为社会主义强国的重要意义。基于这样的背景,2000年,中共中央总书记江泽民同志就提出"三个代表"重要思想(中国共产党要始终代表中国先进生产力的发展要求,中国共产党要始终代表中国先进文化的前进方向,中国共产党要始终代表中国最广大人民的根本利益)。"三个代表"重要思想是对中国共产党历史使命和前进方向的高度概括,具有划时代的意义。将文化的建设、繁荣和发展放在国家的长治久安,放在民族的生存发展的战略高度来统揽全局,高瞻远瞩。2011年10月18日十七届六中全会通过了《中共中央关于深化文化体制改革推动社会主义文化大发展大繁荣若干重大问题的决定》。将文化建设放在延续中华民族的根本命脉的高度,放在决定中国共产党的根本命运的高度来看待。提出了加强社会主义核心价值体系建设,繁荣社会主义先进文化,具有远见卓识,有重要的现实意义和深远的历史意义。

社会主义核心价值体系在我国整体社会价值体系中居于核心地位,发挥着主导作用,决定着整个价值体系的基本特征和基本方向。社会主义核心价值观是我们重建民族精神和社会道德的风向标,它为我们国家的精神文明建设指明了方向,具有重要的现实意义。社会主义核心价值体系包括四个方面的基本内容。即:马克思主义指导思想,中国特色社会主义共同理想,以爱国主义为核心的民族精神和以改革创新为核心的时代精神,以"八荣八耻"(以热爱祖国为荣,以危害祖国为耻;以服务人民为荣,以背离人民为耻;以崇尚科学为荣,以愚昧无知为耻;以辛勤劳动为荣,以好逸恶劳为耻;以团结互助为荣,以损人利己为耻;以诚实守信为荣,以见利忘义为耻;以遵纪守法为荣,以违法乱纪为耻;以艰苦奋斗为荣,以骄奢淫逸为耻)为主要内容的社会主义荣辱观。党的十八大将社会主义核心价值观提炼为 24 个字(富强、民主、文明、和谐;自由、平等、公正、法治;爱国、敬业、诚信、友善)。2013 年 12 月 23 日中央办公厅印发《关于培育和践行社会主义核心价值观的意见》,将 24 字核心价值观分成 3 个层面,即国家层面的价值目标,社会层面的价值取向,公民个人层面的价值准则。这 24 个字,勾绘出一个国家的价值内核、一个社会的共同理想、亿万国民的精神家园,为培育和践行社会主义核心价值观提供了基本遵循。积极培育和践行社会主义核心价值观,对于巩固马克思主义在意识形态领域的指导地位、巩固全党全国人民团结奋斗的共同思想基础,对于促进人的全面发展、引领社会全面进步,对于集聚全面建成小康社会、实现中华民族伟大复兴中国梦的强大正能量,具有重要现实意义和深远历史意义。在全社会激发起强烈的共鸣。

结合教育工作来看。在价值观多元的当下,青少年学生对多元文化缺少辨别,对构建健康人格的传统主流文化了解不多,认识不够;而对过分张扬个性、追求享乐、追赶时髦的非主流文化却接受很快。当今社会功利色彩较浓,对青年学生的影响很大。不少青少年社会主义人生理想模糊,缺乏正确的世界观、人生观和价值观,缺乏正直、诚实、爱心,好逸恶劳,不守法纪,自私自利。很难成为社会主义合格建设者和接班人。所以,加强社会主义核心价值观教育已迫在眉睫。十八大报告就扎实推进社会主义文化强国建设作了强调。要加强社会主义核心价值体系建设、全面提高公民道德素质、丰富人民精神文化生活、增强文化整体实力和竞争力。十八届三中全会也指出:"建设社会主义文化强国,增强国家文化软实力,必须坚持社会主义先进文化前进方向,坚持中国特色社会主义文化发展道路,培育和践行社会主义核心价值观,巩固马克思主义在意识形态领域的指导地位,巩固全党全国各族人民团结奋斗的共同思想基础。"对教育工作提出了要求:"深化教育领域综合改革。全面贯彻党的教育方针,坚持立德树人,加强社会主义核心价值体系教育,完善中华优秀传统文化教育,形成爱学习、爱劳动、爱祖国活动的有效形式和长效机制,增强学生社会责任感、创新精神、实践能力。强化体育课和课外锻炼,促进青少年身心健康、体魄强健。改进美育教学,提高学生审美和人文素养。"教育部于本月连续印发两个文件。4月1日出台《关于培育和践行社会主义核心价值观进一步加强中小学德育工作的意见》,明确要将社会主义核心价值观的内容和要求细化落实到各学科课程的德育目标之中。

《意见》强调了以下内容:(1)加强中小学德育的薄弱环节。指出要通过加强中华优秀传统文化教育、公民意识教育、生态文明教育、心理健康教育和网络环境下德育工作来培育和践行社会主义核心价值观。要求加强中国特色社会主义宣传教育、中国梦主题教育、时事教育、法制教育、文明礼仪教育、基本国情教育、海洋知识和海洋生态保护宣传教育,深入开展爱学习、爱劳动、爱祖国教育和节粮节水节电活动(三爱三节)。(2)改进中小学德育的关键载体。强调要充分发挥课程的德育功能,将社会主义核心价值观的内容和要求细化落实到各学科课程的德育目标之中。要广泛开展社会实践活动,充分体现"德育在行动",将社会主义核心价值观细化为贴近学生的具体要求,转化为实实在在的行动。要挖掘地域历史文化传统,因地制宜开展校园文化建设,将社会主义核心价值观融入校园物质文化、精神文化、制度文化、行为文化之中。要积极推进学校治理现代化,将社会主义核心价值观的要求贯穿于学校管理每一个细节之中。(3)提高中小学德育的实效性。号召各级教育部门和中小学校要加强德育规律研究,从中小学生的身心特点和思想实际出发,注重循序渐进、注重因材施教,润物细无声,真正把德育工作做到学生心坎上。要突出知行结合,着力培养学生养成良好的行为习惯,客观真实记录学生行为表现情况,引导学生将道德认知转化为道德实践。要勇于改革创新,探索德育工作的新途径、新方法,定期开展德育教研活动,提升教师德育专业能力。要加强对德育工作的组织领导和督导检查,将其纳入地区、学校教育发展规划和年度工作计划,纳入教育综合督导的重要内容及责任区督学的工作范畴,保障德育工作经费。要强化协同配合与整合社会资源,形成育人合力,共同促进年轻一代全面发展和健康成长。

教育部4月25日又印发《关于全面深化课程改革,落实立德树人根本任务的意见》。要求在培养学生高尚的道德情操、扎实的科学文化素质、健康的身心、良好的审美情趣的同时,突出强调要使学生具有中华文化底蕴、中国特色社会主义共同理想和国际视野,力求使立德树人的方向性、民族性和时代性更加鲜明。为落实好立德树人的新要求,全面深化课程改革的近期工作目标是"建成一个体系、确立一个体制、形成一个格局",即基本建成高校、中小学各学段上下贯通、有机衔接、相互协调、科学合理的课程教材体系;基本确立教育教学主要环节相互配套、协调一致的人才培养体制;基本形成多方参与、齐心协力、互相配合的育人工作格局。"五个统筹"构建全方位立体化育人体系。从当前高校和中小学课程改革总体上看，整体规划、协同推进不够，与立德树人的要求还存在一定差距。主要表现在：学校教育重智轻德，单纯追求分数和升学率，使学生的社会责任感、创新精神和实践能力较为薄弱；高校、中小学课程目标有机衔接不够，部分学科内容交叉重复，课程教材的系统性、适宜性不强；与课程改革相适应的考试招生、评价制度不配套；教师育人意识和能力有待加强。这些困难和问题直接影响着立德树人的效果，必须全面深化课程改革，切实加以解决。培育和践行社会主义核心价值观是立德树人的根本要求。《意见》特别强调，要把培育和践行社会主义核心价值观融入国民教育全过程。践行核心价值观情况将成招生依据。

为了贯彻落实党的十八大和十八届三中全会精神，更好地落实教育部两个《意见》精神，开展道德讲堂已是当务之急。

二、开设道德讲堂的具体内容

开设道德讲堂是当前党的群众路线教育实践活动的重要内容。省、市、县各级党委明确要求，开设道德讲堂是党的群众路线教育实践活动的规定动作。省教育厅也于 4 月 3 日下发《关于在全省各级各类学校迅速增设道德讲堂的通知》，就建设道德讲堂作了具体要求。我们学校要结合师德师风建设和青少年思想道德建设，开展"明理知耻·崇德向善"主题实践活动，进一步提高广大师生员工的思想道德水平，自觉树立诚信意识、责任意识和道德意识。营造明礼知耻、崇德向善、遵纪守法、见贤思齐的浓厚校园文化氛围，培育文明和谐的校园风尚，增强理论自信、制度自信、道路自信、文化自信。具体内容是：

1. 社会主义核心价值观：富强、民主、文明、和谐；自由、平等、公正、法治；爱国、敬业、诚信、友善。

2. 贵州省委提出"五礼五耻"：仁、义、诚、敬、孝；懒、贪、奢、浮、愚。以及孝老爱亲、诚实守信、爱岗敬业、团结友爱等内容。

道德讲堂的开设要与"多彩校园·闪亮青春""三生四爱五心五好"（"三生"：生命、生存、生活；"四爱"：爱祖国、爱家乡、爱学校、爱师长；"五心"：忠心献给祖国、孝心献给父母、爱心献给社会、诚心献给他人、信心留给自己；"五好"：共产党好、社会主义好、改革开放好、伟大祖国好、各族人民好）"三爱三节"（爱学习、爱劳动、爱祖国；节水、节电、节粮）"祖国好·家乡美""培育和弘扬民族精神月"等专题活动的开展结合起来，让学生在活动中启迪智慧、健康身心、幸福成长，培育知荣辱、讲正气、作奉献、促和谐的良好校园风尚，达到讲道德、尊道德、守道德，继承和发扬中华优秀传统文化和传统美德，践行社会主义核心价值观的根本目的。

三、严于律己，为人师表

良好的师德师风是践行社会主义核心价值观的重要前提和根本保证。孔子说："其身正，不令而行；其身不正，虽令不从。"加强社会主义核心价值体系教育对每位教师提出了新的要求。每一位教师必须与时俱进，加强学习，提高理论水平和自身修养。站在时代的前列和教书育人的高度，充分认识加强社会主义核心价值体系建设的重要意义。身教重于言教。首先要求我们要注意自身的表率作用。要严格遵守教师职业道德规范，深刻领会贵州教育精神，践行贵州教师誓词，牢记贵州教师自律歌。要遵守教师廉洁从教的有关规定，切实加强作风建设。十八大之后，中央出台关于改进工作作风"八项规定"。省委出台作风建设"十项规定"。市委出台"六不准"。市纪委出台"八个严禁、八个坚决查处"和"八个一律停职"。县教育系统出台廉洁从教"六个严禁"。各级规定都传达出以下信息：厉行节约、廉洁从教、严于律己、勤政廉政、遵纪守法，遵守家庭美德、社会公德、职业道德。目前全国上下都在开展党的群众路线教育实践活动，活动主题是"为民、务实、清廉"。活动意义是"三个必然要求"（实现党的十八大确定的奋斗目标的必然要求；保持党的先进性和纯洁性、巩固党的执政基础和执政地位的必然要求；解决群众反映强烈的突出问题的必然要求）。总体要求是"照镜子、正衣冠、洗洗澡、治治病"。主要任务是聚焦到作风建设上，集中解决形式主义、官僚主义、享乐主义和奢靡之风这"四风"问题。希望大家加强学习，严格要求自己，以高度的政治责任感和使命感，共同营造风清气正的校园环境。把教书育人作为一项崇高事业。齐心合力，凝聚人心，努力形成爱岗敬业，教书育人的浓厚氛围。从我校师德师风建设情况来看，不容乐观。4月24日，学校党支部组织我校高中部学生干部召开座谈会，征求对学校工作主要是师德师风的意见。收集到以下反馈意见：

对学校总体评价：28人交反馈意见表，18人满意，4人不满意，6人弃权。学生填写最满意的有16个方面，主要有：领导求真务实、老师关爱学生、老师按时作息、老师以身作则、校园环境优美、活动丰富多彩等。学生填写最不满意的也有16个方面，表现在：有的老师言行欠规范得体、学生中不文明表现的不少（如说粗话、抽烟）、厕所不卫生等等。

对学校教育、教学管理的意见和建议有16个方面。归纳起来是：学校应平等对待每一位学生；学校应对教师的教学常规进行监察和督导；建议老师要因材施教、因人施教，要和学生互动；要做学生思想教育工作，要做学生的好伙伴；要开展丰富多彩的课外活动。（个别意见：老师不是很负责，甚至以欺骗学生费用为主，初中尤为严重。建议学校应当加大对教师的监督、教育等)对教师在教书育人过程中的期盼有16个方面。主要有：希望教师都能讲普通话；希望教师把每一个学生当成自己的孩子，多与他们交流沟通；希望教师不要放弃每一个学生，要给他们自信和勇气；希望老师对学生既要"严格"又要"关爱"；希望老师在教给学生知识的同时，更应关注他们的品德培养；希望老师要关注学生的心理健康；希望老师既要关注优秀生又要重视学困生。(个别意见：希望老师以教育学生为主，而不是以欺骗学生为主)

学生是一面镜子，能照出我们的疵瑕。我们要倾听学生的心声，正视存在的问题，见贤思齐，改进工作，为人师表，做教书育人的楷模。

四、静心读书修炼，促进专业发展

师德师风建设的核心内容是《中小学教师职业道德规范》，要点是六个方面，24个字：爱国守法，爱岗敬业，关爱学生，教书育人，为人师表，终身学习。由于时间关系，这里只谈"终身学习"，其他方面请老师们平时自学。由于各种原因，部分教师不同程度出现职业倦怠，对终身学习认识不够，主要表现为教师不爱读书。苏联著名作家高尔基说："书籍是人类进步的阶梯。"在社会各行业中，与书籍密切相关的就是教育行业。毋庸置疑，教师应该是读书的楷模。可现实情况是怎样，大家心里最明白。试问，自费订阅报纸杂志和购买书籍的老师有多少？经常进图书馆看书借书的老师又有多少？多数教师读得最多的书是教科书，而且读熟、读透的教师可能并不多。教师自己不爱读书，怎么能引导学生热爱读书？本月24日收到《共产党员手机报》一条信息。目前国人18—70周岁国民人均纸质图书的阅读量为4.77本，国民图书阅读率不足60%，在全世界排名靠后(联合国2012年调查显示：全世界每年阅读书籍数量排名第一的是犹太人，平均每人一年读书64本。而中国13亿人口，扣除教科书，平均每人一年读书1本都不到。与世界主要国家横向比较：欧美16本，北欧24本，韩国11本，法国8.4本，日本8.5本，中国4.39本)。教师理应成为读书的榜样，学习的楷模，可事实并非这样。世界日新月异，社会向前发展，教育观念变化，知识不断更新，以上情况对新时期的教师提出了严峻的挑战。我们正在走向学习型社会，只有加强阅读才能跟上时代的步伐。经济增长靠知识，知识的获得靠读书。目前，中国经济的高速增长与国民的读书现状极不协调。2010年，中国GDP超越日本，成为世界第二大经济体。中国的GDP从1978年的2683亿美元，猛增到2013年的9.04万亿美元(美国16.2万亿，日本6万亿)，按人民币计2010—2013年三年的国民生产总值由39.8万亿增加到

56.9 万亿,平均每年增长 5.7 万亿元。35 年间增长了 33.7 倍,平均增速接近 10%,即使在遭遇 2008 年汶川地震和 2009 年世界金融危机波及的情况下,中国经济也保持 8% 以上的经济增长速度。开创了中国经济发展史上前所未有的"高速"时代。但我们也要理性地看到,由于人口多,我国的人均国民生产总值仍排在全世界 86 位,中国仍然是一个发展中国家,人均 GDP 只有卢森堡的 1/17,美国的 1/8,日本的 1/6。中国是世界上经济增速最快的国家之一,有资料显示,乐观估计中国将在 2030 年超过美国成为世界第一大经济体。目前,中国已进入中等发达国家行列。专家称 2020 年中国将进入中上等收入国家行列。确实鼓舞人心,但大家不要忘记一个事实,中国的经济发展靠自然资源的大量开发利用。知识经济在目前占的比重还不很大。鉴于此,4 月 23 日,第十九个世界读书日,《人民日报》《央视新闻》两大媒体微博倡议,值得分享:

　　我们读书吧！这个时代,信息爆炸、资讯快速传播、数据飞速更新。这个时代,快节奏的工作和生活,将我们的时间挤压得支离破碎。这个时代,电脑、智能手机、平板……越来越多的屏幕和终端,为我们认识世界、打量自我,提供了更便捷的方式。然而,冰冷的数码,代替不了手抚简篇、感受墨香。手指划过纸张的弧线,仍是心灵不可或缺的温暖。阅读,让人头脑充实、心灵丰盈,让人生得以拓展,让生命因此不朽。阅读,是国民不可或缺的精神食粮,涵养一个民族的精神世界;谁在读书、读哪些书,会决定一个国家的未来。中华民族有着源远流长的阅读文化,"耕读传家""诗书继世"代代承传。2014 年,"全民阅读"写进《政府工作报告》。倡导全民阅读,此举非同寻常。然而,我国国民的图书阅读率仍相对偏低,普及全民阅读仍任重道远。愿更多的人拿起书本,细细品读,感受书香的宁静。让我们为自己、为孩子、为亲朋,送上一本好书,分享阅读的快乐。以心灵的名义,我们读书吧！

　　读书、教学、反思是实现教师专业化发展的必由之路,也是为人师表的表现形式。教师是学生的引路人,不爱读书的教师培养不出爱读书的学生。学生崇拜的是学识渊博的老师,不爱读书的教师得不到学生的尊重。老师们,身教重于言教,为营造浓厚的读书氛围,打造书香校园,我们读书吧！

2014.4.29

（继续教育校本培训讲课稿）

如何搞好校本教研

校本教研是新课程改革背景下一种新型的教研形式,是提升教师素质的重要举措,是教师专业发展的必由之路,是教师获得职业幸福感的重要途径。苏联著名教育家苏霍姆林斯基说过:"如果你想让教师的劳动能够给教师带来乐趣,使天天上课不至于变成一种单调乏味的义务,那你就应当引导每一位教师走上从事研究这条幸福的道路上来。"在一般人看来,教研工作显得高大上,比教学工作做起来要难。有人把它比作"鸡肋",食之无味,弃之可惜。教学是显性的,操作性强,教研是隐性的,不易操作;教学是浅层次的,而教研是深层次的;教学容易考核,而教研不易考核。这种情况导致了教师只顾教学而忽视教研。"教"和"研"一硬一软,没有形成合力,使得教学质量的提高和教育改革的推进缓慢。我们认为,教学和教研不能一手硬一手软,要同步推进。没有教研的教学不是真正意义上的教学,不注重教学实际的教研是苍白的教研。教研是对教学的深化和提高,没有教研作支撑,教学永远只能停留在粗浅的层面。就教师个体而言,只重教学,不重教研,永远只能停留在教书匠的层面,专业永远得不到发展,做不了教学名师或教育家。在教育教学上有成就和建树的教师都是从教研之路上走出来的。教师只有从事教研工作才能站得高看得远,更清楚地认识教育的本质和教学的规律。作为教师,作为教育管理工作者,我们要有做教学名师的理想,有做教育家的情怀,并为之不懈努力,做好教研工作是重中之重。本人从教 23 年,一直没有停止过对教育教学的思考,但对校本教研工作的思考却是近几年的事,通过几年的思考、探索和实践,我对校本教研工作略有了解和感悟,这里稍加梳理,与各位同仁分享。但愿各位能从中悟出一点教研之道。并将我的这个讲义作为案例,进行反思和批判,可能就会有些启发,也就达到了我们这次交流学习的目的。各位身为教务主任,负责学校的教学教研工作,在理论方面可能学习得比较多,实践方面也应该有过不少探索,或许有过很多困惑。来参加这样的交流,可能更多的是想听到一些具体的操作方案,但遗憾的是我们所做的校本教研工作也还是刚刚开始,还在学习和摸索之中,没有现成的可资借鉴的操作办法。但我想来这不重要,转变观念才是最重要的,教学和教研都是个性化的,别人的经验只能借鉴,很难照搬和复制。但转变了观念,并去认真思考,人人都能走出一条适合自己或学校的教研之路。所以下面我在这方面可能说得要多些。如能起到抛砖引玉的作用就达到了我们的预期目的。

一、什么是校本教研

关于校本教研,通常的说法是:以校为本(为主),即"以校为本的教学研究"的简称。是以学校为基地,以教师为研究主体,以教师在教育教学中存在的问题为研究对象,以促进教师的专业发展,提高学校教学质量为主要目的的教学研究活动。

1. 校本教研的由来。校本(school – based),从英文字面来理解就是"以学校为本""以学校为基础"的意思。这里的"本"是本体、主体、根本的意思,以校为本就是以学校为主体。以校为本概念的提出是从学校管理的角度开始的。20 世纪70 年代美国最先引进这个概念,指的是教育管理权的下放。1971 年,美国纽约州成立了"校本管理委员会",目的是实施教育分权管理,把类似课程、教学、人事、财务以及其他学校层面可以控制的事物都划归学校自主管理。20 世纪 80 年代以来美国的"重建学校运动"强调以校为本受到广泛关注。到20 世纪 80 年代末,美国有四分之三的州立法规定成立以学校为中心的管理审议会。英国 1988 年教育法案授权中小学实施"学校自我管理制度",后来发展到广大英语国家和法国,使学校教育逐渐走向校本。

关于"校本",华东师范大学教育学博士郑金洲在《走向校本》中这样解释:所谓校本,一是为了学校,二是在学校中,三是基于学校。为了学校,是指要以改进学校实践、解决学校所面临的问题为指向;在学校中,是指要树立这样一种观念,即学校自身的问题,要由学校中的人来解决,要经过学校校长、教师的共同探讨、分析来解决,所形成的解决问题的诸种方案要在学校中加以有效实施。"为了学校、在学校中、基于学校",叫作校本三要素,可以说考察一项活动是不是校本活动就是要看这三要素是不是具备。

(1)为了学校。学校开展的活动是为了学校各项工作的改进,为了学校的发展、教师的发展和学生的发展。学校要形成可持续发展的内在机制,进行学校个性化、人本化和特色化建设。促进学校的发展应该是任何校本活动的自觉。为了学校归根到底是为了学生。

(2)在学校中。学校的发展只能在自己的学校中进行,要靠学校的自我觉醒、自我努力、自我提升。只有根植于学校的生活、贯穿于学校发展的过程,并被学校所有的教师所认可。所追求的学校发展目标才能积淀为学校的血肉、传统和文化。当然并不是说一切活动都必须在"学校"这一固定的空间中,而只是指由学校"组织"活动这个意义下的学校中。

(3)基于学校。学校发展的主体力量是学校自身,是学校的校长和教师,只有充分调动校长和教师的主动性和创造性,学校才能充满发展的活力。当然也不是只限于学校自身的资源,基于的另一个意义是从学校现在的条件出发,推动学校的发展。

这三个要素表现出学校发展和教师个人发展的互动和统一。一方面要不断把教师个人的智慧、经验和思想转化为教师集体的财富,并形成学校的特色和传统,由教师的发展推动学校的发展;另一方面,学校通过自身的文化和机制,熏陶、培育教师,在教师身上打上学校的烙印,实现学校发展推动教师发展。

2. 校本教研产生的社会历史背景。我们国家在 1986 年提出素质教育。进入新世纪,从 2001 年开始,国家开始了新一轮课程改革(第八次基础教育课程改革,前七次依次为:1951、1952、1956、1963、1978、1986、1990)。先是教育部组织专家对义务教育课程展开调查,1999 年课改专家组成立,2000 年新课程标准研制工作启动,2001 年秋季,新课程实验开始在全国 38 个实验区展开,2010 年秋季在全国全面推广。新课程是教育变革下的产物,与传统课程有明显区别。传统课程以传授知识为主,教师为主体,学生被动接受教师传授的知识。而新课程以教学生获取知识为主,强调自主学习、合作探究。教师是主导,学生是主体。注重学生的个性差别,教学手段的多种多样,课程内容的多姿多彩——国家课程,地方课程,校本课程。传统教学强调教统一的教材,现在注重用教材教。"教材无非是个例子"(叶圣陶语),要求教材的多样化、地方化、校本化。便于适应学生的个体差异和个性化发展。因此,教材、教法,有校与校的不同,有班与班的差别,出现的教学问题也是千姿百态。教学不能搞一刀切,不能用一个标准来要求所有的教师和学生,而应该区别对待。也就是因人而教,因材施教。这一点不是今人的发现,而是两千多年前大教育家孔子的教育智慧。

传统教材(前七次课改的明显标志是修订和使用全国通用教材)、教学(以传授知识为主,忽视学生创新和实践能力的培养)是整齐划一,高度集中(计划经济时代产物),缺乏地域差别和个性。传统课程、教学强调集中、统一(应对各种统一考试,特别是全国高考)。很多学校、教师对权威(专家)的依赖性过大(如用统一的教学参考书,看重标准答案),忽视了自身的存在(缺乏自信,不敢创新),将知识传授给学生作为唯一的任务。而新课程注重教材的多样性,注重开发学生潜能,发展学生的个性,强调学生学习能力的培养,注重教学过程与方法,强化育人功能,特别是情感态度与价值观的培养,构建学生人格,提升学生综合素养。可以说,新课程教学的目的、内容和形式都发生了根本的变化。随之而来的教学问题也越来越多,各校各班的情况千差万别,单凭教育专家的理论根本不能解决所有问题。因此校本教研被提到议事日程上来了。

3. 校本教研的现实状况及难以推动的原因。新课改闹了八九年,推进缓慢,可用"雷声大,雨点小"来形容。难以推动原因是:(1)传统教学观念蒂固根深;(2)教师的畏难情绪;(3)教师的职业倦怠;(4)教育的功利色彩越来越浓,应试教育大行其道;(5)教师对教研的错误观念,认为是专家的事;(6)新的教育评价机制尚未真正建立起来并行之有效;(7)学校领导认识还不到位。

4. 揭开校本教研的神秘面纱。很多教师认为,教师只是教书,至于教研却是专家们的事情。认为教学研究高不可攀。这是对教研的一种误解。不能将教学和教研割裂开来。我们认为,只教不研是盲目的教,只有将"教"和"研"结合起来,才能将教学中的感性认识和经验片断上升为理性认识,又反过来指导教学实践。校本教研立足校情班情,注重实际,关注教学中出现的具体问题,切入的口子小,操作性强,人人都可以主持或参与。学校要求各教研组要围绕校本教学问题创造性地开展多种形式的教研活动,如组织观摩课、示范课、优质课、课改沙龙等,通过多种形式切磋教艺,互相学习,共同提高。

二、为什么要搞好校本教研

校本教研是新课改背景下的产物。"教"是基础,"研"是提高。只教不研是盲目的教,只研不教又落不到实处。只有将教和研有机结合起来才能实现教、研的双重效果。"教研兴校"已成为教育界的共识。教研是提高教师素质的最有效手段。百年大计,教育为本;教育大计,教师为本。没有一支优秀的教师队伍,做好教育工作只能是空谈。教育事关每个学生的健康成长,事关民族的未来。做好教学研究,弄清教育规律,提高育人质量是每一个教师,特别是校长和教导主任义不容辞的责任。做好教学研究才能让教师的专业得到发展,提升教师的内涵和素养,也是从教书匠到教学名师或教育家转变的必然途径。每一个有追求的教师都要把教学研究作为自己的首要任务。从学校来说,抓好校本教研工作是走内涵发展的有效手段。

三、怎样搞好校本教研

1. 研究的内容。时下,农村学校校本教研仍然是"涛声依旧",教师们普遍感到茫然无措,不知该研究些什么。我们认为应从研究自己的教学行为,解决自己的教学问题入手。

（1）抓理论学习。校本教研是"一种理论指导下的研究"。理论是行动的指南,不掌握一定的教育理论,不可能进行真正意义上的校本教研,或者说缺乏理论指导下的教研是盲目的教研,很难取得实效。为此,学校要定期组织教师学习教育教学理论或要求教师利用课余时间自觉学习有关教育教学理论,特别是学习一些新理念、新课程实施过程中的一些新经验等。

（2）抓集体备课。传统备课方式是教师个人备课,新课程主张同年级段同学科教师进行集体备课,针对同一个课题,备课组集体研究教学方案,确定教学目标,选择最佳教学手段。集体备课的好处是:各种教学智慧互相碰撞,各种教学思路互相启发,各种教学方案互相补充,教师之间取长补短。在学习、碰撞、争论、补充的过程中提升了自己对教材、教法的理解能力。这就是"同伴互助"。每个教研组宜每周开展一次研讨活动,以年级组为单位,共同分析教材,明确各课时重难点和教学目标,寻找教材内容与日常生活的联系,依据教材内容与学生实际选择教法与学法,提出每节课教学方案,搜集教学资源,设计教学环节,编制教学课件,安排学生活动等。校本教研中,自我反思,专业引领,同伴互助三要素缺一不可,是校本教研的有效手段。自我反思(教师与自我的对话),同伴互助(教师与同行的对话),专业引领(实践与理论的对话)。集体备课的好处是集中集体智慧,实现资源共享,教师共同提高,不失为一种很好的备课方法。

（3）抓课题研究。这里的课题主要指校本课题。课题来源于具体的教学问题,特别是学校多位教师发现的共性问题。这样的课题更有研究的价值和普遍意义,更能集中集体智慧,更能出成果,更有指导意义和推广价值。课题研究是将教研与科研有机结合的教研活动形式,其操作程序大致为:①选择课题。应以问题为中心,从学校或教师实际需要出发。把教学实践中的疑问、困惑进行归纳、筛选,确定一个讨论专题,组织交流讨论,求得问题的解决。②查阅文献。围绕课题查阅搜集材料,选择、整理材料。③开展课题研究。在学习和研究中注意理论与实践、教学与科研、教师研究与专家指导(农村学校专家不易请到,可读专家的著作)等相结合。④课题研究结题。教师要完成课题的研究报告或论文,总结教育教学经验,并反思研究中的不足,今后进一步进行探讨。

【案例】沿河官舟中学课题《语文学习兴趣策略研究》概述。

本课题为中国教育学会中学语文专业委员会"十一五"重点课题"语文学习策略研究"的子课题(课题编号为 ZY0609)。2009 年送县教育局评审定为合格,获2010 年全县首届科技成果评选三等奖。课题报告书包含以下内容:

①实验教师和学校情况(略)

②实验班(含对比班)情况分析(略)

③课题设计论证(分选题依据、课题内容、实用价值和研究基础几部分)

④选题依据:语文教学源远流长,为各学科之最。在中小学各基础学科中,语文费时最多,但效果总是不尽如人意,这已成为语文教师的共识。长期以来,语文教师大都把精力放在如何教的角度考虑,却很少顾及学生的实际,对学生的研究,特别是对学生语文学习兴趣的研究显得不够。他们只是一厢情愿地站在教师的角度,想当然地教语文,而忽视了对学生"学"的研究,使语文教学严重地脱离了正确的轨道,越教越难。鉴于此,本课题旨在通过培养学生语文学习兴趣来扭转学生厌学的偏向,使语文教学走入正确的轨道。

⑤课题内容:兴趣是最好的老师。如果教师不先把学生的学习兴趣激发起来,不注重"学"的研究而只从"教"着眼,那只是舍本逐末。因此我们要把学生的学习兴趣放在首位。通过一些途径激发学生兴趣,如把语文融入生活中去,使之生活化,趣味化;或充分挖掘文学作品的审美功能,培养学生的审美能力等。

⑥实用价值:语文是一门实践性很强的学科。教师的教固然重要,但主要在于学生自学。学生好学就会无师自通。语文学习靠习得、积累和经验。在很大程度上靠学生自己。如能把学生的学习兴趣激发起来,就不用担心学不好语文。本课题研究就在于解决提高学生语文学习兴趣这一根本问题。这个课题有普遍的意义和实用价值。

⑦研究基础:一是师资保障。参加本课题研究的两位老师都是热爱语文教学的省级骨干教师,掌握了语文教育教学的有关理论,积累了较丰富的语文教学经验,特别是在学生学习兴趣的培养方面积累了一些经验,有一定的研究能力和研究基础,有能力从事本课题的研究。二是硬件保障。学校有充足的图书资源可充分利用(我们学校有全县最大的图书馆,藏书55000册,报刊100多种)。

⑧实验计划(包括起始日期、主要实验阶段、阶段性成果、终结性成果及评估验收)。本课题研究从2006年10月起至2008年6月止,历时两年。分两个阶段:第一阶段为2006年10月至2007年8月,第二阶段为2007年9月至2008年6月。第一阶段制订好计划并按计划进行实验。结束后进行阶段总结,查找问题,比较实验结果和预期构想还有哪些差距,已经取得哪些成绩。第二阶段针对第一阶段中存在的问题进行改进,查缺补漏,力争使本课题达到预期效果。即:全面提高学生的语文学习兴趣,由厌学语文变为爱学语文,并在教师的指导下能独立自主地学好语文。在生活中运用好语文。通过两年的实验,培养学生听、说、读、写能力,全面提高学生的语文素养,达到高中毕业生必备的语文能力。实验结束后将成果

用一定的形式呈现出来,送课题组评估验收。

⑨研究预期成果:将学生学习总结汇编成集;学生读书笔记精选汇编成集;学生练笔精选汇编成集。

课题的实施是一个系统工程,一般包括以下环节和内容:课题申请书(评审书)、立项证书、实施领导小组、实施计划、课题研究制度、课题研究人员职责、课题研究前学生或教师情况调查分析、开题报告,课题研究活动记录、中期检查报告、年度总结、课题结题申请书、结题报告、实验成果(获奖证书、论文、指导奖)、与实验相关的各种材料等。

(4)抓课例研究。课例是关于一堂课的教与学的案例。课例研究是以案例研究形式开展的一种教研活动。研讨内容包括:说课、听课、学生评课、执教教师谈教学设想、意图以及课后反思。听课教师对所听的课进行评议,肯定好的、可借鉴的地方,提出建设性意见等。

【案例】沿河官舟中学课堂教学竞赛活动概况:

沿河官舟中学课堂教学竞赛已历时 14 年,一年一届,办了 13 届,成为学校传统教研品牌项目。先后有 200 多人次教师参赛,每次竞赛一般都有特定主题(侧重要解决的问题),很多教师在参赛活动中得到了成长和锻炼。共锻造了省级教育名师 1 人,省骨干教师 3 人,地级骨干教师 14 人,县级骨干教师 19 人,校级骨干教师 25 人,形成了完整的骨干教师体系(骨干教师有职责有任务有待遇)。它的另一个成效是培养了教师的敬业精神和科研能力,为教师的职称评聘创造了条件。目前我校教师高级职称 30 人,中级职称 81 人,中、高级占教职工总数62.4%。教师发表省级以上论文 250 多篇,其中有不少高质量的论文。

每一届竞赛参赛人员各学科全覆盖,一般在 10—15 人之间。将名额分配到各教研组,初高中按一定比例分配(2008—2009 年按初高中分别组织),参赛者一般以青年教师为主,赛前由教师在教研组自愿报名,教研组组织听课评课后推荐参赛。要求全校教师全员参与听课并由教研组组织评课(安排机动时间进行)。评委由学校行政领导及部分骨干教师组成。赛前先要说课(10 分),然后上课(100 分),课后先是学生给教师评分(10 分),然后评委和各位参赛选手进行议课评课,进行教学反思。选手获奖作为学校绩效考核的依据,大大激发了教师的参与热情,有效地推动了学校教研工作的开展。

(5)抓教学反思。所谓教学反思,是指教师对教育教学实践的再认识、再思考,并以此来总结经验教训,进一步提高教育教学水平。教学反思是教师提高个人业务水平的一种有效手段,是教师改进教学的一种策略,是教师不断提高自身素养的途径。教育上有成就的大家都非常重视教学反思。教学反思的目的是从自己的教育实践中来反观自己的得失,通过教育案例、教育故事和教育心得等来提高教学反思的质量。为此,要强调教师勤写教学反思或随笔(也称教学叙事或教学故事),及时记录教学中的成功、失败之处,记录课堂意外收获,为以后上课积累经验。教学反思在书写形式上要灵活多样,篇幅上有话则长、无话则短,但一定要有实效性。经常写教学反思,形成习惯,有了量的积累,就会有质的飞跃。一学期下来,进行分类梳理集中提炼,就能形成自己的独特观点,写成有一定质量的论文。这就是做学问。学校要将教学反思作为教研工作的检查内容,督促教师做好这项工作。华东师大叶澜教授说过:"一个教师写一辈子教案不一定成为名师,如果一个教师写三年的反思可能成为名师。"可见,写教学反思意义深远。

(6)抓总结提炼。我们学的知识都是前人总结出来的,作为深知教坛耕耘甘苦的教师肯定有很多值得总结提炼的东西。抓总结提炼对教师升华自己的教育教学思想大有裨益。教师要善于总结教学经验,提炼教学思想。把自己对新课程教学的认识、体验、感悟进行梳理总结;把教学中成功和失败的案例记录下来,并用课改新理论加以剖析;把教学经验提炼出来,写成论文,向有关报刊投稿,收获成就感。并用这些经验去指导以后的教学实践,提升自己的教学业务水平。多反思多总结,就会有发现,有收获。

2. 研究的方法。开展各种形式的校本教研活动,应做好"三个结合":即教研与教学相结合,教研与科研相结合,教研与师训相结合,促进教师专业成长。

(1)开展讨论与交流,提高教师对校本教研的认识。学校要组织教师开展教育科研的讨论,转变思想观念,澄清部分教师在校本教研上存在的模糊认识。其实,课堂教学就是不断探究、改进和完善的过程,这个过程就带有研究的性质。关键问题在于教师是否以研究的态度对待自己的教学工作,是否在日常教学工作中不断地学习、探讨、总结、创新。我们要带着"研究"的心态去"教学",勤写教学随笔与反思,努力提高教学水平,让校本教研落到实处。

(2)广泛学习与宣传,形成校本教研的良好氛围。营造良好的教研氛围是搞好校本教研的保证。学校要广泛宣传,给教师"洗脑",有计划地组织全体教师学习新的教育理论,创造条件邀请专家到学校就教育科研工作开设讲座并作指导,或派教师外出学习取经,也就是"请进来""走出去"。要引导教师树立三个观念:明确教研与课改的关系,树立"教育要改革,教研须先行"的观念;明确教研与提高教学质量的关系,树立"向教研要质量"的观念;明确教研与教师的关系,树立"教师是教研的主体""教研不是专家的专利"等观念。要让每一位教师都树立"教研先行","向教研要质量"的思想观念,积极投身于校本教研之中。

(3)加强领导与管理,构建校本教研的管理体系

首先,加强组织领导。学校要成立校本教研工作领导机构,校长或教导主任要亲自挂帅,做校本教研的带头人,以身示范。要安排专人具体办公,保证校本教研工作的顺利进行。学校可根据实际情况,建立以教研组为单位的校本教研小组,制定各组教研方案。要求教师人人投身教育科研,注意教研资料的收集和管理。学校每学期要收集每位教师的教科研经验总结或论文、优质教案、教学随笔等材料,将其分类整理装订成册。

其次,完善管理制度。一是目标管理,每学期制定具体的校本教研目标和完成的时限。二是过程管理,包括课题确定、实施方案、探讨研究、阶段总结材料、论文及科研成果评估等,都要按照时限进行检查督导,管理到位。

第三,建立奖励机制。为了确保校本教研工作顺利进行并取得实效,学校要建立检查评估和奖励的长效机制,肯定教师的劳动成果,让教师获得成就感,激发教师工作的动力。

【案例】沿河官舟中学骨干教师奖励制度概述:

为了激励教师从事校本教研和专业发展,学校制定了有利于教师专业发展的奖励政策,并把教育科研成果列入教师的绩效考核,为教师从事校本教研提供动力保障。如骨干教师的培养和奖励。国家级(省级名师)、省级、地级、县级、校级骨干教师每月分别发放200元、120元、80元、60元、50元津贴。每月发一半,一年考核一次,兑现另一半。大大激发了骨干教师的工作热情。

(4)搞好校本培训。校本培训是指在教育行政部门、教师培训机构的规划指导下,由中小学校长组织领导,学校自主开展,紧密结合学校工作实际,以提高学校教学质量和办学效益、促进教师专业发展和职业修养为目的的教师在职培训形式。

新课程改革是一项系统工程,教师培训是重要一环。新课程改革主要涉及教育观念,教材编写,教学方法和教师素质等方面,其中最关键因素是提高教师素质。因为教育观念的更新,新教材的编写和使用,教育教学方法的改进和变革,都要靠教师去贯彻、实施和落实。这就要求教师素质必须跟上。新课改以来,国家在培训教师,提高教师素质方面虽然花了大量人力、财力、物力,做了大量工作,形式虽多,但实际效果还不尽如人意。省、地、县各级培训搞了不少,但获益是少数

教师,大部分教师还没有这种机会,只能依靠校本培训。所以做好校本培训是教师培训的主要形式。也是推动教育改革的关键。学校要根据具体情况积极开展校本培训工作,谋求教师专业发展途径,提升教育教学水平。

校本培训课程一般分为以下模块:现代教学理论、教育思想、职业道德修养;现代教学方法、教学模式、名家教学风格;教师教育教学基本技能和能力;现代教育技术;学科最新的基本理论及教改信息。

培训内容有:优秀教师与新教师结成师徒;举办短期培训班;校际之间的观摩与交流;反思性教学;课题带动法;组织教师研究教材;远程教育。

【案例】沿河官舟中学校本培训概述:

校本培训是培养教师的有效方式,课改的关键是教师素质的提高,高素质的教师队伍能积极主动去推动新课改,学校近几年大力培养骨干教师,确保了教师队伍的稳定,培养省、地、县、校级骨干教师 60 多人。学校给各级骨干教师规定任务,发放津贴,提高待遇。大大提高了教师们专业发展的积极性。学校每三年评选一次校级骨干教师,给青年教师的成长提供平台。校级骨干教师的评选和培养在县内是首创。评选程序为:由本人申请,教研组推荐,学校组织评选并进行培养。对培养对象有具体的任务要求:上优质课(示范课),参与教研工作情况,写教研论文,对青年教师的传、帮、带,班主任工作等,最后考核认定,任期为 3 年。任期内兑现津贴,任期满后,津贴自动取消,如在任期内有新业绩,可以继续申请并在县级以上骨干教师评选时优先推荐。

2010 年 6 月 25 日

(沿河县中小学教务主任培训讲课稿)

如何理解新课程

新课程改革推进了 10 年,国家从顶层设计到具体实施都做了大量工作,但因为考试指挥棒的魔力及教育的功利性太强,这项工作的推进甚为艰难,已进入低迷期。但是改革的车轮终要向前,"路漫漫其修远兮,吾将上下而求索。"作为教师,我们别无选择,不能回避,只能顺应教育改革的大潮,积极投身新课程改革。鉴于此,我们有必要厘清一些问题,做好深入推进这项工作的准备。

一、新课程教学与传统教学的比较

新课程教学指的是 2001 年开始的第八轮基础教育课程改革背景下一种新型的教学形式。它有别于传统的教学形式。

传统的教学形式主要表现为:教学的切入角度是一维,即单纯从传授知识的角度来教。教学目的是培养学生的应试能力,而忽视学生创新能力和实践能力的培养。教学方法主要采用讲授式、满堂灌、填鸭式,即老师讲,学生听,学生被动学习。教学主体是教师,教师是知识的权威,是课堂的主宰。教学设计主要是根据教学大纲来预设。

新课程教学主要表现为:教学的切入角度是三维,即知识与能力、过程与方法、情感态度与价值观。教学目的是培养学生学习能力、运用知识能力、创新能力和实践能力,以及让学生能活学活用知识,将知识转化为能力。教学方法主要采用启发式、讨论式、探究式,即让学生采取自主、合作、探究的方式学习,表现为师生互动、生生互动。学生是知识的发现者,而不只是接受者。教学主体是学生,老师不再是权威,而是"平等中的首席",教师只是课堂的组织者、引导者和参与者。课堂教学主要以学生的学情背景为依据,本着以开发学生智力,培养学生思维品质,培养学生创新能力和实践能力为目的来设计。课堂既有预设又有生成,有不可预见性。有些知识是师生围绕某个问题一起探究、讨论、归纳而得出的。

二、什么是三维目标

所谓"维",在这里指的是几何学及空间理论的基本概念,构成空间的每一个因素为一维,直线是一维的,平面是二维的,普通空间(长、宽、高)是三维的。三维就是三个维度。如:三维空间。指具有长、宽、高三种度量的空间,也叫三度空间。电子计算机技术领域有个词叫三维动画。指的是应用电子计算机技术生成的、模拟三维空间中场景和实物的动画,比一般动画具有更强的立体感和真实感。教学都有一定的目标。三维目标即教学的三个方面:知识与能力,过程与方法,情感态度与价值观。传统的教学是直线式的,即一维的,唯知识是教。而忽视知识之外的其他方面,如教学过程与教学方法,情感态度与价值观。在教学上,大家都喜欢用"授之以鱼不如授之以渔"这个比喻。意思是给一个人现成的鱼还不如教给他捕鱼的方法。给他一条鱼,他吃了就没有了;而给他捕鱼的方法后,他吃完了自会用他知道的捕鱼方法去捕鱼。推而广之,教学上我们不能只单纯教给学生知识,也要教他们获取知识的方法。教学过程要注意引导学生从现象分析入手,进行启发、诱导,让他们自己去探索和发现知识,体会探索和发现的乐趣。很显然,掌握获取知识的方法比获得知识本身更重要。学生今天的学习是为了获得明天工作和生活的能力,教师不能教学生一辈子,更多的时间是让学生去社会生活中学习、历练,锻炼生存能力。所以,教师在有限的教学时间内只能交给学生获取知识的方法。而情感态度与价值观与我们通常所说的广义的德育相关。教育活动是知、情、意、行的统一。这里的"情""意"实际上属于情感态度和价值观的范畴。教学中,我们要通过知识的传授及与学生一起在探索知识的过程中培养他们正确的世界观、人生观和价值观,培养格物致知的精神和科学素养。体验思考的过程,分享发现知识的乐趣,总结发现知识的规律,培养探索知识的热情和获取知识的成就感。在学习、探索、发现和运用知识的过程中产生对知识的渴望和创造的动力,对生活的热爱、对生存的珍惜和对生命的敬畏。具体说来就是:在人文社会学科(语文、外语、政治、历史、地理、音乐、美术等)的学习中要培养学生热爱祖国,认同优秀的传统文化和中华民族自强不息的精神,热爱人民,有远大的理想、坚定的信念和高尚的情操,有做人的良知和强烈的社会责任感。在自然学科(数学、物理、化学、生物等)的学习中要培养学生对真理的追求和实事求是的科学态度。为了提高课堂的趣味性,教师可以通过对自然科学家的介绍,激发学生对科学的热爱,培养学生探索科学奥秘的兴趣和对科学家的崇敬。教学中可以穿插相关故事渗透情感态度和价值观的教育。如"二战"后,以色列国民要求爱因斯坦回国当总统,他断然拒绝,表现他淡泊名利,崇尚科学的可贵品质。他曾经将1500美元的支票当书签,表现他不重金钱的美德。居里夫人曾将伦敦皇家协会奖给她的一枚金质奖章给女儿当玩具。他们夫妇耗尽毕生心血提炼的一克镭,身价曾高达75万金法郎,居里夫人放弃了拥有权,并毫无保留地公布了镭的提炼方法。她说:"没有人应该因镭致富,它是属于全人类的。"表现了她淡泊名利的美好品质。爱迪生几乎没上过学,他很小就以卖报谋生,用卖报得来的钱买实验药品在火车上做实验,发生危险,被司机打成聋子后仍然继续他的实验,最终有了1500多项发明,表现了他对科学的执著追求。诺贝尔试制炸药发生意外爆炸,差点丧生,当他醒过来竟然拖着断腿高喊"成功了,成功了",表现他献身科学的崇高精神。他终生未娶,一生拥有355项发明专利。在他逝世的前一年,立嘱将其遗产的大部分作为基金,将每年所得利息分为5份,设立物理、化学、生理或医学、文学及和平5种奖金(即诺贝尔奖),授予世界各国在这些领域对人类做出重大贡献的人,表现了他的无私奉献精神。还有阿基米德的故事。公元前212年,罗马军队攻占了阿基米德的家乡叙拉古城,当时已75岁高龄的阿基米德正在沙滩上聚精会神地演算数学,对于敌军的入侵竟丝毫未觉察,当罗马士兵拔出剑来要杀他的时候,阿基米德安静地说:"给我留下一些时间,让我把这道还没有解答完的题做完,免得将来给世界留下一道尚未证完的难题。"由于阿基米德孜孜不倦,刻苦钻研,终于成为古希腊伟大的数学家、物理学家、天文学家和发明家,后人将他与牛顿、欧拉、高斯并称为"数坛四杰""数学之神"。阿基米德的这一壮举表现了他对理想的信念,对科学的执著,对敌人的无畏。在数学、物理、化学、生物课上讲到相关内容时适当穿插这些故事,会使你的课变得兴味盎然,生动有趣。既集中了学生的注意力,也激发起学生对科学家的崇敬,从而产生学习科学的热情,培养起淡泊名利的品质。这就是情感态度和价值观的培养。教学中要注意挖掘教材中的德育素材,用学生喜闻乐见的方法,对学生进行潜移默化的教育,润物细无声。通过教师声情并茂的讲述让学生明其理,晓其义,解其惑,进而培养学生的情感态度和价值观。

三、新课程教育理念

新课程标准倡导新的教育理念,概括起来就是:以人为本,以学生的发展为本,面向全体学生,实施素质教育。课堂上提倡以学生为主体,教师为主导,师生互动,生生互动,自主学习,合作探究。教学中要着力培养学生的创新精神和实践能力。其目的是让学生在课堂上获得学习知识的方法和能力,掌握开启知识大门的钥匙。教师不仅要着眼于学生眼前能学到多少知识,更要着眼于他们未来学习能力的可持续发展。学习知识的最终目的在于运用,在于创造,在于能力的提高。新课程理念提出,教学中要落实三维目标:即知识与能力,过程与方法,情感态度与价值观。也就是：传授知识的同时培养学生的学习能力；教学过程中教给学生学习方法；课堂上培养学生对科学知识的热爱，让学生在学习中明白做人的道理，并能正确评判事物的美、丑、善、恶标准。传统教学过分注重对知识的传授这一维目标而忽视了其他二维目标，这是对教学的片面理解。知识是人们学习和生存的基础。学校教育传授给学生的知识是很有限的，而且有些知识是很快就会被淘汰的。他们一生所用的大部分知识要靠在今后的工作和实践中去学习、积累。教师该做的是教会学生如何去获得知识，也就是"授之以鱼，不如授之以渔"。所以我们在传授给学生知识的同时，还要激发他们学习知识的兴趣，唤醒他们对知识的探索欲望，教会他们获取知识的方法。教学是一门艺术，正如德国著名教育家第斯多惠所说："教学的艺术不在于传授的本领，而在于激励、唤醒、鼓舞。"德国教育家斯普朗格也说过："教育的核心是人格心灵的唤醒；教育的最终目的不是传授已有的东西，而是要把人的创造力量诱导出来，将生命感、价值感唤醒。"联合国教科文组织在其报告《学会生存——教育世界的今天和明天》中也认为："教师的职责现在已经越来越少地传递知识，而越来越多地激励思考；除了他的正式职能以外，他将越来越成为一位顾问，一位交换意见的参与者，一位帮助发现矛盾论点而不是拿出现成真理的人。他必须集中更多的时间和精力去从事那些有效果的和有创造性的劳动：互相影响、讨论、激励、了解、鼓舞。"教育的终极目的在两千多年以前的《礼记·大学》中就提出来了。也就是：格物、致知、诚意、正心、修身——探究事物原理，获得科学知识，养成诚信品质，培养良好心态，提高修养境界。现在通常理解为：教会学生认知、做人，充分发展人的个性并加强对人权和基本自由的尊重，培养学生有良好的情感态度和正确的世界观、人生观和价值观。说具体些，教育的目的在于塑造健康的人，即培养学生健康的体魄，健全的人格和高尚的品德。让他们有做人的良知，有强烈的社会责任感和使命感。同时还要培养他们良好的思维品质、科学素养和人文精神（关于人文精神，有人这样阐释：对个性和个人价值的认同和张扬；对人类终极目标和归属的关注；对生活环境的高度敏感；对苦难和悲剧的悲悯焦虑；等等。集中表现为对人的个性、人格、尊严、价值、命运和国家民族命运的高度关注）。此外还要培养学生具有爱心、有互助合作精神、保护环境和敬畏生命的意识。这就是广义上的情感态度和价值观。可是情感态度与价值观的培养这个目标常常被我们忽略，这应引起我们的高度重视。"教书育人"的提法理应为"育人教书"，育人应放在第一位，人育好了，思想纯正了，他自然会好好读书；即使他的知识有限，但是思想没有问题，至少不会危害社会。相反，如果知识丰富了，但品质不良，就有危害社会的危险（如汪精卫）。因此现代教育十分重视学生人格的构建和心智的健全。这在新课程理念中已明确提出，只是我们还理解不够,重视不够,实践不够。在人文社会科学学科的教学中缺少对学生人文精神的培养,在自然科学学科的教学中缺少对学生科学素养的训练。在教育教学观念上还没有根本的突破,从某种程度上来说还处在传统的教学泥淖中作困兽之斗。教学的真谛在于激起学生思维的火花,培养学生良好的思维品质和获取知识的能力。正如捷克教育家夸美纽斯所说,教学的目的在于:"寻求并找出一种教学方法,使教员因此可以少教,但是学生可以多学;使学校因此可以少些喧嚣、厌恶和无益的劳苦,多具闲暇、快乐和坚实的进步。"法国教育家卢梭也说过:"问题不在于教他各种学问,而在于培养他有爱好学问的兴趣,而且在这种兴趣充分增长起来的时候,教他以研究学问的方法。"这些教育名家的话一语中的,切中肯綮,深刻揭示了教育教学的本质规律,与新课程理念不谋而合。教学首先要激发学生的兴趣,打开学生的心门,培养学生对知识的渴望。因为多方面兴趣是教学的基础,没有这种兴趣,教学大多是空乏而无意义的。他山之石,可以攻玉。名家的教育理念值得我们认真践行。

四、转变教育观念

做每一件事都要有明确的指导思想。观念的正确与否往往会决定事情的成败。教育亦然。教育能否办好,首先取决于观念是否正确。当年日本的经济腾飞与"二战"后对教育的投入加大和教育观念的改变有很大的关系。美国教育把关注人的个性发展、创造精神的培养放在首位,把关注人的自尊自信作为教育价值的主要取向,最终成就了超级大国。而我国一度过多注重书本知识学习的价值取向,忽视了学习与社会生活的联系,忽视学生的个体差异。教育观念滞后,学科体系封闭,不重视创新精神和实践能力的培养。忽视了素质教育而让应试教育大行其道,形成了顽固的应试教育体制。20 世纪 80 年代初,由于"文革"十年动乱造成人才青黄不接,在百废待兴之际,我国实行了精英教育,那是历史的无奈选择。可是,随着我国改革开放带来的经济的腾飞,国力的增强,我国已从人力资源大国向人力资源强国迈步。实施大众教育已成为新时期的必然选择。让人遗憾的是,我国早在 1986 年就提出了素质教育的口号。时至今日,全国各地中小学仍热衷于注重升学率和培养应试高手,导致了学生的畸形发展,缺乏综合素养,表现在学科基础知识扎实,考试成绩好。但实践能力、探究创新能力、适应社会发展能力差。我国历年来参加奥林皮克竞赛中获金奖和银奖的学生,当大学毕业进入社会之后,不少人沦为无多大作为的平庸之辈,他们成为应试教育的牺牲品。当年成绩优异的学生如今变成碌碌无为的人实在太多了。钱学森晚年几次向温家宝总理提起中国的教育有问题,"为什么我们的学校总是培养不出杰出的人才?"这个问题至今仍然没有答案。"钱学森之问"是中国教育之痛,是中华民族之痛,也是关于中国教育事业发展的一道艰深命题,需要整个教育界乃至社会各界共同破解。学生缺乏综合素养,就不能很好适应社会快速发展的需要。所谓综合素养指的是德、智、体、美、劳各方面素养,在企业界、商界,千万富翁,亿万富翁比比皆是,相当多的人学历不高(如比尔·盖茨读完大一退学),甚至有的是初、高中。主要是由于他们进入社会之后勤于观察思考,善于学习,吃苦耐劳,敢于拼搏,较好地构建起了自己的综合素养。在现实生活中,我们发现,当年有的高考优胜者后来未必赶得上当年落榜者。中国商界巨头马云经历过三次高考堪称经典案例,大泼应试教育的冷水,让人深思。

仅从智育来说,重在培养学生的学习习惯、思维品质、探索精神、求知欲望。思维有常规思维、求异思维、发散思维。我们看待事物,分析问题,惯用常规思维,而忽视了求异思维和发散思维。常常导致思考问题缺乏深度和广度,难以创新突破。而创新精神和实践能力是现代教育的灵魂。

中国的教育为什么问题频出,饱受诟病,社会不满意程度高,会出现"钱学森之问"。究其原因,恐怕还是出在教育观念的偏差上,出在思维的定式上,出在急功近利上。如果我们将中外教育进行简单对比就不难发现,中国和发达国家在教育理念和思维方式上有明显差异。中国教育主要是线性思维,教师只注重传授现成的知识,教学模式单一,不关注学生的个体差异和个性成长。教学目的是应试,分数才是硬道理。而西方教育主要是发散思维,教师更重视学生的创新、探索和实践,鼓励学生发表异常见解,促使学生个性成长。发展才是硬道理。举几个在有关资料上看到的例子:美国有两小孩在野外找到一窝鸟蛋,议论起来。一个问:"你猜这只蛋里会是什么?"另一个答是石头。问的那个小孩说:"不对,是里根总统。"要是遇到中国家长或老师,肯定认为孩子是胡说八道。而外国老师是鼓励学生胡说八道的。有个教育家说过:读到大学还不知道胡思乱想怎么行呢? 又如:有人观察过,日本老师、美国老师和中国老师教学生画苹果的方法不一样:美国老师是让学生观察苹果后品尝,再画;日本老师是让学生触摸苹果后再画;中国老师是让学生观察苹果后再画。事情的真假缺乏考证,但却反映了三个国家不同的教育观念和不同的教学效果。可以给我们带来一些启示:外国教育注重学生的体验、感受和探索,往往设计多种活动让学生参与,培养学生实践能力,学生往往能获得具体的认知;而中国的教育重在教给学生知识,学生往往只能有个抽象的了解。中国的学生其实也很聪明,如某小学六年级学生在听老师讲解王安石《泊船瓜洲》中"春风又绿江南岸"这句诗中"绿"字是如何用得好时,被一个女孩质疑,说"绿"字改为"吻"字效果更好。并分析说"吻"字用拟人手法赋予春风以母爱般的温柔,更有情趣和表现力。这名小女孩敢于挑战权威,独立思考,别出心裁,有创新精神,难能可贵。但学生的创新思维常常如一束灵光刚一闪现就被我们老师扼杀。大家可能都听说过这样一个例子:一节小学语文课上,老师问学生:"同学们:雪化了是什么?"学生回答:"雪化了春天"。老师说:"不对。雪化了是水。"学生从文学的角度说,多富有诗情画意;老师却从科学的角度说,否定了学生的思维。这样的教学是对学生智慧和灵感的扼杀,违反了教学是启迪学生思维的教育常识。科学和文学的角度不一样,见仁见智。答案不是唯一的。教育要的是思维的培养,结果并不十分重要。有些问题是很难有标准答案的。例如:韩愈与贾岛"推敲"的故事被传为千古佳话,可当今学界泰斗朱光潜先生持不同看法,认为用"推"更好。其理由是"推"比"敲"更显出山寺月夜的冷清,表现僧人的孤寂,更符合诗人的心境。以上例子可以看出,应试教育热衷推崇的标准答案,其实是扼杀人的想象和个性,这是反教育的;可是我们偏偏热衷于标准答案。自己不愿思考,也懒得引导学生去思考,甚至扼杀学生有创意的思考;很多问题其实没有标准答案,答案不是唯一的是教学中的常态,特别是语文学科更是这样。

总之,我们要站在时代的前沿,从国家和民族的振兴来看待教育,摆脱世俗的功利,切实转变教育观念,才能不辱教书育人的神圣使命。愿与大家共勉。

2010 年 6 月 25 日

(沿河县中小学教务主任培训讲课稿)

树立信心　打牢基础
注重策略　沉着应战

——2018 年高考复习备考策略(以全国卷 **Ⅲ** 为例)

指导思想。语文备考重在平时积累。课内打基础,课外练功夫。要厘清语文高考不考课内的认识误区,加强课文的学习。要吃透语文教材的每一篇课文。必修课五册书涉及各类题材、体裁,大多属于传统经典名篇,思想性、艺术性都堪为典范。要反复诵读,反复玩味,切实体会文思之深、行文之妙、语言之美。课外要多接触报纸杂志,关注现实生活。课内知识向课外拓展延伸。形成完整的语文知识体系。美国教育家华特有句名言:"语文学习的外延与生活的外延相等。"语文学习必须在广阔的生活中去进行才有意义,也才有效果。

经验分享。语文学习主要落实八个字:多读多写,无师自通。多读,除了通读课本,还要读报纸杂志,每天保持半小时阅读,既提高阅读能力,也积累写作素材;多写,每天写 300 字的日记,每周写一篇 800 字的作文。练速度,练思路,练手感。写日记可以培养大家感悟生活、提炼思想、积累素材和语言表达能力,而且写日记作为课外练笔是课堂作文的最好补充,是提高写作能力的有效途径。到了下学期要多做完整试卷,三天一练,模拟高考,严格要求,认真分析,勤于总结,巩固基础,攻克难点。借助参考答案,认真比较,找出差距,总结答题技巧,把握规律。将问题范围逐步缩小。

成绩效果。我任教的班级 2013 届 57 人参考,人均分 100.9,超省人均分 4.95;及格率 91.2% ,超省及格率 13.43;最高分 114 分,100 分以上 33 人,110 分以上 7 人。2016 届 63 人参考,人均分 101.4,超省人均分 4.24;及格率 96.8% ,超省及格率 17.44;最高分 118 分,100 分以上 37 人,110 分以上 10 人。

高考动向。2017 全国卷考试大纲有了新变化。一是"文学类文本阅读"和"实用类文本阅读"由之前的选考变为必考。二是在"古诗文阅读"部分增加了"了解并掌握常见的古代文化常识"的考查内容。三是更重人文情怀,增加了中华优秀传统文化的考核内容,积极培育和践行社会主义核心价值观,充分发挥高考命题的育人功能和积极导向作用。提醒考生要扩大阅读量,特别要关注时事新闻,阅读报纸杂志,保持对现实社会的敏感度,关注社会生活,培养家国情怀,增强文化自信,提升人文素养。

2017 年高考大纲对考生的综合素质要求更高。强调语文学习的延伸,鼓励独立思考和个性发展。语文学习要聚焦核心素养:语言建构与运用、思维发展与提升、审美鉴赏与创造、文化传承与理解。特别要加强思维训练,培养逻辑思维能力和思辨能力。

试卷结构。分四部分:

1. 现代文阅读(35 分)

(1)论述类(9 分):三道四选一题。

(2)文学类(14 分):一道四选一题,两道主观题。

(3)实用类(12 分):材料 2—4 则,一道四选一题,一道五选二题,一道主观题。

2. 古代诗文阅读(35 分)

(1)文言文阅读(19 分):三道四选一题,一道翻译题。

(2)古代诗歌阅读(11 分):一道五选二题,一道主观题。

(3)补写诗文名篇空缺部分(5 分):初、高中各一句。

3. 语言文字运用(20 分)

成语、语病、表达、补写、推断题各一道。

4. 作文(60 分)

试题变化。较之以往有了较大的变化。

1. 总体来看,客观题增加,主观题减少。

2. 阅读量增加,要求考生提高阅读速度。

3. 增加了古诗文中的文化常识(科举、传统节令、官职、委婉称谓等)的考查。

【备考策略】

1. 重视阅读,养成阅读习惯,加快阅读速度,提高理解水平,培养信息筛选能力。

2. 阅读量的增加可能会挤占作文的写作时间,平时考试要注意答题时间分配及合理取舍,作文拿分一般比较稳,要保证作文时间。

3. 注重培养学生的阅读能力和写作能力,多训练思维能力,特别是求异思维和发散思维能力。

4. 平时紧扣阅读和写作来安排复习。每天要保证有一定的阅读时间,课内课外结合。每天写一篇日记,每周一次作文训练。

5. 专题复习必须于2月底前完成。3月份起加强高考模拟题的训练。

6. 专题复习按知识点逐个击破,复习每个点的时间有限,要完成一定量的练习,选题要精,不要贪多,避免重复劳动。对每种题型要解剖麻雀,研究答题技巧,举一反三,触类旁通。法国哲学家笛卡尔说:"最有价值的知识是关于方法的知识"。得方法者得高考。

7. 从2018年3月份起,要多做完整的套题(模拟题),多做题能锻炼手感。根据题目的难易度,合理分配答题时间,严格按高考时限答题,已经巩固的题型少重复,对尚未巩固的题型要重点关注。

大纲(考试范围及考点)解读及备考策略

语文能力一般分为六个层级,由低到高依次是:识记(A)、理解(B)、分析综合(C)、鉴赏评价(D)、表达应用(E)、探究(F)。每个考点处在不同的层级。

一、现代文阅读

(一)论述类文本阅读

阅读中外论述类文本。了解政论文、学术论文、时评、书评等论述类文体的基本特征和主要表达方式。阅读论述类文本,应注重文本的说理性和逻辑性,分析文本的论点、论据和论证方法。一般是涉及文学、历史、哲学、美学、艺术等文章,选文注重文化含量。

1. 理解 B

(1)理解文中重要概念的含义

(2)理解文中重要句子的含意

2. 分析综合 C

(1)筛选并整合文中的信息

(2)分析文章结构,归纳内容要点,概括中心意思

(3)分析论点、论据和论证方法

(4)分析概括作者在文中的观点态度

【备考策略】要博览群书,广泛涉猎相关文章,特别是文学经典和文化含量高的人文著作(历史、哲学、美学、艺术)。多读理性色彩较浓的文章,培养理性思维和思辨能力。要厚积才能薄发。多读文化含量高的经典作品,无论是做阅读题还是写作文都大有裨益。

题目类型为四选一。主要考查的是捕捉文中主要信息,理解关键语句的含

义。不要求完全读懂课文。虽然高考试题中的论述类文章,内容涉及广泛,思想容量大,有的文章专业性很强,但毕竟考查的是阅读能力,而不是要求考生全面、系统、透彻地弄懂相关的知识。做题时要看清题目的表述,只需将选项放入原文所处位置进行对照,稍作比较即可。

我们在做论述类文章阅读试题时,要牢固树立"答案就在原文中"的观念。如"理解重要词语、句子在文中的含义"中的"文中"即指具体的语境。有两种含义:一是指对文章全局的整体把握,二是指具体词句的上下文。即使"推断和想象"类试题的答案也在原文中能找到依据。

筛选并整合文中的信息是解题的重点,落实"四找":找区位,找差别,找错因,找答案。

1. 找区位,审题干。即阅读每一选项,要从原文中找到相对应的区位。

2. 找差别,包括内查语意与外查关系。

(1)内查语意:对照原文,精读相应文字,查找区位的相关叙述与选项有没有意思上的差别,尤其是一些细微的差别,如程度、范围、角度、先后顺序等。

(2)外查关系。查找时,要注意上下文之间的关系,主要包括:话题关系——与前后文是否属于同一话题;逻辑关系——在逻辑上与前后文是否一致。

3. 找错因。论述类文本命题陷阱,主要集中在选择题错误选项的设置上,一般为十种陷阱:

(1)偷梁换柱。偷换概念,原文中甲结果在选项中变成了乙结果。

(2)张冠李戴。把原文中对象为 A 的概念说成是 B。

(3)以偏概全。改变原文中数量表述的范围,将部分改成全部,局部改成整体。

(4)是非颠倒。故意对原文的信息进行反说,原文是肯定的,在选项中变成了否定;原文是否定的,在选项中变成了肯定。

(5)强加因果。把原文没有因果关系的信息说成是因果关系,导致不合逻辑。

(6)超前判断。一是弄错时态:如将"将来如此"说成了"已经如此";二是模糊事实,往往是在"必然如此"还是"可能如此"上做文章。

(7)无中生有。在原文中找不到依据。

(8)瞒天过海。故意遗漏文中的重要信息。

(9)答非所问。故意与所问的问题不一致,驴唇不对马嘴。

(10)喧宾夺主。选项中所列的内容在文中都能找到依据,但只有一个是阐释概念的主要原因,其他项虽不算错,但都是次要原因,这样放在一起干扰考生,起到喧宾夺主的作用。

（二）文学类文本阅读

阅读和鉴赏中外文学作品。了解小说、散文、诗歌、戏剧等文学体裁的基本特征和主要表现手法。阅读鉴赏文学作品，应注重价值判断和审美体验，感受形象，品味语言，领悟内涵，分析艺术表现力，理解作品反映的社会生活和情感世界，探索作品蕴涵的民族心理和人文精神。

1. 理解 B

（1）理解文中重要词语的含义

（2）理解文中重要句子的含意

2. 分析综合 C

（1）分析作品结构，概括作品主题

（2）分析作品的体裁特征和表现手法

3. 鉴赏评价 D

（1）体会重要语句的丰富含意，品味精彩的语言表达艺术

（2）鉴赏作品的文学形象，领悟作品的艺术魅力

（3）评价作品表现出的价值判断和审美取向

4. 探究 F

（1）从不同角度和层面发掘作品的意蕴、民族心理和人文精神

（2）探讨作者的创作背景和创作意图

（3）对作品进行个性化阅读和有创意的解读

【备考策略】文学类文本阅读，小说和散文（写人叙事）居多。通常是理解人物形象、分析人物性格、梳理文章结构、概括文章主题、鉴赏表现手法、品味句子含义。最后一道题往往是开放性试题，考查考生对作品个性化阅读能力，考查考生求异思维、发散思维能力。考生可以结合文本内容和自己的生活经验作答，见仁见智、言之有理、自圆其说。

阅读时要从大处着眼，整体把握。明确三个问题：写什么（内容），为什么写（主题），怎样写（手法）。要结合时代背景，知人论世，分析作者的创作意图、价值判断和审美取向。

答题时，要整合文章内容，从几个方面分条陈述，条分缕析，层次清晰。这一点也适用于实用类文本阅读。

（三）实用类文本阅读

阅读和评价中外实用类文本。了解新闻、传记、报告、科普文章的文体基本特征和主要表现手法。阅读实用类文本,应注重真实性和实用性,准确解读文本,筛选整合信息,分析思想内容、构成要素和语言特色,评价文本的社会功用,探讨文本反映的人生价值和时代精神。

1. 理解 B

（1）理解文中重要概念的含义

（2）理解文中重要句子的含意

2. 分析综合 C

（1）筛选并整合文中信息

（2）分析语言特色,把握文章结构,概括中心意思

（3）分析文本的文体特征和主要表现手法

3. 鉴赏评价 D

（1）评价文本的主要观点和基本倾向

（2）评价文本产生的社会价值和影响

（3）对文本的某种特色作深度的思考和判断

4. 探究 F

（1）从不同角度和层面发掘文本反映的人生价值和时代精神

（2）探讨作者的写作背景和写作意图

（3）探究文本中的某些问题,提出自己的见解

【备考策略】实用类文本阅读已考多年,主要考人物传记,考点主要关注人物的出生背景、生活历程、人物形象、独特性格、奉献精神、杰出贡献。

阅读时要理清传记陈述的基本事实。传记一般采用顺叙的写法。因此,对显示传主重要生平事件、命运转折、至关重要的思想精神活动的那些时间,应重点标示出来,这样可以快速理清文章脉络,把握传主的主要生活历程。在梳理主要事件时,要抓时间、地点以及相应发生的事件,运用合并同类项方法,概括出主要事件。要联系传主生活的时代背景和社会环境,根据作品所陈述的与社会进程以及传主个人成长相关的重要事实,了解具有典型意义的事件和细节,把传主思想、精神、性格和人格魅力彰显出来。

2017 年（全国卷Ⅲ）考查的是报告。三份报告（摘录）依次是《中国文化遗产事业发展报告（2014）》《中国文化遗产事业发展报告（2015～2016）》《博物馆能否成为旅游经济新坐标》。设置的三道题依次是:对材料二相关内容的理解（四选

一)、对材料相关内容的概括和分析(五选二)、概括说明博物馆在科研方面的作用(主观表述题)。阅读时要注意文本的真实性、实用性和科学性,准确解读文本内容价值取向,筛选整合有关信息,评价文本的社会功用。

建议平时多关注时事新闻和报刊,留心社会生活的变化,关注科技前沿信息,培养理性思维能力,养成摘录要点和做读书笔记的习惯,培养筛选整合信息能力和分析概括能力,提升科学素养和科学预见能力。

二、古诗文阅读

阅读浅易的古代诗文。

1. 识记 A

默写常见的名句名篇

2. 理解 B

(1)理解常见文言实词在文中的含义

(2)理解常见文言虚词在文中的意义和用法

常见文言虚词:而、何、乎、乃、其、且、若、所、为、焉、也、以、因、于、与、则、者、之。

(3)理解与现代汉语不同的句式和用法

不同的句式和用法:判断句、被动句、宾语前置、成分省略和词类活用。

(4)了解并掌握常见的古代文化知识

(5)理解并翻译文中的句子

3. 分析综合 C

(1)筛选并整合文中信息

(2)归纳内容要点,概括中心意思

(3)分析概括作者在文中的观点态度

4. 鉴赏评价 D

(1)鉴赏文学作品的形象、语言和表达技巧

(2)评价文章的思想内容和作者的观点态度

【备考策略】

(一)文言文阅读

分选择题(词、句、段)和句子翻译题。2017 年三道选择题依次为断句、文化常识、内容分析概括。断句靠平时对课文熟读成诵中培养起来的语感;文化常识分散于学过的课文注释和老师的讲课中。这里只说说内容概括。文章体裁为人

物传记,阅读时要纵观全局,整体感知,把握六要素(时间、地点、人物、事件、经过、结果);抓住传主的形象、性格和精神面貌,立身行事的闪光之处,一生的成就和突出贡献;理清传主经历事件的来龙去脉,前因后果,进行提要钩玄,就能把握内容要点。

翻译题10分,权重不小。要求:信、达、雅。信——逐字落实;达——通顺;雅——有文采。

文言文要多读。诵读课文,注重积累,主要是词法(一词多义、古今异义、使动用法、意动用法)和句法(宾语前置、定语后置、状语后置、省略句、被动句)特征。对历史背景、天文地理、文化常识、典章制度、人文知识等要有所知晓。课本古诗文注释中包含大量的文化知识,在平时课文学习中要注意点滴积累。

(二)古代诗歌鉴赏,诗歌是抒情的艺术,试题设计一般是着眼于诗歌思想感情的理解和艺术手法的鉴赏

诗歌题材一般有:战争(《采薇》)、爱情(《氓》)、爱国(《示儿》)、友情(《赠汪伦》)、思乡(《静夜思》)、怀古(《永遇乐·京口北古亭怀古》)、送别(《送元二使安西》)、咏物(《咏柳》)等类型。这些题材无非涉及人、事、景、物。诗人在特定情景下被人、事、景、物所触动就会产生喜、怒、哀、乐之情。通常有:孤独寂寞、凄凉惆怅、激情豪迈、沉郁顿挫、感物伤怀、赞美自然、借景抒情、悠然恬淡、欣喜愉悦、旷达乐观、抑郁不平、忧国忧民、积极奋发、爱情失意等。

艺术手法一般有:白描、象征、起兴、衬托、渲染、对比、动静结合、虚实结合、情景交融、卒章显志、用典、修辞(比喻、比拟、夸张、铺排)等。诗歌重在抒情,抒情方式有直接抒情和间接抒情(借景抒情、托物言志、怀古伤今)。

熟读初、高中全部诗文名篇,把握诗歌的行文规律。主要关注唐诗宋词。唐诗重情,宋诗偏理。诗文作品内容无非人、事、景、物。诗人要表达的无非情与理。古代文人墨客不同程度受儒、道、释各家思想影响,独行独往,追求精神自由,独立人格,恪守"穷则独善其身,达则兼济天下"的价值观。他们喜欢在诗词中把自己的人生观、世界观和价值观以情感和理性的方式表现出来,要么有情趣,要么有理趣。诗歌贵在含蓄,情趣和理趣的表达往往通过写人、叙事、写景、状物的手段表现出来。一切景语皆情语,字字写景,句句关情,情景交融。状难写之景如在目前,含不尽之意见于言外。

名篇名句默写题。涵盖初、高中课本上要求背诵的名篇名句,要熟读成诵,提起上句知道下句。要在理解的基础上诵读,名篇名句默写题的考查,近几年都是先告诉你诗句意思,要你写出相应的句子。特别提醒:不能写错字,诵读的时候要

细心,特别是同音字。

　　每天早上保持 10 分钟诵读。熟读成诵,读书百遍,其义自见。熟读诗句可以为写作积累素材。作文中适当引用诗文名句可以使文章增辉添彩。

三、语言文字运用(20 分)

正确、熟练、有效地使用语言文字。

1. 识记 A

(1)识记现代汉语普通话常用字的字音

(2)识记并正确书写现代常用规范汉字

2. 表达应用 E

(1)正确使用词语(包括熟语)

(2)辨析并修改病句

病句类型:语序不当、搭配不当、成分残缺或赘余、结构混乱、表意不明、不合逻辑。

(3)选用、仿用、变换句式,扩展语句,压缩语段

(4)正确使用常见的修辞手法

常见修辞手法:比喻、比拟、借代、夸张、对偶、排比、反复、设问、反问。

(5)语言表达简明、连贯、得体,准确、鲜明、生动

(6)正确使用标点符号

　　【备考策略】普通话常用字字音靠平时积累,养成说普通话的习惯。多听多记多练习。正确书写现代常用规范汉字,表现在答题和作文书写中,保持书写正确,卷面整洁,给阅卷老师留下好印象,会增加阅卷老师的好感和得分。成语使用、语病辨析和句子衔接(连贯)是常考题。成语使用,要弄清感情色彩和语体色彩,区分使用的范围和场合,紧扣语境对号入座。语病的辨析,要根据六种类型语病,每种类型精选句子三五个认真辨析,把握病句特点。句子衔接(连贯)有组句(2017 年以前)和填空(2017 年表述为补写)两种类型。要把握语段的结构特点,有分—总、总—分、总—分—总三种情况。注意时间顺序、空间顺序和逻辑顺序,顶针手法(例如:从前有座山,山里有座庙,庙里住着两个和尚)。注意观点和材料的关系(前面是观点,后面是材料来支撑观点;或者前面是材料,论证后面的观点)。根据前后文推断语句,保持前后连贯。总之要瞻前顾后,环环相扣。表达得体体现在文化常识中的谦词和敬词,可见文化常识的考查权重明显

加大,值得关注。选用、仿用、变换句式,扩展语句,压缩语段等也偶尔出现。可根据复习资料上提供的题型作适量练习,对照参考答案研究答题要领。举一反三,触类旁通。此外,还有给新闻加标题,图文转换等题目也时有出现。都有规律可循,借助参考资料认真分析总结,不难解决。至于正确使用常见的修辞手法(比喻、比拟、借代、夸张、对偶、排比、反复、设问、反问),语言表达简明、连贯、得体,准确、鲜明、生动,正确使用标点符号等,单独设题的概率不大(连贯、得体除外),更多是在作文和主观表述题中运用。修辞手法主要体现在文采上,适当运用修辞能让文章显得有文采,增加发展等级的分数。写作文要培养运用标点符号的意识,标点错多了会扣分。

四、写作(60分)

能写论述类、实用类和文学类文章。

表达应用 E

作文考试的评价要求分为基础等级和发展等级。

1. 基础等级

(1)符合题意

(2)符合文体要求

(3)感情真挚,思想健康

(4)内容充实,中心明确

(5)语言通顺,结构完整

(6)标点正确,不写错别字

2. 发展等级

(1)深刻

透过现象深入本质,揭示事物的内在关系,观点具有启发作用。

(2)丰富

材料丰富,论据充实,形象丰满,意境深远。

(3)有文采

用语贴切,句式灵活,善于运用修辞手法,文句有表现力。

(4)有创新

见解新颖,材料新鲜,构思新巧,推理想象有独到之处,有个性色彩。

【备考策略】可以写论述类、实用类和文学类三种文体,高考作文一般不限文体,考生可根据自己对材料的理解,写作的优势,扬长避短选择自己擅长的文体来写。

基础等级和发展等级的各项要求都非常具体,平时的练习要围绕这些要求进行。读懂题意,不偏题跑题是最基本要求。否则下笔千言离题万里只能判四类卷。写文章要主题明确,有真情实感,内容充实,语言流畅,这是首先要做到的。如能做到立意深刻,材料丰富,文采斐然,构思新巧就能写出上乘之作,进入一类卷行列。

写作文是一项系统工程,最能体现考生的语文综合能力和语文素养。作文涉及审题、立意、标题、题材、思路、结构、论证、文采、书写等各个环节。下面逐一作些提示。

(一)审题。审题要把握材料的内涵实质,一旦失误就会下笔千言离题万里。切忌:

1. 任意扩大材料和话题概念的外延,脱离材料的含意(走题)。

2. 阉割话题,然后取其局部,以偏概全(偏题)。

3. 仅朦胧地存在相关材料和话题的概念,没有明确地表达出来(离题)。

4. 抛开材料和话题,另起炉灶(离题)。

(二)立意(确立中心)

1. 立意的宗旨:健康个性,健全人格,力求新颖。

2. 立意的标准:

(1)紧扣材料(内容范围):锁定写作范围,有的放矢。

(2)充满哲理(表达技巧):抓住材料本质,深刻揭示事物的理趣和生活哲理。

(3)贴近时代(把握角度和焦点问题):不能游离于时代特征空乏议论,要关注现实问题,有感而发。

(4)启迪人生(社会性和启发性):揭示人生道理,给人生活启迪,传递正能量。

(三)标题

标题是文章的眼睛,题好一文半。标题要显目,不要过长过短,尽量是一个内涵丰富的短语或句子,简洁明快,高度凝练,能概括文章内容或主旨。(研究20篇课文标题即会拟题)

拟题要确切、精练、生动、新颖、有意蕴、有文学色彩。题目要尽量体现文章的主题,使人一看就基本上了解文章的中心、主旨是什么,不要让人看了不知所云,如雾里看花,隔靴搔痒。

拟题的角度有以下九种:

1. 引用式:《冷水泡茶慢慢浓》《小荷才露尖尖角》

2. 比喻式:《一箭双雕的决策》《小心背后的陷阱》

3. 夸张式:《世界很小是个家》《一花一世界》

4. 呼告式:《妈妈再给我一点爱》《请大家不要为难我》

5. 对比式:《我是天才还是蠢材》

6. 设问式:《我是谁》《谁是最可爱的人》

7. 反问式:《中国人失掉自信力了吗?》《你不是学生?》

8. 借代式:《倾听自己的心跳》《见义勇"围"》

9. 对偶式:《遍寻不同答案 砌成完整世界》

(四)题材

作文最大的难题是题材,有道是"巧妇难为无米之炊"。高中语文必修教材内容丰富,涵盖了各种题材,翻阅五册教材目录,回顾每篇文章内容,温故知新,完全可以解决高考作文无米之炊的问题。作文题材可按以下层次归类:

1. 个人修养与品质:培养正确的世界观、人生观、价值观、审美观,可用《四书》之《大学》中的名言来概括之:格物、致知、诚意、正心、修身——探究事物原理,获得科学知识,养成诚信品质,培养良好心态,提高修养境界。可以细化为以下这些方面:

人生目标、理想信念、雄心壮志、修身养性、诚实守信、言行一致、心态平和、善良与爱心、理解与包容、奉献与索取、知恩图报、豁达乐观、助人为乐、知足常乐、心底无私、胸怀宽阔、意志坚定、勤奋好学、崇尚科学、敬业乐业、自立自强、自信乐观、敢于担当、坚守责任、理解宽容、三思而行、谦虚谨慎、戒骄戒躁、淡泊明志,宁静致远、学会感恩、廉洁奉公、自尊自爱、执着专一、坚持真理、严于律己、平等博爱、三省吾身、宽厚待人、珍惜青春、读书治学、奋发图强、学以致用、学无止境、自立自强、团结协作、竞争与合作、合作与双赢、敢于创新、防微杜渐、珍惜光阴、淡泊名利、勤俭节约、朴实无华、一身正气、舍生取义、尊老爱幼、涵养美德、文明守纪、礼貌待人、礼义廉耻、赤子之心。

2. 社会:社会建设、经济建设、政治建设、文化建设、生态文明建设、物质文明、精神文明、可持续发展、民主与法治

3. 国家:悠久历史、文化传承、中国梦(国家富强、民族振兴、社会和谐、人民幸福)

4. 自然:保护环境、善待生命、敬畏生命

5. 教育:素质教育、应试教育、社会教育、家庭教育

6. 社会主义核心价值观(24 字),分三个层面:

(1)国家层面的价值目标:富强、民主、文明、和谐

（2）社会层面的价值取向：自由、平等、公正、法治

（3）个人层面的价值准则：爱国、敬业、诚信、友善

这24个字，勾绘出一个国家的价值内核、一个社会的共同理想、亿万国民的精神家园，为培育和践行社会主义核心价值观提供了基本遵循。

贵州省委提出"五礼五耻"（10字）：仁、义、诚、敬、孝；懒、贪、奢、浮、愚。以及孝老爱亲、诚实守信、爱岗敬业、团结友爱等内容。

其他还有"三生四爱五心五好"（"三生"：生命、生存、生活；"四爱"：爱祖国、爱家乡、爱学校、爱师长；"五心"：忠心献给祖国、孝心献给父母、爱心献给社会、诚心献给他人、信心留给自己；"五好"：共产党好、社会主义好、改革开放好、伟大祖国好、各族人民好）"三爱三节"（爱学习、爱劳动、爱祖国；节水、节电、节粮）等都要有所知晓并认真践行，培育知荣辱、讲正气、作奉献、促和谐的良好风尚，达到讲道德、尊道德、守道德，继承和发扬中华优秀传统文化和传统美德，践行社会主义核心价值观的根本目的。

（五）写作思路：（以议论文为例，下同）

提出问题——分析问题——解决问题。

（六）文章结构：

风头（引人入胜）——猪肚（内容丰富）——豹尾（号召有力、引人深思）。

（七）分析论证：

高屋建瓴，站得高，看得远，用哲学上唯物辩证法的观点，即用联系的观点、发展的观点和一分为二的观点看待事物和问题。透过现象看本质，由表及里，由浅入深，揭示本质和事理的丰富内涵。创新思维，发人之所未发，言人之所未言，独辟蹊径，深入浅出，立意高远。

作文要传递正能量。心态积极，温柔敦厚，负起说话的责任，显示理性和平和，稳健而大方，显出大气。不要过分宣泄不良情绪，如揭露社会阴暗面，痛批应试教育和高考制度，言过其实，观点偏激，以偏概全，哗众取宠。要有忧患意识，淡定自如，心态平和，情理并重，以情感人，以理服人。不要单纯发牢骚，慎用网络语言和外文。切忌引材料、举例子广征博采，不分轻重地转述或不痛不痒地评述。重在分析说理。

（八）文采：长句和短句并用，整句和散句兼顾，适时用点修辞手法，如比喻、比拟、借代、夸张、对偶、排比、反复、设问、反问等，能增强文章气势和感染力，增强语气和表达效果。

（九）书写：正楷或行书，字体大小适中，卷面清洁，写满规定字数。

特别提醒:考试作文阅卷一般都很快,作文貌似雷同的多,泛泛而谈的多,学生腔的多,阅卷老师容易疲倦。作文不要写得太含蓄精深,要力求通俗,稍显文雅,文中要有两三处地方提到材料的主题,提醒老师你是围绕主题在写,免得让老师误认为离题。另外,作文要力求创新(标题、材料、语言),但不要一味求新,避免画虎不成反类犬。不要过分冒险,要根据自己的才力,对写作功底一般的同学建议平稳一点、保守一点好些。

2017 年 11 月 3 日

(应铜仁市高中数学覃义超名师工作室邀请赴德江县煎茶中学开展送教活动讲课稿)

新课改背景下课堂教学实践的智慧

众所周知,教育是一个永恒的话题。事关民生改善,事关中华民族的伟大复兴中国梦的实现,上至国家领导人(温家宝总理2009年9月4日到北京35中初二年级听了5节课并评课,《人民日报》《中国教育报》《中国青年报》几大报纸全文转载,引起很大反响),下至普通老百姓都十分关注教育,但教育发展到今天人民的满意度还不高。当今,教育形势的快速发展和新课程改革的强势推进,向广大教师提出了严峻的挑战。如何搞好课堂教学是摆在我们面前的重要课题。对于课堂教学,作为一线老师最感兴趣的可能是现成的教学经验和可供操作的具体方法。殊不知,教学有法而无定法,教学无法复制,要靠自己的理论修养、实践和感悟,按照"学习—实践—反思"的做法不断循环,就能悟出教学的规律性,进而上升到理论的高度,再反过来指导教学,就算找到了门径。温家宝说:"我觉得要培养全面发展的优秀人才,必须树立先进的教育理念,敢于冲破传统观念的束缚,在办学体制、教学内容、教育方法、评价方式等方面进行大胆地探索和改革。"教育教学的阵地主要是课堂,要改进课堂教学,先要解决观念问题。今天我们主要从智慧型教师的教育观、教学观、学习观、教师观、评价观和课程资源观等方面作些交流。

一、我们应树立什么样的教育观

1. 和谐教育

教育是培养人的一种活动,教育内容涵盖了德、智、体、美、劳等方面。教育的终极目标是培养人格健全的人,培养体魄强健,心智健全,热爱学习,拥有爱心,富有责任的人。爱因斯坦说过:"学校的目标始终应当是:青年人在离开学校时,是作为一个和谐的人,而不是作为一个专家。"苏联著名教育家苏霍姆林斯基认为要把青少年培养成为"全面和谐发展的人,社会进步的积极参与者"。而培养这种人需要实现全面发展的教育任务,即应使"智育、体育、德育、劳动教育和审美教育深入地相互渗透和相互交织,使这几个方面的教育呈现一个统一的完整的过程"。他认为"和谐全面发展的核心是高尚的道德"。特别强调要使学生具有丰富的精神生活和精神需要,认为"精神空虚是人的最可怕的灾难"。要求教师和家长尊重儿童的人格,全面关心儿童。可是,曾几何时,教育成了智育的代名词,路越走越窄,功利色彩越来越浓。教育的畸形发展呈现的问题越来越多,与社会的发展极不协调。在这种背景下,和谐教育应运而生。所谓和谐教育就是促进人在德、智、体、美、劳各方面全面、协调、可持续发展的教育。促进人和谐发展的教育才是理想的教育。朱永新《新教育之梦》如是说:

> 教育因为有了理想,
> 而更有目标,更有理性。
> 教育的理想是为了一切的人,
> 无论是城市的还是乡村的,
> 富贵的还是贫贱的,
> 聪慧的还是笨拙的;
> 教育的理想是为了人的一切,
> 无论是品德的还是人格的,
> 生理的还是心理的,
> 智力的还是情感的。

实施和谐教育,就要着眼于学生的全面成长,促进其知、情、意、行的协调发展。和谐教育是关注全体学生全面素质提高的教育,不是只重视一部分学生的发展而忽视另一部分学生的发展,也不是只重视学生考试成绩的提高而忽视学生综合素质的提高,更不是只重视学生共性的教育而忽视学生个性的教育。和谐教育的根本宗旨是"学会做人、学会办事、学会学习、学会健体"。

实施和谐教育,要求教育者不能只盯着孩子的今天,而应更多地思考他们的明天会怎样。因此,教育者要把握时代发展的脉搏,以可持续发展的眼光,给学生奠定扎实、牢固的现实基础,让他们在未来发展的道路上走得更自信、更稳健、更长远。我们不能仅仅为了学生的分数和名次,追求急功近利,逼迫孩子透支他们的爱好和健康,甚至透支他们的明天。卢梭曾告诉我们:"大自然希望儿童在成人之前,就要像儿童的样子,如果我们打乱了这个秩序,就会造成一些早熟的果实。他们长得既不丰满也不甜美,而且很快就会腐烂。就是说,我们将造成一些年纪轻轻的博士和老态龙钟的儿童。"

【案例1】大学生杀人事件的反思。西安音乐学院大三学生药家鑫于2010年

10月开车将一女子张萌撞伤后下车将其猛砍八刀致死。复旦大学上海医学院硕士研究生林森浩投毒将同学黄洋毒死。大学生跳楼等极端事件屡见不鲜。这些"天之骄子"对生命的漠视让人痛心疾首。痛心之余我们更应该深思：学校教育往往只关注学生考试成绩，而不在意他们心智是否健全。急功近利的教育造就了畸形的人。

2. 一切为了每一位学生的发展

教育就是为学生的生命奠基。关注每一位学生的发展，就是要做到面向全体学生，善待每一个生命。也就是不以成绩的差异，不按品质的优劣，不看家庭的贫富平等对待每一个学生。特别要关注那些所谓的"差生"。他们可能遭受过某种伤害，性格变得孤僻和自卑，导致心智不健全；或可能有某些缺点、缺陷而变得自暴自弃；或可能因学习困难而受人冷落。教师要用真诚的关心和呵护让他们走出阴影；用赏识和激励点亮他们心中希望的明灯；用热情和汗水帮助他们提高学业水平。学生会因老师的真情付出而感动，变得阳光开朗，好学上进。教师要树立人人都可成才的观念，公平公正对待每一位学生。早在两千多年前孔子就提出过"有教无类"的教育思想。关注每一位学生是中国传统教育思想的精髓。让每一位学生都能体验到成长的快乐，都能获得成功的喜悦，是现代教育思想的要义。哈佛大学校长认为：教育要"给予每个学生以充分选择和发展的空间，让每一块金子都闪闪发光，让每一个从哈佛走出来的人都创造成功"。2001年美国提出"不让一个孩子掉队"，旨在增进教育公平，使每一个孩子都能够具备基本的阅读能力与数学能力。可见，一切为了每一位学生的发展，是教育永恒的主题和价值追求。

3. 学校教育要回归生活世界

知识来自于生活实践，是生活现象的概括和生活经验的总结和积累。学以致用，学习知识是为了应用于实际生活，提高生活的质量。知识的教育应该回归现实生活才有意义。让教育回归生活，应该用生活教育学生，让学生学会生存。作为教师，要引领学生走进真实的生活世界，让他们放飞心灵、与周围世界全身心交融，让他们尽情感知社会的善恶美丑，仔细体味生活的酸甜苦辣，在生活中体验，在体验中成长。这样的学习才能激发起学生的生命活力，才能使学生产生学习的需要和兴趣，提高学习的自觉性和积极性。

我国《教育法》规定："教育必须为社会主义现代化建设服务、为人民服务，必须与生产劳动和社会实践相结合，培养德、智、体、美等方面全面发展的社会主义建设者和接班人。"1979年版和2002年版《现代汉语词典》对教育均表述为"培养新生一代准备从事社会生活的整个过程，主要是指学校对儿童、少年、青年进行培养的过程"。2004 年北京版《现代汉语规范词典》对教育表述为："指以影响人的身心发展为直接目的的社会活动;主要指学校对学生进行培养的过程。"以上对教育的表述,包含了"生产劳动""社会实践""社会生活""社会活动"等关键词,道出了教育的本质特征。

教育要回归生活不是今天的发现,中外教育家早有论述。美国著名教育家杜威提出"教育即生活""教育即生长""教育即经验的改造"等理论。我国著名教育家陶行知(1891—1946)在批判杜威"教育即生活"的基础上,提出"生活即教育""社会即学校""教学做合一"等主张,形成"生活教育"教育思想体系。他在《我之学校观》中说:"学校以生活为中心。一天之内,从早到晚莫非生活,即莫非教育之所在。一人之身,从心到手莫非生活,即莫非教育之所在。一校之内,从厨房到厕所莫非生活,即莫非教育之所在。学校有死的有活的,那以学生为全人、全校、全天的生活为中心的,才算是活学校。死学校只专在书本上做工夫。间于二者之间的,可算是不死不活的学校。"陶行知 1927 年 3 月在南京北郊晓庄创办乡村师范学校晓庄学校。目的有三:一是养成农人的身手;二是养成科学的头脑;三是养成改造社会的精神。他说:"活的乡村教育要有活的方法;活的方法就是教学做合一:教的法子根据学的法子,学的法子根据做的法子;事怎样做就怎样学;怎样学就怎样做。"他说"做学教合一",是全人类生活进程中的 ABC。生活教育,就是"做学教合一"。这个观点与美国教育家苏娜丹戴克"告诉我,我会忘记;做给我看,我会记住;让我参加,我就会完全理解"的观点以及美国 ERCK 中学的校训"让我看,我会忘记;让我听,我记不住;让我参与,我会明白"有异曲同工之妙。只有让学生去参与教学实践活动,感知生活的真谛,感知世界的本质,感知事物的规律,感知万物带给他们的乐趣时,学生才会深深的记住并心领神会。可见引领学生走进生活,发挥其主观能动性,自主学习的重要性。

关于"教学做合一"中的"做"主要指动手能力、参与讨论和自主学习,有人做过研究。86.7%的学生表示喜欢有较多的动手操作或亲身实践、讨论交流或自学等课堂教学方式,只有 12%的学生喜欢以老师讲授为主的方式。

3. 关注学生的可持续发展

"神童"事件的思考。

【案例 2】1978 年开始招生的中国科大少年大学班的"神童"教育一直颇受争议。如宁铂出家。在教育方面,宁铂认为,决不应该设计孩子的未来,应任其自由发展,哪怕孩子最终只能做个普通的人。他对孩子唯一的教化是,不以自我为中心,要真正地去爱人,关心人。

过去,我们的教学过程往往只是以知识、智力、学习成绩为核心,而忽视了学生健康的体魄、纯洁善良的心灵、乐观豁达的态度、友好合作的交往和勤劳质朴的品质的培养;我们的评价往往以学生的学业成绩作为唯一的尺度,而忽视了对学生能力及情感、态度和价值观的关注,严重地压抑了学生的个性和创造潜能。为了迎接未来的挑战,教育必须重新确定目标:教育应当促进每个人的全面发展,即身心、智力、敏感性、审美意识、责任感、价值观等方面的发展。培养学生独立自主、批判精神和自我判断能力。

要实现学生的可持续发展,必须明确培育目标,即以学生的德、智、体、美、劳的发展为经,以知识与技能、过程与方法、情感态度与价值观的培育为纬,以创新精神和实践能力的培养为核心,让学生学会做人、学会求知、学会劳动、学会生活、学会健体、学会审美。关注学生的心理健康,培养他们形成终身学习的习惯和可持续发展的能力,使他们得到全面和谐的发展。

二、智慧型教师的教学观

1. 教学的本质不是知识传递,而是意义建构

【案例3】:从告诉事实到组织观察——小学科学《淀粉》一课的教学片段

小学科学《淀粉》一课,是一堂带有实验的课,其中"淀粉遇碘酒变为蓝紫色"是一个重要的教学内容。按照以往的教学方式,教师通常是拿出事先准备的淀粉,在告知学生淀粉的性质之后,做一个教学演示:将碘酒滴在淀粉上,验证淀粉的特性——遇碘酒会变成紫蓝色。

参加我们行动的某老师,她上的课与以往相比已经有所改变。在她的课上,学生的积极性被调动起来,不停地随着教师的指示动手做实验。可是,如果仔细分析,学生的行动实际上是对教师指令的被动回应:把指定的液体(碘酒)滴到指定的物品(淀粉)上,使之产生一种预定的变化(变成紫蓝色)。这样做,看似让学生观察与探究,实质上仍然停留在"告诉事实,验证结论"的水平,学生没能亲身经历主动观察与分辨的学习活动。

针对上述情况的改进课则改变了这种状态,使用的"液体"增至黄酒、酱油、碘酒3种,"物品"改为马铃薯、盐、面粉、米饭、糖等多种,然后放手让学生在各种"液体"与各种"物品"之间,一对一的"找朋友"——哪种"液体"碰到哪种"物品"会发生新的颜色变化?教师组织学生观察,学生通过亲自分类、亲自鉴别,从而发现淀粉特有的性质。

顾泠沅、王洁《教师在教育行动中成长——以课例为载体的教师教育模式研

究》(《课程·教材·教法》2003 年第 1 期)

由案例中两堂课的对比我们可以发现,改进前的课把教学目标局限在掌握知识上,教学的基本模式是"告诉事实,验证结论",课堂以教师为中心,学生没能亲身经历主动观察与分辨的学习活动,思维活动的投入量明显不足。而改进后的课,教师采用儿童喜闻乐见的"找朋友"方法,有组织地引导学生观察,学生通过亲自分类、亲自鉴别,从而发现淀粉特有的性质。这实际上反映了教师对教学本质的不同认识。

我国传统的教学观把教学的本质看作是传授知识与技能的过程,教学的中心任务是传递人类社会所积累的、系统的文化知识。把教学过程简化为教师讲授、学生以记忆和练习为主的被动接受过程;教学活动的基本形式是"讲—听"式,教师讲,学生听。它割断了书本知识与人的生活世界的复杂联系,割断了抽象的知识与人发现问题、解决问题、形成知识过程的复杂联系,压抑了学生的主动精神和探索欲望。上海建平教育集团总校长冯恩红在接受《中国教师报》专访时说:"反思我们今天的教育,我们的教育者往往是胸中有书,目中无人。"实际上,教学的本质是一种特殊的学习活动,是在教师组织、指导下由学习者完成、以促进学习者发展为目的的学习活动。学生接受新信息的过程,不是建立在简单的复述、记忆基础上的识记过程,而是一种主动理解、吸纳与变化的过程。这种接受过程,可以认为是一种心理上的探究、碰撞与融合的过程,是意义建构的过程。

根据建构主义教学理论,知识不是简单的传授,而是通过学生自身(包括个体和群体)已有的经验、方式和信念,在作为认识主体的学生与作为认识客体的知识之间的互动中,以主动、积极的建构方式获得的。该理论认为:

(1)知识不是对现实的纯粹客观的反映,而是需要针对具体问题的情景对原有知识进行再加工和再创造。

(2)知识不能简单地进行传授,必须经过"理解"与"消化"的过程。学习知识不是被动地接受信息的刺激,而是主动地意义建构,是根据自己的经验背景,对外部信息进行主动地选择、加工和处理。

(3)意义建构会使原有的认知结构、认知策略、经验方式和情感态度等发生变化。学习意义的获得,是每个学习者以自己原有的知识与经验为基础,对新信息重新认识和编码,建构自己的理解。可以说,学习质量的好坏,主要取决于学习者建构意义的能力,而不取决于学习者记忆和背诵教师讲授内容的能力。

(4)建构主义对学生、教师提出了新的转变。建构主义要求学生由外部刺激的被动接受者和知识的灌输对象转变为信息加工的主体和知识意义的主动建构者;要求教师由知识的传授者、灌输者转变为学生主动建构意义的帮助者、促进者。在建构主义的教学中,教材所提供的知识不再是教师传授的内容,而是学生主动建构意义的对象;媒体也不再是帮助教师传授知识的手段、方法,而是用来创设情境、进行合作学习和交往互动的工具。

【案例4】"鱼牛"的故事

青蛙和小鱼是好朋友,一天,青蛙跳到岸上,看到了一个庞然大物——一头奶牛,青蛙仔细观察了很久。回到池塘以后,小鱼儿问:"你在外面看到了什么?"青蛙想到了奶牛,于是详细地向小鱼描述了一番,小鱼认真地听了以后说:"我知道了,我知道了。"拿出纸和笔,画出了它心中的"牛"(鱼形,头上两角,四只脚,背上斑纹)。

故事告诉我们:"学习是怎样实现的?"从画中我们可以得出的基本结论是,学习是学习主体的自我建构。无论青蛙如何仔细地观察、详细地描述,都不能代替小鱼对"奶牛"形象的建构。小鱼的"奶牛"形象只能通过自己获得。小鱼对"奶牛"的形象是怎样建构的? 是根据小鱼自己的经验建构的。小鱼生活在池塘里,没有其他动物的形象,没有看见奶牛,它的经验就是自己同类的形象。

它对教育实践的启示意义在于:学习必须通过学习者自己的主观努力才能实现,要实现教育教学的目标追求,根本出发点在于激发学生的主观努力,促进学生自主建构。必须重视学生主体性的调动和发挥,而不能过于强调教师的表演,要明白教师活动的根本目的在于促进学生学习。

"鱼牛"的故事提出了建构主义的哲学命题。引发了我们对教育教学方法的思考和再认识。学习是学习主体的自我构建。

【案例5】一个意大利的老师给学生布置了一个作业,让他们画一幅中国苏州(东方威尼斯)的画,结果一个学生画了一幅画,让观者一看皆知是画的威尼斯。究其原因:学生到过威尼斯,没有去过苏州,当听说要画东方的威尼斯时,凭经验画了一幅水城威尼斯的画。案例告诉我们,学生只有参与才是获得知识的唯一途径。

在文学欣赏方面,外国有"一千个读者有一千个哈姆雷特"的说法,中国有"一百个读者有一百个林黛玉"的观点。对文学作品的解读,读者会不自觉地将自己的生活经验融入艺术世界,联系自己的生活进行意义建构。

2. 教学过程实质上是交往和对话

著名教育家叶澜教授曾经说过:教学的本真意义是——交往与对话。教学究其本质而言,是交往的过程,是对话的活动,是师生通过对话在交往与沟通活动中共同创造意义的过程。

新课程强调,教学是教与学的交往、互动,师生双方相互交流、相互沟通、相互启发、相互补充,在这个过程中教师与学生分享彼此的思考、经验和知识,交流彼此的情感、体验和观点,丰富教学内容,求得新的发现,从而达成共识、共享、共进,实现教学相长和共同发展。交往意味着人人参与,意味着平等对话,意味着合作性的意义建构。交往意味着教师角色定位的转换,教师由教学中的主角转向"平等中的首席",由传统的知识传授者转向学生发展的促进者。

课堂交往分为师生交往和生生交往两类。师生交往是课堂交往的主要形式,是师生之间的灵魂和思想的交流,包括知识内容的传授、生命内涵的领悟、行为规范的解读、人文精神的感染。课堂教学过程,是师生交往互动的过程,是教学相长的过程,是师生共同发展的过程。是情感的交汇,是思维的碰撞。生生交往是生生之间互相交流与学习,是相互促进、补充、推动学习过程。实现生生交往的主要途径有开展小组合作学习、设计比赛活动、组织生生之间的学习评价等。

无论是师生交往还是生生互动,都能体现学生的主体性。让每一个学生都能有机会参与到教学中,促使学生思考,促进学生思维,提供了锻炼学生语言表达的平台,让学生得到积极的体验,满足学生的好胜心,让学生在合作学习中产生成就感,从而激发学习的动力。这是传统的教师一言堂,学生被动听课无法比拟的。

三、智慧型教师的学习观

1. 学会学习比学会知识更重要

授之以鱼不如授之以渔。杜郎口中学在这方面做了成功的尝试。真正地实现了"把课堂还给学生","使学习知识的过程成为学生学会学习的过程"等新课程理念。他们形成了一整套引导学生自主学习的制度,如"三不讲":学生已经会的不讲,学生自己能学会的不讲,讲了学生也不会的不讲。又如"10+35"模式,就是一堂课老师讲10分钟,35分钟要留给学生自主学习,培养学习能力。

杜郎口中学的改革具有深层次思考意义。仅就他们触及的课堂教学中师生角色的关系问题,就很值得我们思考。"老师讲,学生听"是传统教学的标准范式,这种教学培养的是"循规蹈矩"的模仿性人才。"老师组织指导,学生自主体验"则是新课程的主张,只有让学生自主学习,才能真正培养具有创新精神和创造能力的新型人才。

学会学习,是联合国教科文组织报告《学习:内在的财富》中提出的终身学习的四大支柱之一(学会求知、学会做事、学会共处、学会做人)。苏霍姆林斯基说:"在学校里,重要的不是学得多少知识和技能,而是学会一种会学习的能力,拥有自己去学习的能力。"

学会学习,不只是方法问题,其实质是学习方式问题。针对普遍存在的"接受学习、死记硬背、机械训练"的现状,新课程强调课程的实施要以学生学习方式的转变为重点,倡导自主、合作、探究的学习方式。

2. 问题是最好的老师,探索是最好的学习

教学要培养学生的问题意识。爱因斯坦说过:"提出一个问题往往比解决一个问题更重要,因为解决问题也许仅是一个数学上或实验上的技能而已。而提出新的问题、新的可能性,从新的角度去看旧的问题,却需要有创造性的想象力,而且标志着科学的真正进步。"

教育的目标,是不断唤醒和激发学生天性中蕴藏着的探索冲动,帮助学生养成敢于质疑的个性。教学中,老师要尊重学生,和学生平等对话,引领学生探究问题,发展学生的个性,开发学生的潜能。课堂上,老师不以"权威"自居,始终与学生处于平等的地位,作为课堂学习的一员积极引导学生发现问题、探究问题、解决问题。留给学生思考的空间,鼓励学生大胆质疑,启发学生深入探究问题,求得真知。

新的教学理念要求教师在创设问题情境时要给学生留有一定的空间,把学习的主动权交给学生,对学生的想法予以鼓励,使学生敢于打破常规、别出心裁,自觉追索尽可能多的问题答案和解题途径。苏霍姆林斯基说过:"兴趣的源泉藏在深处,你得去挖掘,才能发现它。"要创设猜问情境,在学生思考回答时给予及时的表扬、肯定、鼓励,激发学生质疑、探究的强烈兴趣,最大限度地发挥学生的自主性、主动性。

问题是科学研究的起跑线,是开启一切知识大门的金钥匙。没有问题,就不会有分析问题、解决问题的知识、思想和方法。问题是积累和发展知识、思想、方法的原动力,是产生新知识、新思想、新方法的催化剂。科学研究需要注重问题的作用,学生学习同样需要注重问题的作用。

现代教学理论指出,产生学习的根本原因是问题。没有问题,就不会激发学生的好奇心和求知欲;没有问题,学生就不会进行深入的思考,学习就只能停留在表层;没有问题,学生的学习就只能是消极被动地接受,就不会自主地进行探索性学习。那么,我们怎样培养学生的质疑和探索精神呢?

一是引进竞争机制,激发探索热情。捷克教育家夸美纽斯说过:"应该用一切可能的方式把孩子们的求知与求学的欲望激发起来。"中学生具有好胜、好强的特

点,教学中,教师可以通过创设竞争的学习氛围,培养学生质疑精神和探索兴趣,让学生在竞争、质疑、探索中品尝到成功的喜悦。二是建立新型师生关系,创设探索氛围。传统教学中,教师和学生是传授和接受的关系,学生没有提问和探索的主动权,而在新课程条件下,师生要建立一种平等对话关系。教师要尊重学生的主体地位,努力创造一种轻松愉快的探究氛围,让学生畅所欲言。同时要俯下身子、放下架子,做学生学习的组织者、引导者、促进者。三是采取多种形式,组织探索活动。德国教育家第斯多惠说:"教学的艺术不在于传授的本领,而在于激励、唤醒、鼓舞。"美籍匈牙利数学家波利亚说过:"教师的作用在于系统地给学生发现事物的机会,并给予恰当的帮助,让学生在情景中亲自去发现尽可能多的东西。"因为学生的智力、基础知识、学习能力、生活经验等千差万别,所以教师激发学生质疑、探索的方式也应该多种多样。如利用课前预习、课堂讨论、实验操作、扮演教师角色等多种方式激发学生质疑、探索的欲望,使学生乐于发现问题、探索学习。比如让学生上台扮演教师角色,学生讲、学生问、学生答,提的问题就会更多,效果就会更好。学生要当好"老师",就必须钻研教材,发现更多的问题,并积极寻找解决问题的办法。苏霍姆林斯基说:"在人的心灵深处,都有一种根深蒂固的需求,这就是希望感到自己是一个发现者、研究者、探索者。"这种需求也就是质疑、探究的需求。

四、智慧型教师的教师观

1. 教师是教学活动的开发者、组织者、引领者

传统课堂上的教师角色:知识的撒播着,口若悬河,滔滔不绝;教学过程的控制者,按设计好的教学思路,让学生严格履行;教师是权威,一切由老师做主,学生处于被动地位。新课程教学改变了教师角色定位——课堂活动的开发者、组织者、引导者。在新课程教学中,教师扮演的角色是:

(1)学生学习和发展的促进者。教师要成为学生学习和发展动机的激发者,学生学习能力的培养者,学生科学的学习方法和学习过程的示范者。

(2)教学活动的组织者。教师要摒弃单纯传授知识的陈旧套路,设计、组织各种教学活动,引导学生积极参与、主动学习。"教师的职责现在已经越来越少地传递知识,而越来越多地激励思考;除了他的正式职能以外,他将越来越成为一个顾问,一个交换意见的参与者,一个帮助发现矛盾论点而不是拿出现成真理的人。他必须集中更多的时间和精力去从事那些有效果的和有创造性的活动:互相影响、讨论、激励、了解、鼓舞。"(《学会生存——教育世界的今天和明天》)

(3)学习者。世界日新月异,知识呈爆炸式增长。信息时代要求教师首先要

成为学习者,具备自我学习、自我发展和自我更新的能力。

(4)课程建设者和开发者。新课程改革打破了课程的开发和管理高度集中和统一的局面,实行国家课程、地方课程、校本课程三级课程的开发和管理格局,客观上要求教师成为校本课程的开发的主体。

(5)教育教学研究者。传统教育观认为,中小学教师的职责和任务是把人类长期以来积累的知识和经验传授给学生,从而实现科学知识的再生产,对中小学教师教育科研存在模糊认识。主要是神秘论、无用论、负担论、无条件论等。而今,"教师即研究者"已成为世界上十分流行的教育口号。研究是促进教师专业化发展的重要途径。以研究和探索的态度来对待自己早已习惯了的教育教学工作应该成为广大教师的一种新的工作方式和生活方式。苏霍姆林斯基指出:"如果你想让教师的劳动能够给教师带来乐趣,使天天上课不至于变成一种单调乏味的义务,那你就应当引导每一位教师走上从事研究这条幸福的道路上来。"有人把教师从事教育研究的意义概括为以下几个方面:是提升教师基本素质的客观要求;是提高教学质量的有效途径;是促进教师专业发展的必由之路;是培养专家型教师的客观需要;是激发教师工作热情和内驱力的重要源泉;是培养学生创新精神和创新能力的必然要求;是有效促进教育科学发展的可行方式;是当前基础教育课程改革的迫切需要。

2. 教师要平等对待学生

师生之间应当是一种民主平等的关系,是双方在人格平等基础上的合作关系。"教师要蹲下身来看学生",就容易走进学生、理解学生,与学生融为一体,就能为教学的实施铺平道路。要做到平等对待学生就要转变角色,关注每一位学生;蹲下身来,以宽容的心对待学生;尊重学生,营造一种民主、平等的生活化的课堂。学生就能"亲其师,信其道",教学就会事半功倍。

3. 教师要学会赏识学生

美国心理学家罗森塔尔的实验表明:对一个人智慧成就的心理暗示,会影响这个人的智慧成就。而自己信任和崇拜的人的赏识更能为其发展带来无穷的力量。对大多数学生而言,教师是最值得信任、最具权威性的,孩子们一生所拥有的美好希望,其实就把握在我们教师手中,一份尊重、一份理解、一份欣赏、一份鼓励,都是孩子实现希望的不竭动力。

4. 教师是专业人员

教育是科学又是艺术,教师的教育教学实践内在地包含着研究的意义。皮亚杰主张通过参加教育科学研究使教师获得应有的尊严,教师成为研究者已经成为教师专业化的同义语。现代教育与传统教育有着根本的不同,教师的工作越来越成为高度复杂的创造性劳动。"教师"已经成为具有自己独特职业特征的、不可替代的专业。

5. 教师的专业发展主要是实践智慧的积累

教师的专业发展起码需要两方面的知识:理论性知识和实践性知识。理论性知识可以通过读书、参加培训、乃至于提高学历获得,但实践性知识必须通过实践获得。实践性知识是以特定的教师、特定的教室、特定的教材、特定的学生为对象而形成的知识,是作为案例知识而积累、传递的。从方式上看,教师培训是实现教师专业发展的有效方式。华东师大顾泠沅教授认为,"现代教师培训应当继续开发在行动中学习的思路,采用'基本课程 + 案例比较 + 实践反思'的模式,这才是造就有经验教师和专家教师的必由之路"。

6. 反思是教育智慧的源泉

反思是提高教师专业素质的方法之一,最初由美国教育家杜威提出。反思是指"对某个问题进行反复的、严肃的、持续不断的深思"。反思是教师专业发展和自我成长的核心因素,是教育智慧的源泉。美国心理学家波斯纳说过:"没有反思的经验是狭隘的经验,至多只能是肤浅的知识。"他提出教师成长的公式:成长 = 经验 + 反思。教学反思是教师对自己已完成的教学实践活动有目的地进行审视,做出理性的思考,改进以后的教学。教学反思是教师专业成长的必经之路。叶澜教授说过:"一个教师写一辈子教案不一定成为名师,如果一个教师写三年的反思可能成为名师。"可见,反思对于提升教师专业素养的重要性。

7. 案例研究是教师专业成长的阶梯

案例研究是对特定的案例进行分析、讨论、评价、处理、寻求对策的个案研究。通过案例研究,可以从中发现问题,也可以通过对同类个案的比较研究,概括出一般性结论。大量案例研究可以总结出诸多的教育策略,这就为教育行为提供了科学的指导。教学活动中每天都会有案例,教师要有心捕捉,认真研究,就能从现象看到本质,由感性上升到理性,将碎片梳理成系统,把经验提炼成理论。研究的过程就是专业成长的过程。

8. 教育叙事:从实践到理论的桥梁

"教育叙事"又称"教育叙事研究",就是指教师以叙事、讲故事的形式记录自己在教育生活、课堂教学、研究实践等活动中曾经发生或正在发生的各种真实鲜活的教育事件和发人深省的动人故事,表述自己在实践过程中的亲身经历、内心体验和对教育的理解。华东师大丁钢教授认为教育叙事的意义在于"通过教育生活经验的叙述,促进人们对于教育及其意义的理解"。教育叙事研究不是简单地"镜像"式记录生活,而是观察与思考生活。它能帮助教师对自身教育教学实践的情境和经验作多角度、多层面、多方向的理性反思,在讲故事中体现教师个人对教育教学事件的理解,诠释教师对教育意义的体悟,引发教师对教育实践活动进行积极的思考。教师开始以自己的生命经历为背景去反观自己和观察世界,内在地承受着对自己的言行给出合理解释的思想压力,促使教师进入思考的层面,可能激发出许多连自己都想不到的想法,这意味着他们开始不再依赖别人的思想而生活,不经意间实现了专业成长。

9. 校本研修——教师专业发展的直通车

"校本"就是"以学校为本""以学校为基础",它包含三方面含义:一是为了学校(研究目的),以促进学校发展为指向;二是基于学校(研究对象),从学校实际出发,解决学校面临的问题;三是在学校中(研究主体),学校开发研究项目,组织教师开展研究,通过研究促进教师成长。"研"是教育教学研究,"修"是专业进修。校本研修的方式有:学术沙龙、案例分析、专题讲座、课题研究、师徒结对等。校本研修是教师专业发展的有效途径,其特征是:"专业引领、同伴互助、自我反思"。也就是理论学习提升(专家指导)、同行互相帮助、自我实践反思。

五、智慧型教师的评价观

多元智能理论告诉我们,不要用固定的价值观来衡量事物。智能是多元的,每个人都有智能强项。都能在社会生活中发挥其应有的作用,每个人都能在他喜欢的领域实现其人生价值。

在现实生活中人们发现,很多成功人士并非那些智力测试中被认为是智商很高的人,而许多被认定为智商不是很高,甚至弱智的人却在某些领域表现出突出的才能和绝顶的聪明。1921年,美国斯坦福大学著名心理学家推孟(Lewis·M. Terman)根据儿童智力测验量表(即斯坦福——比奈量表),筛选出1400位"天才儿童",推孟对这些人进行了追踪研究,目的是想要知道这些聪明儿童的将来是不是发展得比别人更好。推孟去世以后,他的同事和学生继续进行追踪研究,直到20世纪70年代,研究报告发表了。这篇研究报告使很多人感到吃惊,因为报告显示,这些全美智商最高的1400位儿童,长大后并没有生活得比别人幸福,也没有比别人更有成就。这说明,智商不高的人未必就不聪明。也就是说单纯以语言智能和逻辑—数理智能来判定一个人是否聪明的"智商观"并不科学。

1. 多元智能理论

1983年,美国哈佛大学心理学家加德纳(Howard Gardner)发表《智能结构》(Frames of mind)一书,提出了多元智能理论,把传统的认知发展理论提升到一个新的阶段。

（1）每一个正常人至少具有八种智能,即语言智能、音乐智能、数理逻辑智能、视觉空间智能、身体运作智能、人际交往智能、自我认识智能和自然认识智能。但由于遗传和环境因素的差异,每个人在各种智能的发展程度上有所不同。

（2）人类所有的智能中都有发展的可能,然而大部分人都只能在某些特定领域显示出发展优势。换言之,大部分人都只能有一二种智能强项。例如,爱因斯坦是数学和自然科学方面的天才,然而他在音乐、肢体运作与人际方面却未有同样的表现。

（3）人的智能不是固定与静态的,它们能被强化与扩大。而文化则是影响智能发展的重要因素,每种文化或社会对不同形式的智能的不同评价,会使个体在各种智能的发展上有不同的动机,也使得某一社会人群在某些智能上会有高度的发展。

（4）每种智能有其独特的发展顺序,并在人生的不同时期中开始生长与成熟。例如,音乐智能是最早被发展的智能。

2. 多元智能理论对基础教育改革的启示

（1）应当以培养多元智能为目标。长期以来,我们的教育以培养传统的学业智力为中心。导致课程结构过于单调,课程内容过于局限,教学模式过于统一,评价方式过于僵化。严重阻碍了我国教育的发展和人才的培养,特别是创新精神和实践能力的培养。发展学生多元智能是全面推进素质教育的有力举措。

（2）应当树立人人都能成功的学生观。多元智能理论指出,每个学生都有自己的优势智能领域,学校里人人都是可育之才。我们应当关注的不是哪一个学生更聪明,而是哪一个学生在哪些方面更聪明。因此,我们的教育必须真正做到面向全体学生,努力发展每一位学生的优势智能,提升每一位学生的弱势智能,为每一位学生取得最终成功打好基础。

（3）应当树立多元多维的评价观。借鉴多元智能理论,我们应该改变单纯以智商测试和学科成绩为主的评价观。而要关注学生的多种智能,注重学生的个体差异。在评价的内容方面,不能仅仅局限于课业学习智力;在评价方式方面,也不能只注重书面的考试,要重视多学科成绩评价,开展特长评价活动。我们只有注意评价内容的全面性与评价方式的科学性,才能使评价真正成为促进每个学生充分发展的有效手段。要树立智能无高低贵贱的观点,关注每一位学生。

六、智慧型教师的课程资源观

新课程理念强调,教师不仅是知识的传递者,还是学生学习的引领者,课程资源的开发者。新课改提倡国家课程、地方课程和校本课程的有机结合。要求教师要有课程开发意识,并在教学中开发出适合学生发展的校本教材。开发教材是教师的一项基本能力。

1. 课程资源及分类

(1)按照课程资源空间分布划分:①校内课程资源。如礼堂、球场、图书馆、宿舍、校风校纪、教风学风、学校传统等。②校外课程资源。如文化设施、博物馆、青少年活动中心、图书馆、厂矿、企事业单位、民俗风情、科研机构、社区文化、自然景观等。

(2)按照课程资源的存在方式划分:①有形课程资源。如教材、参考书籍、影像资料、历史名胜、社会文化机构等。②无形课程资源。如学校文化、风土人情、历史传统、师生风貌等。

此外,按学生接受教育的方式来划分,可分为家庭课程资源、社会课程资源、学校课程资源;按课程资源性质来划分,可分为自然课程资源、社会课程资源。还有专家从不同视角将课程资源分为主体性资源、内容性资源、条件性资源、情境性资源、创生性资源。实际上,课程资源并不具有明显的界限,它们之间互相交叉。

2. 课程资源无处不在

苏霍姆林斯基曾说:"要使学校的每一面墙壁会说话,发挥出人们期望的教育功能。"校园不仅每一面墙壁会说话,每一寸土地、每一株花草树木、一切教学生活设施都会说话。处处都是课程资源。

【案例6】俯拾即是的课程资源——惹祸的青蛙帮了忙*

一节体育课上,我在讲解、示范立定跳远的要领之后,让同学们自己进行尝试练习。可还有一半同学掌握不好。我便吹哨集合,准备给同学们再示范、强化。谁知这时一声尖叫"青蛙!"整齐的队伍顿时乱了起来。有的吓得四处跑,更多的同学拥上前去围观。我走上前,只见一个男孩子趴在地上用手戳那只绿绿的大青蛙。青蛙一蹦一跳逗得同学们哈哈大笑。这不是班上最调皮捣蛋的王强吗?体育课上他就从来没有老实过,立定跳远一点儿没学会又来搞这个名堂。我的火气正要发作,但灵机一动,青蛙的跳跃蹬地不是和立定跳远的蹬地动作相像吗?这时,我顺势引导学生——

"同学们,谁能说说青蛙后腿是怎样起蹬的?"

同学们睁大眼睛,都在认真地观察。

"青蛙起跳前双腿是弯曲的。"王强第一个兴奋地喊道。

---

* 傅道春. 新课程中教师行为的变化[M]. 北京:首都师范大学出版社,2002

"很好,观察得真仔细!"我及时加以鼓励。

"它起跳时后腿非常用力。"另一个同学回答道。

"非常好,大家再仔细观察一下青蛙起跳时是哪部分用力的?"我又问。

"是前脚掌用力,而且它身体全部展开了。"王强跳起来答道。

"太好了! 立定跳远的起跳和青蛙起跳是一个道理,起跳时的动作是两脚左右分开,脚跟稍提,屈膝半蹲,上体稍前倾,头稍抬,双脚轻巧地落地。同学们,想不想模仿青蛙跳跃动作试一试呀?"

"想!"同学们齐声答道。

同学们有的跟在青蛙后边,有的斜眼望着青蛙,模仿着青蛙跳跃的动作,起劲地练了起来。由于他们领会了要领,因此很快掌握了立定跳远的动作技术。边练边笑,气氛十分活跃,越跳越有劲。学生兴趣转移快,不一会他们就不顾青蛙了,互相比赛谁跳得远了。

一只惹祸的青蛙,竟帮了我的大忙,使这节取得了意想不到的效果。

新的教学论认为,教学过程不是预设不变的,其"生成"是永恒的,教师与教师、教师与文本、教师与学生、学生与文本、学生与学生的互动均可产生创生性课程资源,它们往往是一种潜在的隐含性的资源,需要我们去激活、捕捉。

课程资源无处不在,作为教师要树立新的课程意识,要善于在生活中捕捉和发现课程资源。教科书不是唯一的课程资源。其他资源也可用来做教材,教科书只是教材的一种文本。"教材无非是个例子"(叶圣陶语),不能唯教科书是教。教材只是我们实现教学目标的工具,要树立"用教科书教",而不是"教教科书"的意识。要将教学的视野延伸到生活的广阔领域,引进知识的源头活水,将教学生活化,才不会让学生读死书、死读书、读书死。才能培养学生的创新精神和实践能力,做社会的合格建设者和接班人。

2014 年 7 月 10 日

参考文献:

1. 吕炳君,韩明峰,周诗华. 智慧型教师必备的教育新理念[M]. 北京:九州出版社,2009.10

2. 陈大伟. 校本研修面对面[M]. 北京:中国轻工业出版社,2006.1

(沿河县县级骨干教师培训讲课稿)

学高为师　身正为范　做一名有尊严的教师

教师职业道德是个沉重的话题。众所周知,近年来教师职业道德很受诟病,诸如校长、教师带学生开房,性侵学生的丑闻屡见不鲜,关于师德下滑的负面新闻一直不断,一下将教师这个群体推向了风口浪尖。以致去年教育部给教师师德画了红线,教师职业道德备受关注。在国家公职人员中,教师群体是最大的群体,虽然制造负面新闻的败类为数极少,但他们产生的消极影响却不可低估,在国民心里涂上了一道抹不去的阴影,让全体教师跟着蒙羞。谈起师德这个话题我们倍感沉重,但作为教师我们又无法回避这个话题。今天我是带着问题和困惑而来,带着向大家请教的想法而来。我要谈的这些问题只是抛砖引玉,引发大家的思考,以期共同努力,提高我们的师德修养,更好地教书育人,为人师表。根据本次培训方案的安排,要我在这里谈谈教师职业道德修养。我们就对这个问题来一次简单的梳理。由于时间仓促,备课不充分,难免有说错的地方,敬请老师们批评指正。

一、目前教师职业倦怠现象扫描及原因分析
有人描述过目前教师不敬业的十二种行为:

课上磨洋工,课后开小灶;
上班混日子,校外捞外快;
教学无计划,考前赶火车;
教案不更新,永远老一套;
课前不备课,板书乱涂鸦;
用学校资源,图一己之私;
不愿学习,不肯充电;
穿着随便,忽视仪容;
不想讲课,考试来充;
批改作业,敷衍了事;

班级挑肥拣瘦,学生差别对待;

漠视学生建议,反感答疑解惑。

这些不敬业的行为虽不具有普遍性,但严重损害了教师的声誉,产生了不良影响,阻碍了教育事业的健康发展。

出现以上情况有几方面的原因。一是由于长期以来,教师社会地位偏低,很多实际问题得不到解决,部分教师感到怀才不遇,加上社会对教师总有一些不切实际的期望或要求,忘记了教师是活生生的人,也有生老病死,吃喝拉撒。总是用道德高标绑架教师,使得教师无所适从,心中有怨气,遇事易动气发火。二是教育的功利色彩太浓,教育评价机制还欠科学,学校管理有缺陷,部分教师感觉领导不公而生抱怨。三是教师待遇偏低,有人守不住清贫,耐不住寂寞,从事第二职业,有偿补课,对本职工作敷衍塞责。四是学生问题越来越突出。农村留守儿童数量大,长时间不在父母身边,缺乏父爱和母爱,受社会不良风气的影响,导致心理不健康,人格有缺陷,好逸恶劳,不思进取,不好管教。加之快速发展的社会,各种非主流思想的侵入导致学生人生观、价值观和世界观的不确定性,呈多元化趋势,给教育工作带来了很多困惑,让教师屡屡受挫,缺乏成就感。久而久之,部分教师身心憔悴,心理压力大,浮躁不安,很容易把怨气发泄到学生身上,甚至造成体罚或变相体罚学生的现象。表现出心理的不健全和师德的缺失。教师的使命是开启人智,构建学生人格,培养社会合格建设者和接班人,被誉为人类灵魂的工程师。教师的职业被誉为是"太阳底下最光辉的职业"。教师肩负着培育人才的崇高使命,这就要求教师要提高师德修养,增强法制意识,更新教育观念,提高教育能力,减轻心理负荷,做好教育工作。我们要坚信,目前正处于社会转型期,随着社会的发展,教师的政治地位和经济待遇一定会因大家的努力工作而得到改善。针对目前教师队伍中师德下滑等问题,教育部日前下发《关于做好庆祝 2015 年教师节有关工作的通知》。《通知》要求,要强化监督查处,有针对性地开展严禁教师违规收受礼品礼金、严禁有偿补课等专项治理,对违规违纪的及时严肃查处。《通知》指出,今年 9 月 10 日是我国第 31 个教师节,教师节的主题是:落实总书记重要讲话精神,聚焦乡村教师队伍建设。要大力营造尊师重教的良好社会氛围,特别是倡导全社会关心支持乡村教师队伍建设。我们既然选择了教师这个职业,就要无怨无悔,无私奉献。人处世间都要肩负一定的社会责任,我们肩负的社会的责任是培养人才这个重任,关系到国家的未来和民族的希望,不能掉以轻心。如果我们的工作出现差错,将会愧对我们的良知和人民的希望。

二、师德的含义

"师德"即教师职业道德,是教师和一切教育工作者在从事教育活动中必须遵守的道德规范和行为准则。师德作为一种社会意识,是道德活动中的道德现象、道德关系在观念形态上的反映。师德是全社会道德体系的组成部分,是青少年学生道德修养的楷模之一。从实践角度看,具有高尚情操、渊博学识和人格魅力的教师,会对学生产生终身的良好影响。中国自古以来就有尊师重教的优良传统,历代教育家提出的"为人师表""以身作则""循循善诱""诲人不倦""躬行实践"等,既是师德规范,又是教师良好人格特征的体现。中华人民共和国成立后,教师承担着全面贯彻党的教育方针的重大责任,肩负着办好让人民满意的教育的重大使命。时代的进步呼唤充分发挥教师的作用。没有高水平的教师队伍,就没有高质量的教育。提高教育教学质量,建设人力资源强国,对教师队伍的整体素质提出了新的更高要求。正因如此,大力加强师德建设,引起了党和政府的高度重视和社会各界的高度关注。

改革开放以来,我国先后三次(1984、1991、1997)颁布和修订了《中小学教师职业道德规范》。2008年9月3日公布的新《规范》,包含了六个方面的内容:爱国守法、爱岗敬业、关爱学生、教书育人、为人师表和终身学习。

1. 爱国守法

热爱祖国,热爱人民,拥护中国共产党领导,拥护社会主义。全面贯彻国家教育方针,自觉遵守教育法律法规,依法履行教师职责权利。不得有违背党和国家方针政策的言行。

爱国守法是最基本的道德规范,是每个公民必备的最重要的道德品质和最起码的道德水准。"爱国"作为一种道德责任,就是要求公民发扬爱国主义精神,为维护民族自尊心、自信心和自豪感,为维护和争取祖国的独立、统一、富强和荣誉而奉献。"守法"作为道德责任,就是要求公民不仅有知法、懂法、守法的法律意识,还要把法律意识转化为自觉依法行使权利、履行义务的法律行为,使自己的行为合乎法律规范。

爱国守法是教师职业道德的最基本前提。如果连自己的祖国都不热爱,便丧失了作为人的良知和作为人民教师的资格。作为一名教师,只有热爱自己的国家,自觉遵守各项法律制度,才能形成良好的师德风范,给学生树立学习的榜样。榜样的力量无穷,教师爱国守法能给学生带来无形的影响。作为教师来说,除了遵守包括宪法在内的各项法律法规外,还要遵守《教师法》《义务教育法》《未成年保护法》《预防未成年犯罪法》《学生伤害事故处理办法》《班主任工作条例》等教育法律法规。这些法律法规是我们从事教育工作的行动指南和基本遵循。现在已进入法治社会,法治观念已深入人心,教师作为社会的精英,学生的引路人,首先应该学法、知法、守法,以身示范,才能在工作中不出差错,才能做好学生的表率,做到为人师表,教书育人。否则,我们愧为人师。

2. 爱岗敬业

忠诚于人民教育事业,志存高远,勤恳敬业,甘为人梯,乐于奉献。对工作高度负责,认真备课上课,认真批改作业,认真辅导学生。不得敷衍塞责。

爱岗敬业是爱岗和敬业的总称。爱岗和敬业互为前提,相互支持,相辅相成。"爱岗"是"敬业"的基础,"敬业"是"爱岗"的升华。爱岗敬业是忠于职守的事业精神,这是职业道德的基础。爱岗是热爱自己的工作岗位,热爱自己的本职工作;敬业就是要用一种恭敬严肃的态度对待自己的工作。著名教育家陶行知说:"捧着一颗心来,不带半根草去。"是对爱岗敬业的最好诠释。作为道德准则,"爱岗敬业"是基于社会分工而提出来的,它诠释了个人与社会职业的关系。"爱岗"的基点是个人对于社会生活的情感投入,"敬业"的基点是个人对于自己生存的特定社会的责任承担。作为社会之一分子,岗位不仅是社会提供给个人的谋生方式,更是个人对于社会应尽的义务。任何一个个体都是社会的一员,都在享受人类的文明成果,都在吮吸社会提供的乳汁,当然也肩负着人类发展链条上的某种责任,应对人类社会有所担当。教师在人类社会的建设中,在人类文明的传承中扮演着重要的角色。因而,教师作为整个人类社会的一个特殊群体,更应自觉地担当起自身的职责。特殊的职业、特定的时代、特定的社会,赋予了教师爱岗敬业以特定的内涵。教师应该在准确把握其内涵的基础上认真践行自己的职责。

爱岗敬业,伟大的教育家孔子称之为"执事敬",朱熹解释为"专心致志,以事其业"。说的是从事工作要兢兢业业,认真负责。教师"爱岗"就是热爱教育事业,具体体现为热爱教育教学工作和热爱学生。热爱工作,意味着尊重和珍惜自己的选择,表现为对教育事业的全身心投入和不悔追求的信念、态度和决心。诗人汪国真说:"既然选择了远方,便只顾风雨兼程。"要不怕困难和险阻,恪守理想信念。热爱学生,意味着对学生人格和生命的尊重,对学生潜能和自觉的肯定,对学生思想和行为的理解,对学生缺点和不足的宽容,表现为对学生的关注、关心和关爱。"敬业"就是对社会主义教育事业和学生成长的强烈责任感和使命感,具体表现为对教育教学工作的认真负责,一丝不苟,精益求精;对学生的热情关怀,尽心尽力,无微不至。在两者的关系上,爱岗是敬业的前提,敬业是爱岗的具体体现。因而,教师的爱岗敬业首先表现为对于教育事业的奉献精神。

教师职业的特殊性要求爱岗敬业。爱岗敬业作为教师基本的职业道德,师德的核心内容,不能不受到社会特别的关注。对于广大教师而言,通过什么途径,采取哪些措施,培养爱岗敬业精神呢?

(1)树立教育事业心。要认清教师劳动的特点。一要甘于平凡。教师的劳动是平凡的,但其中孕育着伟大,凭借对事业的坚定信念,才可以创造出无数个伟大。二要淡泊名利。从某种意义上讲,名利能催人上进,但如果追求过度,就会成为制约人类进步和发展的障碍。在教师岗位上,没有令人羡慕的地位和权利,也没有丰厚的报酬,更没有悠闲自在的舒适和安逸,有的只是默默的付出和奉献。三要讲究职业良心。教师职业不同于其他职业,教师的劳动难以准确量化,教学的质量和效果,全凭教师高度的自觉性、责任心、荣誉感和上进心来约束和鼓励。

(2)坚持以正确的教育思想教书育人。教师在教书育人中,一要面向全体学生,公正、公平地对待每一个学生,尊重每一个学生的人格。二要促进学生全面发展。21世纪的人才,不仅要具备扎实的科学文化知识,较高的思想品质,文明行为习惯,良好的心理素质;还应具备一定的开拓创新精神和较强的实践能力,以及创新素质、健康人格素质、开放型和研究型素质、竞争和合作精神素质等基本素质。

(3)发挥学生主体作用,培养学生自我发展能力。在知识经济时代,多种信息知识正在越来越紧密地联系起来,新知识不断涌现。学生如果没有自主学习的能力,就很难获取实践中所需要的知识。教师培养学生的自主学习能力和主动精神,实际上是交给了学生一把打开知识宝库的金钥匙。

(4)以良好的思想和行为影响学生。教师直接与学生接触,教师的言行直接影响学生的思想和行为。教师的品格因素使学生形成对教师的敬爱感,教师的才能因素使学生形成对教师的敬佩感,教师的知识因素使学生形成对教师的信赖感,教师的情感因素使学生形成对教师的亲切感。要成功地实施德育,就必须提高教师的素质,以良好的思想和行为影响学生。

特别强调的是,教师爱岗敬业具有时代意义,爱岗敬业有利于保持教师队伍的相对稳定。当前,最重要的是加强教师个体职业道德修养,加强师德师风建设。只有当所有的教师都具备"爱岗敬业"精神,为党的教育事业无私奉献时,教师队伍的稳定才有可靠的保障。

爱岗敬业是乐教勤业的动力,作为一名教师,爱岗敬业是社会、国家法律所赋予的义务。有了爱岗敬业的精神,教师才能把这种平凡而艰苦的工作当作崇高而充满乐趣的工作来对待。

爱岗敬业才能有所作为。教师在岗位上能否完成教学任务,能否取得工作成就,以及取得成就的大小,取决于诸多因素,如工作条件、工作环境、家庭和社会环境的影响、自己的学识修养等等。其中,教师能否爱岗敬业是影响其工作成效的主要因素之一。也就是说,只有爱岗敬业,教师才能积极面对自身的社会责任和社会义务,才能自觉地不断完善自我,成为人们尊敬的人类灵魂工程师。

3. 关爱学生

关心爱护全体学生,尊重学生人格,平等公正对待学生。对学生严慈相济,做学生良师益友。保护学生安全,关心学生健康,维护学生权益。不讽刺、挖苦、歧视学生,不体罚或变相体罚学生。

教育工作的对象是学生,做好教育工作实际上就是做好学生的工作。学生的工作包括身体、学习、思想、行为、习惯、交往等多方面。要做好学生的教育工作,就要放下架子,走入学生群体,与他们打成一片,一同生活,交心谈心,取得学生信任,深入观察了解学生的思想行为等各方面特点,对学生表现好的方面及时鼓励表扬,对出现的偏差及时纠正。用自己的思想、言行感化学生,言传身教,润物无声,使他们健康成长。关心学生的实质就是爱。鲁迅说:"教育根植于爱。"苏联教育家苏霍姆林斯基说:"没有爱,就没有教育。"德国著名教育家巴特尔说:"教师的爱是滴滴甘露,即使枯萎的心灵也能苏醒;教师的爱是融融春风,即使冰冻了的感情也会消融。"中外名家都道出了教育的本质。作为教师必须修炼一颗爱心,把爱洒向学生,这是做好教育工作的前提。

(1)一切为了学生的发展。为了"每一位"学生的发展,就是要做到面向全体,关注每一位学生,善待每一个生命。"每一位"学生,不仅包括学习成绩优异的学生,而且还包括那些"问题学生"。面向全体,要求教师关注那些曾经遭受过伤害、性格孤僻的孩子,用自己的真爱让他们从不幸的阴影中解脱出来;面向全体,要求教师关注那些有严重缺点、缺陷和自暴自弃的孩子,用赏识和激励点亮他们心中希望的明灯,用严格的要求激励他们不懈的追求,用真诚和关爱改写他们的命运;面向全体,要求教师关注那些表现平平、默默无闻的孩子,努力消除自己视野中的"盲区",随时检查有没有被自己遗忘的"角落"。

将关注的目光投向每一个孩子,让每一位学生都能体验到成长的快乐,都能获得成功的喜悦,是现代教育思想的进步,是由"精英教育"向"大众教育"的转变。哈佛大学350年校庆时,有人问校长:"学校最值得你自豪的是什么?"校长回答:"哈佛最引以为自豪的,不是培养了6位美国总统,不是造就了36位诺贝尔获得者,而是给予每个学生以充分选择和发展的空间,让每一块金子都闪闪发光,让每一个从哈佛走出来的人都创造成功。"2001年,布什总统签署了《不让一个孩子掉队》法案,旨在增进教育公平,使美国的每一个孩子都能够具备基本的阅读能力与数学能力。为了实现这一基本的目标,法案要求每个州采用年度评估来衡量学生的进步情况。学校必须根据法案的目标让学生每年都能够获得适当的进步。

根据学生的测试情况,学校将被问责,或者获得奖励,或者得到制裁。他山之石可以攻玉,我们要学习借鉴。一切为了学生的发展要做到以下几点:

①让每一位学生都全面发展。即知识、技能、能力、态度、情感、价值观的整体发展。全面发展,不是单纯的学习能力的提高,而是包括组织、沟通、领导、应变和创新等多种能力的培养,即学生的脑力和体力、做人与处事、互助与协作等多种能力的培养。

②让每一位学生主动发展。过去我们习惯"带着知识走向学生",这不过是"授之以鱼";现在我们更强调"带着学生走向知识",这才是"授之以渔",即教会学生学习方法,让学生自己去发展。给学生一些权利,让他们自己去解决;给学生一个问题,让他们自己去探求;给学生一种条件,让他们自己去磨炼;给学生一片自由的天空,他们定会产生飞翔的欲望。

③让每一位学生可持续发展。作为教育工作者,应考虑学生的可持续发展和终身发展。一是培养学生旺盛的求知欲,体验学习的美妙和快感;培养学生持续的学习力,具备终生学习的能力。二是培养学生自主发展的能力,引导学生培养其自主的性格,具有独立分析问题和创造性解决问题的能力,为他们的后续发展奠基,让他们的生命增值。

一切为了每一位学生的发展,是永恒的教育主题和价值追求。

(2)教师要平等对待学生。师生之间应当是一种民主平等的关系,是双方在人格平等基础上的合作关系。"教师要蹲下身来看学生"就容易走进学生、理解学生,与学生融为一体。就能为教学的实施铺平道路。要做到平等对待学生就要转变角色,做学生的朋友。蹲下身来,以宽容的心对待学生,尊重学生,建立民主、平等、和谐的师生关系。

教师的工作和其他行业的工作特点不同。教师的工作对象是一个个有血有肉的正在成长中的生命,每一个个体的心智都是个性的,独特的,学生天生的资质和禀赋也是千差万别的。对每个学生的教育方式方法应有所区别,要有教无类,因人而教。著名教育家叶圣陶说过:"教育是农业,不是工业。"这就告诉我们:教育就像栽培植物那样,是让植物自然生长,而不是像工业生产,用模具去铸造成批的产品或机械零件。教育学生要实施个性化的培养。美国教育心理学家霍华德·加德纳多元智能理论认为,人的智能可以划分为八个范畴,即:语言、数学逻辑、空间、肢体运作、音乐、人际关系、内省、自然探索。每个学生都具有自己独特的智能结构形式,都具有自己的智能强项和弱项。并且,这种差异并不表现为好坏、高低、贵贱,而是多样化的表现。教育学生要从德、智、体、美、劳各方面开发学生的潜能,不能只以学习成绩的优劣作为评价标准。其实,学生没有好和差,有的只是智能的区别,我们要一视同仁对待学生,对每一个学生都要给予关爱。公平对待每一个学生,这是教育工作者最起码的品质。教育的真谛就是爱。"没有爱就没有教育",被著名教育家霍懋征奉为座右铭。她说:一个老师必须热爱学生才能教好他们。在她的眼中,没有不可教育或教育不好的学生。她爱每一个孩子,相信人人都可以成才。60多年的从教生涯,她创造了没有让一个学生掉队的奇迹。没有体罚过一个学生,没有向一个学生动过气。她对学生的八字方针是:激励、赏识、参与、期待。她认为教育是科学也是艺术。苏联著名教育家苏霍姆林斯基说:"如果有人问我,生活中什么是最主要的呢?我可以毫不犹豫地回答说:'爱孩子'。"同时指出爱不等于无原则的溺爱,应该用严格的纪律和道德规范去要求儿童,并注重通过集体教育培养学生的道德品质。

这里介绍著名教育家陶行知(1891—1946)先生教育学生的一个经典案例:

四糖故事

陶行知有这样一则教育学生的故事:有一个男生用泥块砸自己班上的男生,被校长陶行知发现制止后,命令他放学时到校长室去。放学后,陶行知来到校长室,男生早已等着挨训了。可是陶行知却笑着掏出一颗糖果送给他,说:"这是奖给你的,因为你按时来到这里,而我却迟到了。"男生惊疑地接过糖果。随后陶行知高兴地又掏出第二颗糖果放到他的手里,说:"这是奖励你的,因为我不让你打人时,你立即住手了,这说明你很尊重我,我应该奖你。"男生更惊疑了。这时陶行知又掏出第三颗糖果塞到男生手里,说:"我调查过了,你用泥块砸那些男生,是因为他们欺负女生;你砸他们说明你很正直善良,且有跟坏人作斗争的勇气,应该奖励你啊!"男生感动极了,他流着眼泪后悔地喊道:"陶校长,我错了,我砸的不是坏人,而是同学……"陶行知满意地笑了,他随即掏出第四颗糖果递过来,说:"为你正确地认识自己的错误,我再奖给你一块糖果,我没有多的糖果了,我们的谈话也可以结束了。"

这个案例告诉我们:教育是一门独特艺术,是一种高超的智慧,是一份感情的投入,是一分对学生的尊重,是一颗爱心的温暖,是一场润物细无声的洗礼,是一次人格心灵的唤醒。德国哲学家雅斯贝尔斯说:"教育的本质意味着:一棵树摇动另一棵树,一朵云推动另一朵云,一个灵魂唤醒另一个灵魂。"说得多么深刻。

4. 教书育人

遵循教育规律,实施素质教育。循循善诱,诲人不倦,因材施教。培养学生良好品行,激发学生创新精神,促进学生全面发展。不以分数作为评价学生的唯一标准。

教书育人是教师的天职,也是教师的基本使命和主要工作。教书育人指教师关心爱护学生,在传授专业知识的同时,以自身的道德行为和人格魅力,言传身教,引导学生寻找自己生命的意义,实现人生应有的价值追求,塑造自身完美的人格。教书是手段,育人是目的,育人是教育工作的重中之重。如果教师只教书,不育人,就是失职。如果学生知识丰富,但是品德不修,可能会危害社会。相反,一个品德高尚的人,他自会有学习知识、提升自己的觉悟,终会学业有成。所以,学校教育的使命应把育人放在第一位。关于这一点,陶行知先生有其独到的见解:(1)先生不应该专教书,他的责任是教人做人;学生不应该专读书,他的责任是学习人生之道。(2)在教师手里操着幼年人的命运,便操着民族和人类的命运。(3)因为道德是做人的根本。根本一坏,纵然使你有一些学问和本领,也无甚用处。(4)教师的职务是"千教万教,教人求真";学生的职务是"千学万学,学做真人"。(5)智仁勇三者是中国重要的精神遗产,过去它被认为"天下之达德",今天依然不失为个人完满发展之重要指标。(6)教育工作中的百分之一的废品,就会使国家遭受严重的损失。(7)生活、工作、学习倘使都能自动,则教育之收效定能事半功倍。所以我们特别注意自动力之培养,使它关注于全部的生活工作学习之中。自动是自觉的行动,而不是自发的行动。自觉的行动,需要适当的培养而后可以实现。著名教育家张伯苓也说过:"作为一个教育者,我们不仅要教会学生知识,教会学生锻炼身体,更重要的是要教会学生如何做人。"

这里介绍一种教书育人的重要手段——赏识教育。

众所周知,"好孩子是夸出来的"。教师要学会赏识学生,找出学生的闪光点,给出积极的暗示、期待和信任,学生就会朝着你想要的方向发展。请看下面这个案例:

一位母亲与家长会

第一次参加家长会,幼儿园的老师说:"你的儿子有多动症,在板凳上连三分钟都坐不了,您最好带他去医院看一看。"

回家的路上,儿子问她老师都说了些什么?她鼻子一酸,差点流下泪来。因为全班30位小朋友,唯有他表现最差;唯有对他,老师表现出不屑。然而,她还是告诉了她的独生子:"老师表扬你,说宝宝原来在板凳上坐不了一分钟,现在能坐三分钟了,其他的妈妈都非常羡慕妈妈,因为全班只有宝宝进步了!"

那天晚上,她儿子破天荒地吃了两碗米饭,并且没让她喂。

儿子上小学了。家长会上,老师说:"全班50名同学,这次数学考试,你儿子排 49 名，我们怀疑他智力上有障碍，您最好能带他去医院看一看。"

回去的路上，她流下了泪。然而，当她回到家里，却对坐在桌前的儿子说："老师对你充满信心，他说了，你并不是一个笨孩子，只要能细心些，会超过你的同桌，这次你的同桌排在第 21 名。"

说这话时，她发现，儿子黯淡的眼神一下子充满了光，沮丧的脸也一下子舒展开来。她甚至发现，儿子温顺得让她吃惊，好像长大了许多。第二天上学时，去得比平时都要早。

孩子上了中学，又一次家长会。她坐在儿子的座位上，等着老师点她儿子的名字，因为每次家长会，她儿子的名字在差生行列中总是被点到。然而，这次却出乎她的预料，直到结束，都没听到。她有些不习惯。临别，去问老师，老师告诉她："按你儿子现在的成绩，考重点高中有点危险。"

她怀着惊喜的心情走出校门，此时，她发现儿子在等她。路上她扶着儿子的肩膀，心里有一种说不出的甜蜜，她告诉儿子："班主任对你非常满意，他说了，只要你努力，很有希望考上重点高中。"

高中毕业了。一个第一批大学录取通知书下达的日子，学校打电话让她儿子到学校去一趟。她有一种预感，她儿子已被清华大学录取了，因为在报考时，她给儿子说过，她相信他能考取这所学校。

她儿子从学校回来，把一封印有清华大学招生办公室的特快专递交到她的手里，突然转身跑到自己房间里大哭起来。儿子边哭边说："妈妈，我一直都知道我不是个聪明的孩子，是您……"

这时，她悲喜交加，再也按捺不住十几年来凝聚在心中的泪水，任它流在手中的信封上。

故事中的妈妈是一位赏识教育的专家，她用拳拳爱心和殷切的希望陪伴儿子长大，"淘气包"变成成功者。故事可能是虚构，但包含很深的教育哲学原理。赏识教育的特点是注重孩子的优点和长处，让孩子在"我是好孩子"的心态中觉醒，树立"我能成功"的信念。人性最渴望的是得到赏识。赏识教育是呼唤善良、启迪智慧的教育。赏识的方式是多种多样的，可以是赞扬、鼓励的语言，也可以是爱抚、友善的动作，还可以是欣赏、赞许的目光。赏识教育要多看优点，常赞美；正视错误，多宽容；尊重相信，善于期待。孩子都是有发展潜能的，教师的作用就在于挖掘潜能，对学生不断提出较高的要求，相信学生能够成功。

我们再来看一个案例：

罗森塔尔效应

1968 年,美国心理学罗森塔尔和雅各布森来到一所小学,说要进行 7 项实验。他们从一至六年级各选了 3 个班,对这 18 个班的学生进行了"未来发展趋势测验"。之后,罗森塔尔以赞许的口吻将一份"最有发展前途者"的名单交给了校长和相关老师,并叮嘱他们务必要保密,以免影响实验的正确性。其实,罗森塔尔撒了一个"权威性谎言",因为名单上的学生是随便挑选出来的。8 个月后,罗森塔尔和助手们对那 18 个班级的学生进行复试,结果奇迹出现了:凡是上了名单的学生,个个成绩有了较大的进步,且性格活泼开朗,自信心强,求知欲旺盛,更乐于和别人打交道。

显然,罗森塔尔的"权威性谎言"发挥了作用。这个谎言对老师产生了暗示,左右了老师对名单上的学生的能力的评价,而老师又将自己的这一心理活动通过自己的情感、语言和行为传染给学生,使学生变得更加自尊、自爱、自信、自强,从而使各方面得到了异乎寻常的进步。后来,人们把像这种由他人(特别是像老师和家长这样的"权威他人")的期望和热爱,而使人们的行为发生与期望趋于一致的变化的情况,称之为"罗森塔尔效应"。

罗森塔尔的实验表明:对一个人智慧成就的心理暗示,会影响这个人的智慧成就。而自己信任和崇拜的人的赏识更能为其发展带来无穷的力量。对大多数学生而言,教师是最值得信任、最具权威性的,孩子们一生所拥有的美好希望,其实就把握在教师手中,一份尊重、一份理解、一份欣赏、一份鼓励,都是孩子实现希望的不竭动力。

事实上,无论哪一个孩子都有缺点,也肯定有优点。如何找出他们的长处,发挥他们的特长,培养他们的学习兴趣,是摆在我们教育工作者面前的首要问题。美国心理学家贝克尔有这样一句名言:"人一旦被贴上某种标签,就会按照标签所标定的去塑造自己。"清代学者颜元说过:"数子十过,不如奖子一长。"教育者的期望是一种导向,是孩子前进的目标,是对孩子迷茫时的召唤,是孩子受挫时永不屈服的勇气,是孩子失败时永不放弃的追求,是孩子走向成功的基石。好孩子是夸出来的,无论是家长还是老师如果能拿出宽容和爱心,多找孩子的闪光点,那么他们一定能自信地走上人生之路。

5. 为人师表

坚守高尚情操,知荣明耻,严于律己,以身作则。衣着得体,语言规范,举止文明。关心集体,团结协作,尊重同事,尊重家长。作风正派,廉洁奉公。自觉抵制有偿家教,不利用职务之便谋取私利。

　　为人师表,指在人品学问方面作别人学习的榜样。我国古代早有"师德"的提法,意思与"师范"相同,就是指学习的榜样。所谓"为人师表"是指教师应该成为学生效法的表率。教师职业的特殊性质,决定了教师的人格在整个教育过程中具有不可忽视的重要作用。"师者,人之模范也",是古今中外人们对教师的评价。叶圣陶先生高度概括为:"教育工作者的全部工作就是为人师表。"德国教育家第斯多惠强调,教师本人是学校里最重要的表率,是最直观的最有效益的模范,是学生最活生生的榜样。倡导"为人师表",就是要求教师坚守高尚情操,知荣明耻,严于律己,以身作则,关心集体,团结协作,尊重同事,尊重家长,作风正派,廉洁奉公。

　　(1)情操高尚,知荣明耻。教师的劳动任务是向学生传授系统的科学文化知识,塑造学生的思想品德,把学生培养成为时代和社会所需要的人才。简单地说,就是教书育人。教师在完成任务的过程中,一方面用自己的知识和才能教育学生学习科学文化知识和技能;另一方面要以自己高尚的思想品德和行为教育和影响学生,让学生在耳濡目染、潜移默化中受到感染,接受教育,懂得做人的道理,学会做人。教师的思想、品德、言行、习惯是作用于学生的不可缺少的教育手段。正如俄国教育家乌申斯基说的:"没有教育者个人对受教育者的直接影响,就不可能有深入性格的真正教育。只有个性才能影响个性的发展和定型,只有性格才能养成性格。"教师的这一工作重任要求教师必须具有高尚的情操,率先垂范。

　　(2)注重礼仪,举止文明。教师高尚的人格不仅反映在内在的精神境界上,而且也体现在外在的言谈举止上。作为传道、授业、解惑的主体,教师不仅要有学富五车的知识、旁征博引的口才等内在美的素质,还应首先以自己外在的形象美给学生以潜移默化的影响,启迪学生对美的向往和追求。"身教重于言教",教师的仪容仪表、言谈举止是最现实、最生动、最有力的教育手段。苏联教育家加里宁曾说过:"一个教师也必须好好检点自己,他应该感觉到,他的一举一动都处在最严格的监督之下,世界上任何人也没有受着这样严格的监督。孩子们几十双眼睛盯着他,须知天地间再也没有什么东西,能比孩子的眼睛更加精细,更加敏捷,能对人生理心理上各种细微变化更富于敏感的了,再没有任何人像孩子的眼睛那样能触摸一切最细微的事物。"这说明老师的表率作用是何等重要。"桃李不言,下自成蹊",教师举手投足之间应注重礼仪,举止端庄,文雅适度。

　　(3)关心集体,团结协作。现代教育是主体化、开放式的教育,学生的成长是由多方面的因素形成的"教育合力"综合施加影响的结果。而教师作为教育合力的组织者,应当对教育合力的形成、发展和优化发挥主导作用和调节作用。一名优秀教师应该尽一切努力,妥善处理好教师与教师、教师与家长、教师与社会各方面复杂的人际关系,在校内致力于建设一个团结、坚强的教师集体;在校外积极开展和利用一切对学生成长有利的教育因素,学会团结协作。

(4)作风正派,廉洁奉公。所谓廉洁,包含着廉洁、廉正、廉耻等内涵,它是奉公的基础,光明磊落的前提,又是一个人自律的保证,自尊的动力。廉洁就是不收不义之财,不贪占公物和他人之物,不受世俗丑行的污染。所谓廉洁从教,是指教师在整个从教生涯中都要坚持行廉操洁的原则,始终以清廉纯洁的道德品行为学生和世人做出表率。

被尊为"万世师表"的陶行知先生对"为人师表"是这样诠释的:要想学生好学,必须先生好学。唯有学而不厌的先生才能教出学而不厌的学生。要学生做的事,教职员躬亲共做;要学生学的知识,教职员躬亲共学;要学生守的规则,教职员躬亲共守。

6. 终身学习

崇尚科学精神,树立终身学习理念,拓宽知识视野,更新知识结构。潜心钻研业务,勇于探索创新,不断提高专业素养和教育教学水平。

终身学习是指社会每个成员为适应社会发展和实现个体发展的需要,贯穿于人的一生的,持续的学习过程。新时期社会的、职业的、家庭日常生活的急剧变化,导致人们必须更新知识观念,以获得新的适应力。也就是俗话说的,活到老学到老。从道理上说,各行各业与书本打交道最多的是教师群体,教师的职业特点决定了教师应该成为终身学习的楷模。但是由于各种复杂原因,部分教师不同程度出现职业倦怠,对终身学习认识不够,主要表现为教师不爱读书,不爱研究社会生活的变化、教育形势的发展对自身的能力提出了哪些要求。教师自己不爱读书,怎么能引导学生热爱读书? 社会的发展很快,教育形势发展迅速,知识日新月异,各种社会思潮和社会变化对学生的影响很大。教育工作的主要对象是学生,教师如果不紧跟形势的发展因时而动,必然会淘汰出局。教师要能持续发展,适应不断变化的教育发展的需要,只有紧跟形势的步伐,加强学习并持之以恒,做构建学习型社会的带头人,做好学生的表率。身教重于言教,教师是爱学习的人,会对学生产生潜移默化的影响。只有知识渊博的老师才能引领学生步入知识的殿堂。教师的好学精神、渊博学识和人格魅力是受到学生崇拜的资本,是引领学生好学上进的榜样,是实现自身专业成长的根本保证,是成就教学名师或教育家的必要条件。

2015 年 8 月 26 日

参考文献：

1. 赵国柱,陈旭光.师德新说——中小学教师职业道德经典读本[M].北京:开明出版社,2009.3(2012 年 6 月重印)

2. 吕炳君,韩明峰,周诗华.智慧型教师必备的教育新理念[M].北京:九州出版社,2009.10

（沿河县小学班主任培训讲课稿）

语文教师专业化发展漫谈

老师们好!

有幸能有这样一个与各位同行交流学习的机会,首先要感谢贵州省高中语文代泽斌名师工作室和印江一中给我提供这个平台。我要和大家分享的是有关语文教师专业化发展的话题,旨在抛砖引玉,引发大家的思考。当今,教育形势的快速发展和新课程改革的纵深推进,给传统的教育教学提出了严峻的挑战。顺应形势的发展,加快推进课程改革是我们教师的历史使命。新课改改了十几年,取得的成绩不小,但还存在很多问题。国家在教育观念的转变,教材的编写,教师的培训等方面都做了大量工作,但改革仍是举步维艰。就其原因,主要在于实施新课程主体的教师素质还滞后。可以说,教师的专业化发展是课程改革的重要课题。提升教师的专业化发展水平的口号提得多,但很多教师还没有努力去践行。我也只是做过粗浅尝试,没有发言权。但转而又想,教书育人是我们的共同责任,也就不揣浅陋,将近几年的实践心得与各位同行分享。不当之处请大家批评指正。

一、问题的由来

就全球范围来看,20 世纪 60 年代以来,随着教育改革日趋频繁,人们对于"什么因素决定着学校教育的质量"这一问题开始有了更深入的思考。这一时期对教师的研究活跃起来,也使教育界逐渐认识到教师在整个教育活动中扮演着其他教育因素无法替代的决定性作用。

"教师专业发展"一词最早出现于 1966 年联合国教科文组织发表的《关于教师地位的建议》中,建议教师应被视为一种"专业"。1986 年,我国发布国家标准《职业分类与代码》,将教师列入"专业技术人员"。并作如下要求:增加未来教师的修业年限,加强学科知识与教育理论的学习,建立教师协会,确立教师资格审查制度,制定教师专业操守(专业伦理)。教师专业发展是随着课程改革而提出的。从国际上看,美、英、日、韩等国于上世纪末先后提出课程改革,我国 20 世纪 90 年代提出素质教育,面向 21 世纪教育振兴行动计划,2001 年实施新课程改革,正式将教师专业发展提上议事日程。

二、教师的角色的演变

1. 过去教师的形象

（1）国外教师形象。"他们渐渐衰老，但是并不幸福；他们富有爱心，但是自身却得不到爱；他们有需要，但却得不到满足。他们永远是把生命奉献给其他母亲的孩子的教育的陌生人。随着岁月的流逝，他面露倦容，对事物愈加敏锐，感情日见淡漠。他在课堂上是位独裁者，而在社区则是位隐士。一旦她们接受了作为学校女教师的角色，也就等于接受了老处女的角色。她们默默地为自己所遭受的无法言表也无法理解的痛苦和挫折寻求着答案……"在美国小说中，男教师常常是伛偻着身子、骨瘦如柴、面色阴沉、疲倦。他身着褴褛的衣衫，故作优雅，过时了的服装松垮地悬挂在他营养不足的骨架上……简言之，他们在成功地作为一个教师的同时，注定不会成为一个合格的男人和女人。

（2）国内教师形象。"小时候我以为你很神秘，让所有的难题变成了乐趣。小时候我以为你很有力，你总喜欢把我们高高举起。长大后我就成了你，才知道那支粉笔，画出的是彩虹，洒下的是泪滴。长大后我就成了你，才知道那个讲台，举起的是别人，奉献的是自己。"（《长大后我就成了你》）在中国的传统观念中，教师职业意味着奉献，教师常常成了春蚕、蜡烛的代名词。

无论是国内还是国外，教师都没有受到社会足够的关注，他们孤独、寂寞、痛苦。社会对教师过分强调付出、奉献，他们自身存在的价值没有得到肯定和尊重，甚至贬抑受损，显得悲壮、凄凉而心酸。"假如把牺牲性的行为看成是只对别人有意义而对自己毫无意义的行为，这恰恰意味着自己只不过是一件工具而不是一个显示着人的价值的人。如果一个人自身是无价值的，那么他所做的牺牲也就成为无道德价值的贡献。"（国际 21 世纪教育委员会《教育—财富蕴藏其中》）如果这样的牺牲是以丧失自我存在的价值为代价，虽然崇高却未免悲壮而凄凉。

2. 现在教师的形象

随着时代的发展，社会的进步，教师的地位有了提高，现在人们对教师有了新的认识。

（1）在学校中，教师是替代父母的人。

（2）教师是直面生命成长并迷恋生命生长的人。

（3）教师是体验成长幸福的人。

（4）教师是以研究生命成长为业的人。

（5）教师是建构生命主体的人。

(6)教师是创造孩子的精神生命的人。

(7)教师是创造自我生命价值的人,是体验教师职业的尊严和欢乐的人。没有教师的创造性劳动,就不可能有新的教育世界;而教师只有进行创造性的劳动,才会体验到职业的内在尊严与欢乐,才能在发展学生精神力量的同时,焕发自身的生命活力。

(8)教师是修炼教育智慧的人。

现在,人们从父母、精神导师、建构生命主体、迷恋生命生长和自身成长等全新的角度来重新认识教师,从强调奉献转变为创造,强调教师在成就学生的同时也在创造生命中自我成长,这种角色的转变赢得了世人的理解和尊严,教师也感受到自身存在的价值和幸福。

3. 教师的价值取向

(1)知难而上,执着追求,滴水穿石,持之以恒,团队合作,共同创造,实践反思,自我更新。语文教育家陈日亮认为:人最怕"自我固化"。他在《我即语文》中提出,把生命融进学科中去。可以想象,当教师把教书育人融入了自己的生命,不以教师为职业,而是当成事业来追求,当成生命去敬畏的时候,离幸福就不远了。

(2)工作着、学习着、享受着。教师要用享受的态度来对待复杂、繁难的教育教学工作。正视现实,理性认知,调整心态,转变观念,享受工作的乐趣。有了良好的心态,就会在工作中获得成就感和幸福感,赢得教师的尊严和自身存在的价值。

(3)培训是福利,学习是享受。教师要知道"我是谁""从哪里来""到哪里去"。我是普通人,我的成长离不开老师的教诲,我是教师,就要担负起"传道授业解惑"的重任,助力人类文明的进程。教师也要学习,也要发展。要寻求自我发展的资源、机会和空间。要将培训和学习看成是上苍对自己的眷顾,是难得的享受,要珍惜。教师要走出悲情角色的阴影,面朝大海,春暖花开。不要总是自我暗示自己是蜡烛和春蚕,燃烧自己,照亮别人,只讲奉献,不求索取。否则会成为一口枯井。要成为一泓清泉,源源不断地流淌,自我发展,自我更新。"问渠那得清如许,为有源头活水来。"

(4)有眼界才会有境界,有实力才会有魅力,有作为才会有地位。教师要志存高远,要有做教育家的理想。高尔基曾说:"一个人追求的目标越高,他的才力就发展得越快,对社会就越有益。"只有不断追求才能拓宽视野,成就未来,焕发魅力,有所作为,实现价值。

(5)有多大本领,就有多大舞台。社会不会等待教师成长。要抢占先机,自主发展,主动成长。海阔凭鱼跃,天高任鸟飞。是雄鹰就必然有翱翔蓝天的平台。

教师要有施展才华实现人生价值的自信心。人生短暂,在此一搏,成就自己,活出精彩。

(6)在研究状态下工作,让研究成为工作的常态。教师不要把自己定位为"教书匠"。要定位成研究者,做教育家。要教学教研双管齐下。只教不研,是盲目的教;只研不教,是空乏的研。只有教研一体,才能有所建树。要带着研究的心态读书、备课、上课。将研究作为教学工作的常态,就会觉得人生过得有意义而充实。要将研究落到实处,先要明确以下几个问题:①研究什么? 关键的教学问题就是研究课题。②什么是研究? 解决关键问题的过程就是研究。③为什么要研究? 研究的目的不是取得新成就,而是成就新人;研究的关键不是解决问题,而是发现新问题。④怎样对待研究? 问题不是我们的敌人,而是我们的朋友。不能回避问题,更不能害怕问题。

(7)职业精神与专业精神。职业是生存的手段和必须,专业是发展的方式和必须,要以职业的精神做好专业的事情。如果将专业发展提升到事关自己生存的高度来对待,就会产生不竭的动力,智慧的火花就会不断地闪现,潜能得到最大限度的发挥。

三、教师专业发展背景分析

(1)随着教育本身的发展,现代教育的复杂程度比历史上任何时期都高,教育工作对从业人员提出了越来越高的要求。日益频繁的教育改革不断重新诠释"好教师"的标准,迫使教师必须寻找更新和提升专业水平的办法。

(2)社会生产和生活方式的变化,对教育提出了新的要求,也提供了新的可能,需要教师调整自己的教育方法。信息社会的到来,多媒体的诞生,网络的普及对教学工作提出了新的挑战。教师必须面对,顺应变化,转变教育观念,改变教学方法,提升专业水平,不然就会淘汰出局。

(3)社会各界对教育的期望越来越高,这些期望直接或间接地转嫁给教师。教师不得不加强学习,努力提升专业水平,以顺应社会对教师的期望,对教育的需求。

(4)新时期教师的地位和作用凸显。从春秋时期孔子聚徒讲学开始,到唐代文学家韩愈对教师"传道授业解惑"的标准诠释,到"天地君亲师"的尊崇,几千年来,人们都认同教师的巨大作用。只是在某些特定历史时期,教师地位有所下滑。如今,人类文明进程加快,历史又翻开了新的一页。人们的认知越来越理性,全社会趋于共识:教师对于学生发展的实际影响力巨大,提高教育质量,必须提升教师水平。

（5）教育界对教师职业价值逐渐有了新的认识。教育已不再是简单的职业，而是演变成了一种需要智慧和创造性劳动的专门职业，专业性越来越强。教师队伍的专业发展水平应该不断提高，才能适应社会发展的需要。

中华民族要能跻身世纪民族之林，实现中华民族伟大复兴中国梦，实施素质教育，培养高素质人才是当务之急。培养人才的重任落在了教师肩上，责无旁贷。这就要求教师首先要提高自身素质和修养，才能胜任这一伟大的历史重任。可以说实施素质教育关键取决于教师素质。这里的教师素质包括思想政治素质、业务水平、敬业精神和对教育的宗教情结等方面。国运兴衰，系于教育；教育兴衰，系于教师。时代赋予教师崇高的历史使命，任重道远。作为教师要志存高远，敢于担当，肩负这一重任。让自己的人生价值在教书育人中绽放光芒。

四、语文教师专业化发展策略

教育的终极目标是培养学生的健全人格、人文精神和科学素养，让他们成为合格的社会建设者和接班人。要求广大教师提高自身素质和修养，以教书育人为己任，走专业化发展之路，才能不辜负时代赋予我们的历史使命。

如何走教师专业化发展之路呢？可从以下几方面作些准备。

1. 多读教育理论书籍，增加知识储备

多读教育专业理论书籍，提高理论素养，不断给自己充电，使自己能站在教育制高点。只有多读书，多思考，多实践，才能高屋建瓴，综观全局，透视教学，把握教育的本质特征，才能不走或少走弯路。充足的教育理论知识储备能更好地指导自己的教育教学实践。否则，我们在实施素质教育的过程中会很茫然。如今，教师不读书成为普遍现象。有人做过调查，很多教师只读教科书和教参书，不读教育理论书籍和专业学术期刊。眼界越来越狭小，知识越来越枯竭，思想越来越僵化，教学越来越缺乏生气。很难想象，一个不爱读书的教师如何引领学生热爱读书。有资料表明，目前我国18—70周岁公民人均纸质图书的阅读量为4.77本，国民图书阅读率不足60%，在全世界排名靠后。读书的主要群体教师尚且不用心读书，又怎能指望学生好好读书呢？难道不值得深思吗？

2. 关注课改前沿动向

教师要广泛涉猎最新课改成果，走在课改的前沿阵地，跟上时代的脚步，才不至于落后掉队。

第八轮基础教育课程改革已进入深水区，困难重重，举步维艰。2016年9月《中国学生发展核心素养》发布，总体框架是：中国学生发展核心素养，以科学性、时代性和民族性为基本原则，以培养"全面发展的人"为核心，分为文化基础、自主发展、社会参与三个方面。综合表现为人文底蕴、科学精神、学会学习、健康生活、责任担当、实践创新六大素养。六大素养具体细化为18个要点:人文积淀、人文情怀、审美情趣,理性思维、批判质疑、勇于探究;乐学善学、勤于反思、信息意识,珍爱生命、健全人格、自我管理;社会责任、国家认同、国际理解,劳动意识、问题解决、技术运用。《核心素养》确定了中国学生未来可持续发展的走向。其中,语文核心素养有四个方面:语言建构与运用、思维发展与提升、审美鉴赏与创造、文化传承与理解。明确了语文教学的内容和方向。《核心素养》是新课程改革新的指导思想。我们要围绕人的全面发展和未来社会对人才的需求做好学生核心素养的培养。

3. 解放思想,摆脱功利,敢为人先,勇于尝试

当今世界,教育的功利性太强,可以说功利是实施素质教育的最大杀手,它蒙住了人们的双眼。一叶障目,不见泰山;只见树木,不见森林。导致素质教育和新课程理念的实施举步维艰。不少教师只关注尖子生,只关心分数,只关心奖金和名誉,这不只是眼界的狭窄,也是师德的缺陷。殊不知,欲速则不达,越是功利,越是背离教育宗旨。只有摆脱功利思想,回归教育本真追求。敢于担当,练就好的品质,努力践行习近平同志提出的有理想信念、有道德情操、有扎实学识、有仁爱之心的"四有"好老师标准,才能柳暗花明,迎来教育的春天。

(1)增强自信,改进方法。有语文教师自嘲:"上辈子杀猪,这辈子教书;上辈子杀人,这辈子教语文。"这是缺乏自信的表现。语文成了时下一门尴尬的学科,受到冷落。学生不重视,家长甚至有的学校领导也看法偏颇,不让孩子看课外书。弄得语文教师没了自信,这是不争的事实。其实我们在抱怨的同时,是否从自身的角度出发作过反思。语文教学怎么了?学生为什么不喜欢语文?究其原因,是语文教学偏离了正确的轨道,没有弄清语文教学的本质规律。这里推荐老师们读两本书:吴非(王栋生)《不跪着教书》,王开东《最好的老师不教书》,道出了语文教师的自信和应有的尊严。记住语文教育大师叶圣陶的话:"教是为了不需要教。"语文教学不仅指导思想出了问题,方法也出了问题。法国哲学家笛卡尔曾说过:"最有价值的知识是关于方法的知识。"道出了教学方法的重要性。教师该做的是教会学生如何去获得知识,也就是"授之以鱼,不如授之以渔"。所以我们在传授给学生知识的同时,还要教会他们获取知识的方法。教学是一门艺术,正如德国著名教育家第斯多惠所说:"教学的艺术不在于传授本领,而在于激励、唤醒、鼓舞。"德国教育家斯普朗格也说过:"教育的核心是人格心灵的唤醒;教育的最终目的不是传授已有的东西,而是要把人的创造力量诱导出来,将生命感、价值感唤醒。"马克思也说:"教育绝非单纯的文化传递,教育之为教育,正是在于它是一种

人格心灵的唤醒。"联合国教科文组织在其报告《学会生存—教育世界的今天和明天》中也认为:"教师的职责,现在已经越来越少地传授知识,而是越来越多地激励思考。除了他的正式职能外,他将越来越成为一名顾问,一位交换意见的参加者,一位帮助发现矛盾论点的指导者,而不是拿出现成真理的人。他必须集中更多的时间和精力去从事那些有效果的和有创造性的劳动,互相影响、讨论、激励、了解、鼓舞。"教学的真谛在于激起学生思维的火花,培养学生良好的思维品质和获取知识的能力。这些话一语中的,切中肯綮,值得反复玩味。

(2)遵循规律,少教多学。遵循语文教育规律,回归语文教育本真,激发学生学习兴趣,少教多学。法国教育家卢梭在《爱弥儿》中说:"问题不在于教他各种学问,而在于培养他有爱好学问的兴致,而且在这种兴趣充分增长起来的时候,教他以研究学问的方法。毫无疑问,这是所有一切良好的教育的一个基本原则。"捷克教育家夸美纽斯也说,教学的目的在于"寻求并找出一种教学方法,使教员因此可以少教,但是学生可以多学;使学校因此可以少些喧嚣、厌恶和无益的劳苦,多具闲暇、快乐和坚实的进步。"教师要着力开发学生语文学习潜能,实施大语文教育,将生活融入语文学习,加强读写训练。

语文教育是无师自通。教师不要高估自己的教学能力,也不要低估学生的自学能力。教师只是教学活动的开发者、组织者、引领者。只要教师指导学生学习的方法和路径正确,学生就能无师自通。教师再会教,但学生学习不力,效果就会大打折扣。

语文教学的最大特点是实践性。语文能力的培养靠习得。教师的讲授不能变为学生的语文能力,教学的根本问题是培养学生的学习兴趣和指导学生的读书写作实践并最终形成习惯。教师只是主导,学生才是主体,实践才是主线。

语文教师要学会偷懒。教师要解放自己,把读书、作文的主动权交给学生。轻轻松松教语文,简简单单教语文,将更多的时间用于读书思考,提升专业素养和科研水平。做到博览群书,学识渊博,学养丰厚,独具魅力,自然赢得学生尊重。亲其师,信其道。教学自然水到渠成,何须劳神苦思。

(3)敢为人先,勇于尝试。语文教学费时多,效率低,存在"少、慢、差、费"已成共识。传统的常规教学效率低下,已让社会对语文教学颇有微词,于是有了20世纪90年代末"误尽苍生是语文"的大讨论。在众说纷纭,莫衷一是之际,很多语文教师迷失方向,身心疲惫,产生了挫败感。甚至有了"上辈子杀人,这辈子教语文"的无奈自嘲。面对语文教育的尴尬局面,作为语文教师不能束手待毙,而要主动出击,迎难而上,树立"穷则思变,变则通"的理念。只要摆脱功利,不计得失,敢为人先,勇于尝试,就能找到突破口,发现新路径,开辟新天地。

4. 勤于教学反思,不断超越自我

面对语文教育的困惑,教师要勇于挑战自我,与时俱进,加强学习,调整对教育工作的心态。沿着"实践—反思—再实践—总结"的路径走下去。从多种视角关注教育对象。如从教师的角度,从学生的角度,学校的角度,家长的角度,社会的角度,未来的角度以及民族振兴的角度等。密切关注时代对教育提出的新要求,树立正确的教育观、人才观和质量观,从学生的长远发展和未来社会对人才的需求出发对学生施以最良好的教育。不断进取,勇于探索,让自己的教育生命充满活力。不断认识自己,发展自己,完善自己,超越自己,让自己的教育生命走向永恒,让生命之花绽放。

反思是提高自身专业素质的方法之一,最初由美国教育家杜威提出。反思是指"对某个问题进行反复的、严肃的、持续不断的深思"。反思是教师专业发展和自我成长的核心因素,是教育智慧的源泉。教学反思是教师对自己已完成的教学实践活动有目的地进行审视,做出理性的思考,并改进以后的教学工作。美国心理学家波斯纳提出教师成长的公式:成长 = 经验 + 反思。他进一步指出:没有反思的经验是狭隘的经验,至多只能形成肤浅的知识。如果教师仅仅满足于获得经验而不对经验进行深入思考,那么,他的发展将大受限制。叶澜教授也说过:"一个教师写一辈子教案不一定成为名师,如果一个教师写三年的反思可能成为名师。"可见,反思是促进教师专业素养提升的动力源。所谓反思,不仅要反思我们的课堂教学,更要反思我们的教学观念。

(1)反思的内容。①反思自己的教育、教学观。从以教师教学为中心到以学生发展中心。②反思自己的教学思维观。从"教"的思维到"学"的思维;从单干户式思维到"合作—竞争"式思维。③反思自己的学生观。不能以传统学生观看待新生代学生。新生代学生观应该是:以学习为主要任务的人,发展中的人,有差异的人,独立的个体,发展不定型。④反思自己的教学方法观。有人研究过"学习金字塔"。不同教学方法的效果比较(24 小时后平均保持率)情况是:讲授5%,自读10%,声像结合(视听结合)20%,经过证明(示范)30%,小组讨论50%,从做中学(实践练习)70%,向他人教授、对所学内容的立即运用90%。由此可见,绝大多数学生喜欢有较多的动手操作,或亲身实践、讨论交流,或自学等课堂教学方式,只有少数学生喜欢以老师讲授为主的方式。这一结果与笔者近几年实验结果基本相同。2013 届教师讲授较多,2016 届教师讲授较少,特别是高三下学期冲刺阶段模拟试卷基本不讲,让学生对照参考答案自学讨论。高考成绩基本持平。

(2)反思的方式。①写教学后记。主要是学生的反应,自己的感觉,别人的评

价。②观摩教学。别人的教学设计,课堂运作,学生反应。③观看上课录像。自我观看自我反思,同事共同观课议课,专家帮看引领成长。④记录关键事件。教学中最成功的做法及其背后的道理,教学中的失败之处及其原因,学生在课堂上提出的有价值的问题,讨论中的好见解,学习中的困难所在。

5. 笔耕不辍

写教育教学论文是教师的基本功之一。教师要勤于动笔,积极撰写教研论文和经验总结,不断向报刊投稿,体验成就感。这会给教学改革带来不竭的动力。每位教师都有闪光之处,都有优点,在课堂上不时会释放出教学的智慧之花。要善于总结,勤于笔耕,不断将经验片段汇总,提炼,由感性认识上升到理性认识。教育家和一般教师的根本差异就在于教育家善于注重教育教学案例的积累,善于总结和提升,善于将感性认识上升到理性认识。积累大量的教育智慧是成就教学名师或教育家的前提条件。

6. 搞好校本教研

教研是促进教师专业化发展的重要途径。以研究和探索的态度来对待教育教学工作应该成为广大教师一种新的工作方式和生活方式。教育是科学又是艺术,教育教学实践内在地包含着研究的意义。瑞士心理学家皮亚杰主张通过参加教育科学研究使教师获得应有的尊严。他认为,中小学教师正是由于脱离了科学研究才使他们失去了应有的学术声誉和专业地位。教师成为研究者已经成为教师专业化的同义语。现代教育与传统教育的不同之处在于:教师的工作越来越成为高度复杂的创造性劳动。"教师"已经成为具有独特职业特征的、不可替代的专业。教育研究有其重要意义,苏联教育家苏霍姆林斯基指出:"想让教师的劳动能够给教师带来一些乐趣,使天天上课不至于变成一种单调乏味的义务,就应该引导每一位教师走上研究这条幸福的道路上来。"有人把教师从事教育研究的意义概括为以下几个方面:是提升教育教学基本素质的客观要求;是提高教学质量的有效途径;是促进教师专业发展的必由之路;是培养专家型教师的客观需要;是激发中小学教师工作热情和内驱力的重要源泉;是培养学生创新精神和创新能力的必然要求;能有效促进教育科学的发展;是当前基础教育课程改革的需要。

教学和教研有着紧密的联系,只教不研是盲目的教,至多只停留在经验层面,难以提高教师的教育教学水平;只研不教又只能停留在理论的层面,使研究落不到实处,发挥不了应有的作用。只有将"教"和"研"结合起来,才能将感性认识上升到理性认识,又反过来指导教学实践。现实情况是:有些教师视野狭窄,进取心不强,缺乏教研意识。他们看不到从事教育教学研究对提高业务水平和专业发展的重要意义,只满足于上好课就行。有的教师甚至视教研为畏途或高不可攀的事情,总认为教研是专家们的事。观念的滞后,导致他们教学缺乏教研的依托而显得盲目。他们对教育教学的理解较肤浅,难以上升到理论的高度和境界。教育教学水平难以提高。因此,在新形势下搞好校本教研尤为必要。校本教研是在新一轮课改的背景下提出的,它跟专家的理论研究不一样,是教师着眼于本校本班教育教学中存在的具体问题进行研究。口子小,重实际,既重经验的积累又重理论的提升,旨在促进教学。校本教研强调以教师的研究为主,既有专业引领又有同伴互助,简便易行,操作性强,人人都可主持或参与。开展校本教研不失为提高教师素质的最有效途径。

7. 提高自身素质

在新课程改革进程中,有关转变观念、教材编写、教法改革要提得多一些。仅就教材而言,全国统编教材是三五年一花样,各地实验教材更是异彩纷呈。相对而言,教育界对如何提高教师素质还做得不够。教师继续教育虽然开展了十几年,但实质性的改变还不多见,不少教师还缺乏忧患意识和进取心,缺乏责任感和使命感,教师整体素质的提升还不容乐观。教育教学完全是创造性劳动,只有高素质的教师才能完成这一艰巨的任务。可以说,教师素质事关学校兴衰和发展,事关教育发展大计,事关中国梦的实现。三十年前就已提倡的素质教育和近二十年来的新课程改革之所以举步维艰,主要原因是教师素质跟不上。观念的滞后,功利的诱惑,业务素质的低下使得不少教师对素质教育和新课改推动不力。新基础教育实验发起者华东师大叶澜教授说:"在学校中,没有教师的发展,难有学生的发展;没有教师的解放,难有学生的解放;没有教师的创造,难有学生的创造;没有教师的转型,难有学校的转型。"可见提高教师素质的重要性。世界经合组织(OECD)在 2002 年的一份报告中称:"教师是影响学校教育质量的关键因素,并直接决定着教育的成败:这一点,无论如何强调都不过分。"可见,提高教师素质是教育改革的当务之急。

教师应该具备哪些重要素质呢? 有人概括为:文化判断力、有幽默感、授人以渔、创新能力、健康的心理、平等意识、是"自来水"、能力本位、有独立人格、有批判精神、更新教育观念、有科学精神、崇尚民主、把爱洒向学生。要提高素质就要不断读书、实践、思考,教学才有源头活水。

2016 年 12 月

参考文献：

1. 走向教师实践智慧/李政涛.—上海:华东师范大学培训讲座 PPT,2008.10

2. 教师专业发展的理论与实践/王建军.—上海:华东师范大学培训讲座 PPT,2008.10

（贵州省高中语文代泽斌名师工作室赴印江一中开展教研活动讲课稿）

语文教学之道

　　语文教育源远流长,历经两三千年。中国古代的文学教育可以上溯到《诗经》。孔子就特别看重《诗经》的社会作用、教育和审美功能。他说:"诗可以兴,可以观,可以群,可以怨。迩之事父,远之事君,多识于鸟兽草木之名。"翻译出来就是:诗可以激发情志,可以观察社会,可以交往朋友,可以怨刺不平。近可以侍奉父母,远可以侍奉君王,还可以知道不少鸟兽草木的名称。这是评价诗歌的社会作用,具有认识、教育、审美功能。可以说,文学教育在传递中华文明,推动历史发展和社会进步方面发挥了巨大作用。20世纪初,西学东渐催生了现代教育的发端和教育学制的变革,语文独立设科。30年代叶圣陶、夏丏尊、朱自清等名家辈出,语文教育出现了欣欣向荣的景象。但新中国成立以后,由于盲目学习苏联,特别是20世纪六七十年代特殊政治环境的影响,语文教育出现了不少问题。1978年吕叔湘先生撰文指出是"少、慢、差、费"。80年代以来,语文教育引领教育改革的大潮,不少语文人做过有益的探索,取得了不少成绩。但由于应试教育的泛滥,语文教育暴露出很多新的问题。社会对语文教育颇有微词,直至引发90年代末那场"误尽苍生是语文"的大讨论,助推了21世纪之初的新课程改革。纵观百年语文,有高潮有低谷,有时甚至乱象丛生,让人眼花缭乱,无可适从。细究起来,猛然发现,是我们离语文教育的本真越来越远,把原本简单的事物弄得很复杂。我们知道,从叶圣陶、吕叔湘、张志公到于漪、钱梦龙、贾志敏等前辈都是简简单单教语文而成就一代名家。读他们的语文教育著作和教学案例,朴实无华,自然天成。没有世俗功利,没有矫揉造作。在我们漫步语文教育感到眼花缭乱之时不妨停下脚步,做些反思就能有所发现。语文教育其实简简单单,何必弄得那么复杂。简单问题复杂化就会进入层层迷雾;复杂问题简单化就会走向柳暗花明。教学有法而无定法,教育教学是一种个性化行为,语文教学相对其他学科更具有个性化色彩。对教育名家,我们可以学习借鉴,但不能盲从。我们要走出一条自己的路。通过20年的探索,我对语文教育略有感悟,这里稍加总结,与各位同仁分享。但愿各位老师能从中悟出一点语文教育之道。并将我的这个讲义作为案例进行思考和批判,可能就会有些启示,也就达到了我们这次交流的目的。

一、教学理念

在长期的教学实践中,我逐渐总结出下列教学理念:

1. 语文教师要积累渊博的知识和丰富的情感

有道是:语文是百科之主。其功能之强大,非其他科目可比。一篇篇文章一首首诗,都包含着作者对社会、历史、人生的思考和感悟,既有道德伦理,又有哲学美学,还有天文地理,人文自然,可谓包罗万象。语文教师无渊博的学识,旁通古今的本领,不能驾驭语文。此外,语文教学是通过一篇篇课文为媒体来进行的,文章不是无情物,乃是一个个有血肉有灵魂的活人的情感结晶,当然有鲜活的人情味。语文教师如不能设身处地,站到作者的角度与他同哭同悲,同笑同乐,同爱同恨,也就是说感情发生共鸣,又怎么能引导学生入情入境去体味去感悟文章之美,学生又怎能知道什么是真善美,什么是假恶丑? 又怎能达到陶冶情操,铸炼灵魂的目的? 所以语文教师除了要有渊博的学识,还要有丰富的情感。渊博的学识是获得学生尊重的前提,丰富的情感是获得教学成功的必要条件。语文教师的情感主要表现为对社会的关注,对生活的热爱,对学生的关心,对教学的执著。用心投入教学工作,用心钻研教材,心灵与作者发生共鸣,读每一篇文章都"于我心有戚戚焉"就能引领学生走入课文,教师能进入角色,才能感染学生。从教以来我一直在修炼这点而被学生看好。

2. 教师要有独特的人格魅力

一名高素质的教师应具有独特的人格魅力,这与教学的成功与否关系很大。无论治学、做人都必须严于律己,在学生面前说话算数,关心、爱护、尊重学生。要有严父、慈母和朋友的火热心肠,对学生某些行为上的"失误"不能打击压服,盛气凌人,更不能挖苦讽刺,以免损伤学生的自尊心,造成逆反心理。教学上要诲人不倦,遇到问题要与学生平等讨论,体现教学的民主。知之为知之,不知为不知,不能板着面孔,强不知以为知。当学生的观点有道理,你又无法接受时,可让其保留观点。告诉他仁者见仁,智者见智的道理,学生就会心悦诚服。他不但不觉得老师无知,相反还会为老师能尊重他人而感动。此外教师还应做到德高为师,行为世范。要恪守"为人师表"的古训,有坚定的信念和原则立场,不沾染社会恶习,不当着学生的面抽烟喝酒,不打牌赌博。再次,教师要让学生看到自己不是把教书当作一种谋生的手段,而是作为事业在追求。这样一来,有学问,有人品,有火热心肠,不失教师风范,就会得到学生的尊重、理解,甚至成为他们心中的偶像,亲师信其道,教学就会事半功倍。这就是我对教师应具有独特人格魅力的理解,而且也是身体力行、乐此不疲地去这样做的。

3. 吃透教材,品出真味

时下的语文课大都显得有些无味,其原因就在于教师只注意篇章结构、语法修辞这些形式上的东西,实际上并未入门,还未找到语文教学的真谛。我们认为要上好语文课,不能只看文章的语言形式技巧,还要充分挖掘那些藏在形式下的内容实质,联系自己对生活的理解进行深入解读阐释。众所周知,文学艺术来源于生活。美国教育家华特说过:"语文学习的外延与生活的外延相等。"实际上一篇文学作品就是一颗颗火热跳动的心灵,是一个五彩缤纷的世界。它是作者对社会、历史、人生的感悟和体验,或感情浓烈,或富有理性,最易让学生发生情感的共鸣,或者感受到理性之美。教师要充分的挖掘文章内涵,体验真味,把自己对社会、历史、人生的看法与学生分享交流,畅谈人生,学生就会深受感染和陶冶,进入忘我状态。他们的情感体验会随着老师的情感变化而变化,进入课堂角色。这时老师的一举手,一投足,以及抑扬顿挫的声调都会给他们留下深刻印象,甚至终生难忘。我的教学被学生看着有个性,可能在这方面用功较多,每当与教过的学生谈起语文课,他们常常津津乐道,这是我引以为欣慰的。

4. 教学方法要常改常新

经验表明,语文教学犹如吃饭,长期吃某样饭菜就会感到腻味。很多语文教师上课之所以激不起学生的兴趣,就是由于缺乏改革的热情,长期固守某种教法,学生感到僵化死板。没有新意就不能激发学生的学习欲望,教学就会事倍功半。语文,顾名思义,说出来叫语,写出来叫文。说出来是要人听,写出来是让人读,所以,语文教学应包含听、说、读、写四方面内容。可不少教师只重"读",每节课都是扭住课文分析来分析去,学生感到索然无味,哪来教学效率? 语文教学的正确做法应是熔听、说、读、写于一炉,各方面兼顾,并根据听、说、读、写各方面的特点设计出各种教学方案。不时变换教学方法,不让学生产生腻味的感觉。"教学"不是老师的专利,这两个字包含的是教师的"教"和学生的"学"。因此,教学要让学生广泛参与,而不能只是老师唱独角戏。不应低估学生的理解力,什么东西都由老师讲出来。课堂上可让学生复述课文,可组织他们讨论对文章思想内容的理解,可让他们自读文章后写读书笔记,可让他们自改、互改作文,甚至还可放手让学生尝试上课,方法不一而足。这样一来,打破了教师独霸课堂的局面,学生感到他们是课堂的主人,课上得新颖别致,何乐而不为? 心理学表明:人都有追求新奇的本能,越是新奇的东西越能激发人的兴趣。我在教学中善于根据学生追求新奇的特点,打破常规教法,取得较好的效果。

5. 做研究型的语文教师

一个高水平的语文教师应是教学和教研双管齐下。教学重在实践，教研重在思考。实践只能产生感性认识，思考才能上升到理性认识。有了教学实践的感性认识，就要及时总结上升到理性认识，否则它只是游离的一些经验片段。总结就是让其系统化，并不断思考使之科学化，最终又反过来指导自己的教学实践，教学就会更上一个台阶。基于这一认识，我从1990年就开始了对教学的探索，在大胆实践的基础上，陆续写出了一些心得体会。如1994年发表于校刊的《作文教学尝试体会点滴》就是这一时期实践、思考的结果。以后又在阅读教学、教材分析方面写出了一系列文章发表于《语文学习》《语文天地》《语文教学周报》《语文报》《语文学习报》《语文月刊》《中学语文园地》《农村中学语文教育》《新课程教学案例》《语文知识》《文学教育》等十多种省级以上语文教育专业刊物，或在全国语文教师论文比赛中获奖。这大大激发了我做研究型语文教师的信心，同时也验证了"以教带研，以研促教"这种理念的正确。我的课上得较活，学生易于接受，与我乐于从事教研有很大关系。

二、教学方法

教学有法而无定法。著名语文教育家吕叔湘先生在谈到语文教学时强调：语文教学关键在于一个"活"字。这就是上文所说的教学方法要常改常新的理论根据。二十年来的教学历程，我是在不满足中走过来的。我总是在寻求新的教学方法来满足学生求知的需要。这也可以算是教学上的一种创新。归纳起来大致有以下这些。

1. 激发兴趣

爱因斯坦说过："兴趣是最好的老师。"孔子也说过"知之者不如好之者，好之者不如乐之者。"只有"兴趣""好之""乐之"，方能有高涨的学习热情和求知欲望。学生对某门学科感兴趣，教学就会事半功倍。鉴于此，我在每接任新班级时总要在激发学生学习兴趣上下一番功夫，利用起始课的开场白与学生讨论三个问题：什么是语文，为什么要学语文，怎样学语文。学生会有茅塞顿开，豁然开朗之感，跃跃欲试。这节课总是给学生一种新奇的印象。好的开头便是成功的一半。平时的教学也经常穿插激趣，确保课堂的生气与活力。

2. 创设情境

语文课上不好，可能是学生只能在文外徘徊，不能入情入境。一般说来，学生会对活生生的画面留下深刻印象。朱自清先生说："作文便是以文字作画。"上课如果能将课文内容情境再现，就能拨动学生的听觉神经，激发他们的想象。事实上,很多课文都可通过创设情境来教学。1996年我参加学校优质课比赛,上的课文是《内蒙访古》。我根据文章内容设计了一则导语,很快把学生带入课文情境,学生上课犹如旅游体验一样,倍感轻松。这次比赛我获得了第一名,在校内引起了较大的反响,听课的省公安干院支教老师陈德远当即评价:"上课达到炉火纯青的境界,这位老师是学校的宝贵财富。"1998年在官舟中学召开的全县高中联合教研组成立会上我被县教育局指定上示范课。课文是朱自清的散文《绿》,我也是用导语创设情境教学,课堂气氛热烈,师生激情迸发,受到同行专家的好评,认为有推广价值。过后学生回忆说:"听陈老师的课就像在旅行一样。"几年之后还有老师乐于称道。

《内蒙访古》导语设计

同学们:身为中国人,你爱中国吗? 中华大地人杰地灵,炎黄子孙,世代耕耘,相互交往,创造了光辉灿烂的历史文化,建成了巍巍中华这座历史悠久的博物馆。我们不能不为祖国的辉煌而感到骄傲和自豪。作为跨世纪的一代青年,对祖国文化的继承、繁荣和发展有着义不容辞的责任。而了解历史乃是继承和发展祖国文化的必要前提。今天我们就要重蹈古人的足迹去访古旅游。旅行中我们除了可以观赏沿途风光和游览一段最古的长城以外,还能听到战国赵武灵王与他的大臣们关于"胡服骑射"的辩论,感受汉代美人王昭君的爱国深情。很幸运,我们的导游就是现代著名历史学家翦伯赞先生,翦老老当益壮,游兴甚浓,指点江山,激扬文字,相信同学们一定会有满意的收获。

好了,我们马上就要随翦老出发了,翦老告诉我们,今天要到的地点是内蒙古,集合地点是居庸关火车站,请同学门准备好相机、望远镜。好,集合,上车,车子启动了,开出居庸关,请戴上望远镜,看到了什么? (列表填写内容)

《绿》导语设计

同学们:你们整天坐在这沉闷的教室,重复往返于宿舍与教室之间,这种生活该很单调吧! 那好,我今天要带大家到很远的地方去旅游,让你们在大自然的山光水色之间尽情徜徉,轻松轻松,好不好? 现在秋高气爽,正是旅游的大好时光。同学们可能很关心我们的导游是谁,他就是中国现代著名文学家朱自清先生。掌声有请! 我们要游览的地方是浙江仙岩的梅雨潭。朱先生26岁那年去游过,写了一篇游记散文(板书:绿)。为了增添旅游的情趣,我们先来听听朱先生游梅雨潭的感受。请打开书,看开头和结尾便知。开头是("惊诧"),结尾是("不禁惊诧")。请大家想想:朱先生为何前后措辞有了变化? 为了弄清这个问题,我们还是亲自去体验吧。请同学们准备好相机和笔记本,到时我们要把那里的绝色佳景摄下或描写下来,以作纪念。好,准备出发,请大家选择路线,陆上还是空中?("空中!")太慢了,我们只能凭意念飞行。好,请闭上眼睛,到了!请看地图(指书),我们来到哪里?("山边")。你们听,是什么声音?("花花花花的声音")。再看前面是什么?("一带白而发亮的水")再看水的对面好像有个亭子,先去看看(抽一学生读)……

3. 整体把握

前些年语文课堂有一种通病就是把文章解剖得支离破碎,这是对语文教学的曲解。肢解课文只能给学生一种零乱的感觉,让他们读书不得要领。这种做法也不符合人们对事物的认知规律。其实我们观察认识事物首先是留心它的整体轮廓,然后才是局部细节。教学生阅读一篇课文又何尝不然。在教课文时,我的一般做法是先让学生读课文,然后要求他们从整体上去把握,说说对课文的大致印象,或复述课文,或概括要旨,或说出在写法上有何特点。学生为难时,教师再在关键处点拨提示,学生有所领悟后,教师再谈自己的见解。这也符合孔子"不愤不启,不悱不发"(《论语·述而》)的教学理念。这既教了学生读文章的方法,也提高了他们的口语表达能力。

4. 设计板书

设计板书是为了简化课文内容,使人一目了然。这里说的板书指的是一种图文并茂的新型板书设计。它融文字、简笔画、线条和符号为一体,既简明显目,又意趣盎然。我在参加学校课堂教学比赛或上示范课时都会精心设计板书。如《为了六十一个阶级弟兄》《绿》《明湖居听书》等课文的板书设计。其特点是用线条符号高度浓缩课文,显得意趣盎然,耐人寻味,给听课的师生留下深刻的印象。

5. 学生自读

语文教学出现"少、慢、差、费"的现象,是因为有些老师并未弄清楚语文该怎样教。很多人习惯满堂灌,剥夺了学生自读和思考的权利。其实"教学"二字该这样理解:"教"只能是举一反三,不应该每篇课文都去"教",很多课文只管让学生去读,略作指导即可。笛卡尔说:"最有价值的知识是关于方法的知识。"道出了读书方法的重要性。我的通常做法是有些课文让学生自读,写读书笔记。如教《阿Q正传》时我设计了七个问题,要求学生带着问题去读书,然后选择其中一个问题谈谈自己的理解并写成小论文,教师浏览后选择有代表性的文章在课堂上宣读,然后大家共同讨论,教师最后总结,效果颇佳。有位进入大学的学生曾给我写信说:"我向语文老师提出建议,要求用你上《阿Q正传》的上法,得到采用,效果很好。"可见那节课曾给学生留下深刻印象。

6. 读写结合

阅读和写作是语文教学的两种能力。阅读是吸收,写作是表达,它们相辅相成,不可分割。我在教学中把两者有机地结合起来,以读带写,以写促读。在这方面我曾经利用课文资源作过很多尝试,效果还不错。

读写结合,一箭双雕

在语文教学中,阅读教学常因目标欠明确而导致教学上的浮光掠影,学生学得不深,理解不透。作文教学也常因学生寡观察少读书而"巧妇难为无米之炊",从而影响了作文教学的顺利进行。为了解决这一问题,我在教学中,常把作文教学引入阅读教学,运用课文材料来训练学生写作能力,使学生从苦于平时作文无材料而变得有话可说,有话想说。这种写读书笔记式的作文教学培养了学生作文的兴趣。它的优点是结读写为一体,以读带写,以写促读,带着问题去读书,在读书过程中更深刻地理解了文章的思想内容,把握了表现手法,也写好了作文。

在阅读教学中,我曾就下列题目要学生作文:根据《为了忘却的纪念》中的有关材料整理一篇《柔石小传》;把《长江三峡》改写成四百字的说明文;把《祝福》改写成《祥林嫂的故事》;加以想象,写出《药》中监狱里夏瑜同红眼睛阿义的一段对话,要求用语能较好地表现出人物的思想性格;把《雷雨》改写成800字的故事;续写《项链》的结尾;浅谈《项链》的结尾艺术;简析葛朗台的形象;把《林教头风雪山神庙》缩写成800字的故事;联系自己的写作实际,谈谈学习《义理、考据和辞章》一文的体会;加以想象,根据《涉江》,用第三人称写法写一篇描写屈原心理活动的短文;就《阿Q正传》的环境描写、人物、主题及社会意义写读书笔记,等等。这些题目涉及文章内容较多较深,在学生少思考余地的情况下由教师在课堂上面面俱到,详细讲解,往往效果不好。可要求学生用写读书笔记的方式去钻研课文,思考问题,并形诸笔端,可培养他们的理解及表达能力。这些题目都是较能引起学生兴趣的,学生要写好这些作文,必须去深钻教材。作文写好了,课文中的若干问题也就弄得有点眉目了,阅读教学的任务也基本完成了。加之老师浏览作文后,提示点拨,也就恰到好处。通过这些作文练习能培养学生选材组材能力,或联想想象能力,或提炼中心的能力。同时叙述、描写、议论无不涉及,改写、缩写、扩写无不包容。既有练笔,也有阅读,起到了以读带写,以写促读的一箭双雕之效。加上教师提示、引导、启发,学生无论读书还是作文都饶有兴致,有话可说,并时有愉悦之感。

试以《阿Q正传》为例,对读写教学作些说明。

《阿Q正传》是名篇,思想深刻,教学难度大。如果就课文笼统分析讲解,往往会事倍功半。于是在教学中我作了灵活处理。我先让学生通读全文并作了些提示,然后,从环境描写,人物形象,主题及社会意义等方面设计了七个题目要学生选题作文。在浏览了学生作文的基础上选择几篇有代表性的文章让学生在课堂上宣读。然后让全班学生质疑讨论,最后教师点评、小结,取得了较好效果。一年过去了,有的学生仍乐于称道。有个进入师专的学生曾给我来信说,他向现代文学老师提出建议,要求用我给他们上《阿Q正传》的方法上课,得到采用,效果很好。可见,当年那节课留给学生深刻的印象。这种教法的优点在于熔听、说、读、写为一炉,能培养学生综合运用语言的能力。把作文教学引入阅读教学,读写结合,以作文练习来补充阅读教学之不足,把教学内容引向深入,调动学生思考的积极性。同时以阅读材料来解除作文无米之炊的苦恼,利用课文材料作文来达到作文训练的目的。激发了学生学习语文的兴趣,实在是一种切实可行的教学方法。

（此文于1998年4月获中国教育学会中学语文教学专业委员会课堂教学研究中心第14届年会语文教学优秀论文一等奖）

7. 每周一练

语文教学重在实践,实践出真知,不论阅读还是写作都是如此。对于语文教学,这么多年来我一直在思考这个问题:"无师自通"。从大的方面看,高尔基、鲁迅都没有接受过系统的文学教育训练,可成就了文学大家;从小的方面看,身边的很多学生不怎么听语文课,但有看课外书的习惯,考试成绩也不很差。这就说明,语文学习靠自己努力。反观自己学习语文的情况也能说明这一点。自己读书作文获得的一点经验,主要靠自己的实践。读大学时三个专职老师教写作,但我没学会写作。教书之后要求学生写作文,但自己不会写下水文。后来为了评职称,开始写教学论文,写了三年之后才有文章发表。从阅读方面看,我以前不会读诗,后来因为诗歌成了高考常考不衰的题目,且赋分越来越大（从3分到6分到8分）,才引起我对诗歌的注意。我于2005年将2003年以来的30多首高考诗歌鉴赏题打印下来认真阅读,才找到一些诗歌鉴赏的方法。以前教诗歌是翻译大意之后就草草收场,现在有时一首诗讲一节课,学生听得津津有味。不难看出,语文能力的培养要靠大量的实践,除此之外别无他法。读书时代学的那些东西只是一些知识片段,没形成自己的能力,能力的获得必须靠自己的实践。当然我们也不能否定那些基础知识的作用。根据以上这些情况,我在作文教学中制订了每周一练、每日一记的训练计划。要求学生高中三年完成100篇作文,每篇800字,计8万字,外加每天300字的日记,按1000天算,计30万字,共计38万字。我将每周五节语文课分配为阅读 3 节,作文 2 节。作文在课堂上完成,不占用课外时间,日记每天用 20 分钟时间完成,没有增加学生的额外负担。多数学生都能完成这个任务。事实证明,带了三年的班级,多数学生能形成写作文和记日记的习惯,高考成绩一般都比较理想。这在后面还要谈到。从作文比赛的一些情况看,练不练是两个样。举两个例子:1992 年我校举行高中部作文比赛,在获得名次的前十名中,我教的学生占了 9 名,包揽了全部一二等奖,其他班只得一个三等奖。2005 年、2006 年教育部关工委和《课堂内外》杂志社联合举办了"做诚信人、办诚信事"读书征文活动和全国中小学生"弘扬中华美德,构建和谐学校"读书征文活动,我教的学生 2 人获国家级奖,18 人获县级奖,占了学校的大部分获奖名额。

8. 互改作文

作文评改是让教师头疼的事情。在经过十年批改学生作文的折腾之后,我于1997 年开始进行作文教学改革,完全放手让学生去改。这事从 1994 年开始准备,经过三年的尝试、调研之后正式实施。当时正受魏书生教学改革的影响,这为我的做法提供了理论支持和实践依据。从实践方面看,多年批改作文已是疲惫不堪,而且收效甚微。加之课务繁忙,劳累不堪(我从 1992 年到现在有 10 年上 4 个班,周课时 20 节),就穷则思变,忽发奇想,打起了教改的主意。最基本的想法是从困苦中解脱出来。事实证明,这种做法是有效的,实验的第一届学生语文高考成绩让人比较满意。快班超省人均分和及格率分别为 1.33 和 4 个百分点,慢班的两项指标均达到地区平均水平。今年这一届语文高考人均分和及格率分别高出全省平均值 1.5 和 8 个百分点。其他几届由于种种原因而导致成绩稍差。但1998 年文科第一、二名(分别为 113、112 分)为我的学生获得,2002—2004 连续三年的全县语文最高分被我的学生获得(三年全县语文最高分分别为 128、120、122分),2005—2006 年学生高考语文均获全县单科第三名。作文被喻为"半壁江山",是语文取得好成绩的决定性因素。事实证明走改革之路切实可行。对学生互评作文,我是这样操作的:将作文作简单浏览之后,在作文课上发给学生。为了增加学生的好奇心,我有意将男女生的作文互换,男生改女生的,女生改男生的。先指出每次作文要达到的要求,从审题、立意、构思、布局、谋篇、语言(病句、错字)、文采等方面提出要求,让学生围绕这些要求去看文章,通常看三遍,然后写出综合评语(最突出的优点和不足),50 个字以上,还要求评出等级(优秀、良好、及格),签上评改人姓名和年月日,要求在 20 分钟完成。在这期间我检查学生一周来的日记。学生互评作文、教师检查日记两件事情同时完成。然后逐个检查收起来(可请班委或组长协助),再发给学生,让他们重新审视自己的作文,写"作文后记"。既可针对同学评语来写,也可写出你对这篇文章的反思,每次总结一点优点和一点不足,要求在 50 字以上。看修改后的作文和写作文后记要求在 10 分钟内完成。然后布置下次作文,在 60 分钟内完成(作文课两节连排),当堂交。作文收上来之后,教师先浏览"作文后记",再看学生作文,把握大体情况,只是不作批改,完全把批改权利交给学生。开始的时候学生也不适应,但慢慢就习惯了,也乐于这样做。这既解放了教师,也培养了学生的评改能力。不必担心学生不会,优秀学生改到后进生的作文,能指出他的问题;后进生改到优秀学生的作文,他有了学习的榜样;相同水平的学生可以互相学习,取长补短。写评语是一种特殊的交流和学习,不要低估学生的能力,大胆放手让他们去做。当然在条件允许的情况下可以适时对学生作文进行讲评。尽量发掘优点,多以肯定为主。如果时间紧张,这一步也可灵活些。1993 年以前我上两班的时候,这一点做得很好。将好、中、差三类文章对比讲评,效果好,很受学生欢迎。学生往往低估自己的水平,老师尽量把他们的作文打及格,就会激发学生的自信心,对作文产生兴趣。美国心理学家、教育家威廉·詹姆士说:"人类本质中最殷切的需求是渴望被肯定。"学生最怕的是打击,最希望的是表扬。当老师的不要吝啬夸奖学生。

9. 学生讲课

回顾我 20 年的教学生涯可以大致分为三个阶段:1987 年至 1990 年为适应期,1990 年至 1997 年为成长期,1997 年至今为成熟期。前三年完全处于蒙昧状态,依赖教参讲课,不敢越累池半步。中间 7 年逐渐摆脱教参的束缚,进行一定程度上的教学改革,形成自己的个性。最近十年巩固改革成果,稳步推进。多年的教学实践后发现,长期固守某种教法会让人厌倦。前面说过,人都有追求新奇的本能,在教学上也是这样。1990 年我带了一届学生,升入高三后我感觉基础比较好,于是产生了让学生上台讲课的念头,和学生商量后他们都很赞同。在上小说《阿 Q 正传》和《党员登记表》时,我挑选了几个成绩较好的学生,让他们给同学上课,要求其他学生在课上质疑问难,互动起来。学生表现欲强,兴致很高,准备很充分(课前我在备课方面作了一些指导并提供给学生一些资料),上课很受学生欢迎。上课的学生有了成就感,培养了自学精神,锻炼了口头表达能力,体味到了上课的乐趣;听课的学生很羡慕,他们分享到了同学上课的快乐。这种做法一改学生被动听讲的局面,他们课前认真研读课文,体味老师上课的甘苦,受到了一场无声的教育。这一做法用现在时髦的话来说是符合新课程理念的。

10. 开展活动

语文教学活动包含听、说、读、写四个方面的内容。受考试功利的影响,听、说两项教学活动受到冷落。教师通常都是只重读、写,这不是完整意义上的语文教学。作为语文教师应该着眼于学生未来的可持续发展,全方位培养学生语文能力。培养学生听、说能力的语文活动是语文教学的重要组成部分,不可忽视。我在教学中有意识的组织学生搞过以下活动:(1)班级辩论赛。就一个话题分正反两方,唇枪舌剑,其他同学当评委和听众,最后老师点评。这样做既训练了学生的思维,又提高了他们的口头表达能力。这种活动成了课堂教学的延伸和必要补充,是语文学习的有机组成部分。(2)表演课本剧。上戏剧单元时最适合安排学生表演,通过表演获得对作品的理解和认识是只读剧本所无法得到的。学生都很喜欢活动,表现欲强,在游戏中更能学到知识。我在给每一届学生上《雷雨》时都会安排学生表演,有时我也扮演其中的角色。有一次我扮的是鲁侍萍,当读到"你是平……凭什么打我的儿子!"时,我悲愤欲绝,完全进入了角色,学生也深受震撼。那种对情感的独有体验是无法分析并说出来的。(3)读报纸杂志和文学名著。我任每一届班主任,都会发动学生订上十几种刊物,由学生承包借阅,扩大学生阅读量,几年之后就会看到学生读书的明显效果。上学年我主持了一项由全国中语会立项的国家级课题实验——"语文学习兴趣策略研究"。我在学校借了八十多本文学名著让学生阅读(每周安排两节自习课来读),目的是激发他们对语文的兴趣。要求学生写读书笔记和书评,学生借书读书很踊跃,出现了可喜的现象。语文教师最大的苦恼是学生不爱读书,只要学生爱上了读书,教学就轻松了。语文教育就有希望了。

2007 年 7 月 18 日

(沿河土家族自治县第一批县级语文骨干教师培训讲课稿)

扎实推进继续教育　促进教师专业发展

——在沿河官舟中学"十二五"(2011—2015)
教师继续教育工程启动暨培训会上的发言

老师们:大家好!

根据黔教师发【2011】220 号和沿教发【2011】254 号文件精神,我们今天举行沿河官舟中学"十二五"教师继续教育工程启动暨培训会。目的在于大力开展教师继续教育工作,狠抓教师队伍整体素质提升和教师专业化发展,全面提高教育教学质量。

一、认真领会"十二五"教师继续教育工作的主要内容

1. 指导思想

深入贯彻落实科学发展观,以全面实施素质教育,促进教育公平,全面提高教育质量为宗旨。按照"打造骨干、倾斜农村、推动校本、覆盖全员、整体提升"的工作思路,统筹城乡教师培训。加大培训力度,提高培训质量,促进教师不断学习和专业发展,为促进教育改革发展提供强有力的师资保障。

2. 目标要求

围绕"强化能力,提升素质,决战课堂,提高质量"的总体目标。以提高中小学教师师德素养和业务水平为核心,以渗透"一德四新"的学科培训为主要内容,以农村教师为重点,以"国培"为引领,以"省培"和地级培训为抓手,以县级培训为基础,以校为本,创建网络环境下的校本研修新模式。大力推动县、校两级培训,全面提升中小学教师整体素质和专业化水平。

3. 实施原则

(1)坚持以教师为本、统筹规划、突出重点、按需施训的原则。完善培训机制,创新培训模式,优化培训内容,改进培训方式,增强培训针对性和实效性。(2)坚持四个"结合"。即:全员培训和骨干研修相结合,远程培训和集中培训相结合,脱产研修和校本研修相结合,非学历培训和学历提升相结合的原则。(3)坚持以校

为本,强化校本研修,鼓励创新,围绕"提质减负、高效课堂",提高校本研修和课堂教学质量的原则。

4. 培训对象

全体在职中小学教师。

5. 任务及内容

培训分全员培训、专项培训和学历提高培训。

(1)全员培训:拟用五年时间对全省中小学教师进行每人不少于 360 学时的培训,原则上年均不低于 72 学时。其中,师德教育不少于 60 学时,"四新"不少于 300 学时。在总学时中,县级及其以上集中培训不少于 240 学时。培训以学科为基础,将"一德四新"与各学科培训有机结合。

(2)专项培训:以打造骨干、倾斜农村为重点,努力构建一支师德高尚、业务精湛、结构合理的省、地、县、校四级骨干教师队伍,推动农村学校校本研修有效开展。专项培训有:①中小学骨干教师培训计划和中小学省级骨干教师能力提升计划。五年内,选拔、培训 100 名中小学"省级教学名师",1000 名中小学省级骨干教师,10000 名中小学地、县级骨干教师。②农村教师素质提升计划。为乡(镇)学校构建一支校本研修骨干团队,扎实推进校本研修。③幼儿园教师培训计划。④班主任远程培训计划。对所有班主任进行每五年不少于 30 学时的培训,不断提高班主任队伍的专业素养和教书育人的能力。⑤中小学教师教育技术能力远程培训计划。积极推进教育技术能力中级培训,到 2015 年,教师接受教育技术能力中级培训并取得合格的比例达到 80% 以上。⑥中小学学科教学渗透法制教育培训计划。⑦新任教师岗前培训计划。对新任教师进行不少于 120 学时的集中培训,帮助新教师尽快适应教育教学工作。⑧教师培训团队提升计划。提高培训者的培训能力和指导校本研修能力。

(3)学历提高培训:在职为主、脱产为辅。按照专业对口、学用一致的要求,推进教师学历提升培训。到 2015 年,初中教师学历达到大学本科以上的不低于 80%,高中教师中具有研究生学历或硕士学位的比例达到 2% 左右。

6. 完善继续教育管理制度

建立和完善教师继续教育管理制度。将教师参加继续教育的情况作为教师年度考核、专业技术职务评聘、骨干教师选拔、特级教师评审、评优评模等的依据。对无故不参加继续教育学习,或擅自中断参训,或考试考核不合格者,当年年度考核视为不合格。

实行教师继续教育培训登记管理制度。五年内,按规定参加培训、完成培训学时并考试考核合格的,取得"贵州省中小学教师继续教育合格证(2011－2015

年)"。

完善培训档案制度,加强培训档案建设。及时记录、收集、整理培训资料并分类归档,做到各类文件、培训资料、图片音像资料齐全。建立和完善培训档案管理信息化体系,实行电子档案管理。

7. 保障措施

学校要加强领导,落实责任,加大投入,建立教师培训经费保障机制。

8. 实施步骤

2011 年 8 月底为启动阶段,2011 年 9 月—2014 年为全面实施阶段,2015 年为评估验收阶段。

二、认清形势,统一思想,把教师继续教育作为专业发展的首要任务

中小学教师继续教育工程的实施有其特定的历史背景和现实意义。随着社会形势的急遽变化,知识经济的快速发展,复合型人才和创新型人才的大量需求;随着全民读书运动的开展,构建学习型社会的提倡和终生学习理念的应运而生;随着教育形势的日新月异,教师素质的相对滞后和教育质量的不尽如人意,教师素质的提升再次被提到议事日程上来。国运兴衰,系于教育;教育兴衰,系于教师。建设一支专业化的教师队伍是知识经济时代和信息时代对教育提出的新要求。为了落实《中国教育改革和发展纲要》精神和实施《面向 21 世纪教育振兴行动计划》中"跨世纪园丁工程"的要求,我们国家于 1996 年启动了小学教师继续教育工程。旨在提高全体教师素质,建设高素质的教师队伍,培养适应 21 世纪的创新型人才,实现中华民族的伟大复兴。按照国家的规划,每隔五年要对中小学教师进行一轮全员继续教育培训。第一轮是在小学实施,培训内容是教师基本功,即"三字一画"(钢笔字、粉笔字、毛笔字、简笔画)和普通话。第二轮是在中小学同时实施,培训的内容有教师职业道德修养、走近新课程、信息技术。第三轮培训内容是"一德(新时期师德修养)三新(新课程、新理念、新技术)"。我们学校通过两轮教师继续教育培训,培养了 60 多名省、地、县、校级骨干教师,发挥了较好的示范带动作用。全体教师素质得到了提升,取得了可喜的成绩。在前两轮继续教育活动中,我校先后有 5 位老师被评为省、地、县级继续教育工程先进个人,2011年我校被县教育局评为继续教育工程先进集体。随着《国家中长期教育改革和发展规划纲要》的颁布实施和全国教育工作会议的召开,根据"十二五"教育形势发展的新形势,我省又出台了新一轮教师继续教育工程实施方案。与前一轮继续教育工程相比,在内容和形式上既有继承也有创新。其主要特点是:以提高中小学教师师德素养和业务水平为核心,以"一德四新"(即师德教育,新理念、新知识、新方法、新技能）的学科培训为主要内容,努力打造一支适应新形势要求,具有可持续发展的教育理念,师德高尚、业务精湛、充满活力的教师队伍。可以说,教师继续教育既是教育形势发展的需要,也是教师专业发展和自身成长的需要。我们要认清教育发展的形势,统一思想,增强紧迫感,把教师继续教育作为专业发展的首要任务,积极投身新一轮教师继续教育工作。

三、制订个人专业发展规划,脚踏实地,努力提高教师专业化水平

新一轮中小学教师继续教育的核心内容是师德师风的重建和专业水平的提升。要求教师做到爱岗敬业,关爱学生。树立先进的教育思想、教育理念、正确的教育观、人才观和质量观;树立终身学习的理念,拓宽知识视野,增加知识储备,提高知识素养和学科知识水平。创新课堂教育教学模式和方法,调动和激发学生学习积极性;创新备课形式,强化上课质量、课堂观察、课后反思、学情分析、考试评价及课题研究等基本技能,提高教师有效上课和指导学生有效学习的技能。培养学生课堂上善于思考,大胆质疑,求异思维,敢于创新的品质;培养学生课堂互动,倾听表达等能力。提高教师应用现代教育技术的能力和水平,促进信息技术与学科教学有机整合。快速发展的时代对我们教师素质的要求越来越高,教育教学方式正在发生深刻的变革。如果我们不加强学习就要被淘汰,有辱教师的名声。请各位老师要紧跟时代的步伐,有超前意识和忧患意识,增强紧迫感、使命感和责任感,在教育改革的时代大潮中不落伍,不掉队。做有尊严的教师,做体面的教师,做爱岗敬业的教师。"凡事预则立,不预则废",希望各位老师要紧紧围绕"十二五"教师继续教育工作的要求,结合自身实际制订专业发展规划,确立奋斗目标,多学习,多实践,多反思,做实践型、研究型、反思型、学者型教师。在学习中研究,在研究中实践,在实践中反思,在反思中提高。积极实施素质教育,提高教育质量,努力提升自身素质和专业化水平。为教育事业的发展做出更大的贡献。

2011 年 11 月 3 日

（继续教育校本培训发言稿）